这是一本由上海迪士尼项目和国际旅游度假区的开发建设而缘起的书，为您讲述城市转型发展的创新典范。迪士尼之后，上海浦东中部地区将有什么变化，让我们拭目以待……

This book is triggered by Shanghai Disney Resort and Shanghai International Tourism and Resorts Zone, sharing with you the innovation model in shanghai's restructuring development. After Disney opened, let us keep our fingers crossed waiting what changes will occur in the middle area of Pudong Shanghai...

DREAM TOWN OF TOURISM

INNOVATION INITIATIVES OF SHANGHAI INTERNATIONAL TOURISM AND RESORTS ZONE

旅游梦之城

上海国际旅游度假区创新实践

Shanghai International Tourism and Resorts Zone
Administrative Commission
Shanghai Shendi (Group) Co., Ltd.

上海国际旅游度假区管理委员会
上海申迪（集团）有限公司
编著

同济大学出版社
TONGJI UNIVERSITY PRESS

前言

PREFACE

以上海迪士尼乐园为核心的上海国际旅游度假区开发建设承载了国家战略，按照上海市委、市政府关于“上海加快建设世界著名旅游城市和国际文化大都市”的总体要求，上海迪士尼乐园和度假区于 2011 年 4 月 8 日正式开工启动建设以来，度假区加快推动迪士尼项目一期和市政配套工程建设，进行二、三期过渡性开发，积极推进规划实施、周边开发和运营准备等各项工作，度假区核心区于 2016 年 4 月 26 日顺利实现公共区域对外开放，6 月 16 日实现迪士尼乐园盛大开园。

本书秉持“集成融合、继承创新”的理念，力求全面总结度假区前期开发成果和经验做法，指导度假区顺利运营和下一阶段开发建设，并为其他区域发展提供借鉴。全书从规划、建设、管理三大方面阐述度假区创新实践内容。

规划篇：主要介绍 2011—2030 年度假区的总体规划，包括度假区发展战略、功能定位、产业体系、总体空间布局和远期、近期主要发展目标，专项规划主要包括交通、绿化、水系、低碳发展、广告等规划，以及几个先期开发片区的详细规划，突显度假区作为旅游目的地的区域规划特色。

建设篇：囊括了度假区富有特色的建设项目，如以“经典迪士尼、精彩中国风”为特色的迪士尼乐园、迪士尼小镇和主题酒店，汇聚了“装饰艺术”元素的奕欧来上海购物村，体现生态、绿色、环保理念的星愿公园、生态园和香草园三大特色公园，以及运用了多种先进技术的申迪文化中心等；市政基础设施，如上海地区首次大规模、高标准的地基处理工程，“以人为本”作为设计理念的园区道路等交通设施，具有“梦幻气息”的迪士尼地铁站，安全、资源、环境、景观四位一体的水系工程，以及作为“综合供能中心”的四联供分布式能源站等；环境和绿化工程，如与国际先进理念和技术接轨的场地环境治理工程，国内标准最高最具创新性的水环境保护和水资源综合利用项目，具有先进、严格的技术理念的绿化技术，突破传统餐厨垃圾处置瓶颈的高效低耗餐厨垃圾与绿化废弃物处置技术，以及环境景观提升工程等。

管理篇：侧重政府管理监督创新和企业主体的管理创新，实现科学化、信息化、规范化管理。如上海国际主题乐园和度假区管理有限公司采用“SHEILSS”方案以实现工程安全、健康、环境管理、国际劳工标准和安保目标的管理方法，度假区管委会基于 BIM 技术的一站式设计并联审批模式探索，工程质量安全监管流程优化，施工期环境监理创新，为迪士尼项目量身定制竣工验收办法；如实现政府管理机制创新的上海国际旅游度假区运营管理综合信息平台，提供全空间全生命周期的工程管理模式的度假区三维空间基础信息平台，实现区域内绿化、水务、环保、市容信息监测与业务信息管理的环保景观信息系统，为道路系统的全面监控提供技术支持的全寿命周期监控信息系统；如作为上海第一批社会管理和公共服务标准化试点项目的度假区公共信息导向系统建设，独具特色的上海国际旅游度假区旅游公共服务体系，以区域安全有序和游客愉悦体验为总体目标的度假区综合执法体系等。

目录
CONTENTS

第一部分　规划篇
PART I URBAN PLANNING

随着迪士尼乐园项目正式落地上海，作为打造世界著名旅游城市和国际文化大都市的重要抓手，上海国际旅游度假区的建设拉开了帷幕。为了明确度假区发展战略目标和任务，确定空间布局和规划参数，明确近期发展任务，促进区域可持续发展，度假区编制区域总体规划，包括发展规划、结构规划、近期发展规划。

在度假区总体规划的基础上，为确保度假区相关专业领域具体目标的实现，进一步编制了专项规划，目前已编制实施的有交通规划、绿化规划、水系规划、低碳发展规划、广告规划和规划环评等。

按照度假区总体规划，为保障上海迪士尼项目实施和区域合理开发，度假区制定片区详细规划，目前编制实施的包括核心区控制性详细规划、过渡性开发规划和北片区控制性详细规划。

本篇从上述“总体规划—专项规划—详细规划”三个层面介绍度假区规划体系，探索旅游目的地区域规划创新，共三章十二节。

With the Disney Resort project officially settled in Shanghai, Shanghai started constructing International Tourism and Resorts Zone, which has become the frontier in Shanghai's drive to build a world-renowned tourism city and international cultural metropolis. In order to clarify strategic goals and missions, spatial layout and planning parameters, near-term development tasks, and to promote the sustainable development of this area, the Master Plan including Developmental Planning, Structural Planning and Near-term Developmental Planning of Tourism and Resorts Zone have been compiled.

On the basis of the Master Plan, in order to ensure the realization of concrete goals in specialized fields, specific plans have been made further on. Until now specific planning on transportation, greenery, water system, low-carbon development, advertisement, and EIA of planning have been compiled and implemented.

In line with the Master Plan, in order to guarantee the implementation of Shanghai Disney Resort Project and regional development, detailed planning for respective parcels of Shanghai International Tourism and Resorts Zone have been compiled. Currently, Regulatory Detailed Planning for Core Area, Transitional Developmental Planning and Regulatory Detailed Planning for North Parcel have been implemented.

This part will brief the planning system of the Resorts Zone in the following three chapters and twelve sections: "master plan –specific planning–detailed planning" to explore the innovation in regional planning as a tourism destination.

第一章　区域规划
Chapter 1: Master Plan

2009 年 10 月，国家发改委正式核准上海迪士尼乐园项目。该项目建设是我国在更广领域、更高层次扩大开放的新一轮标志。在迪士尼项目基础上提出建设上海国际旅游度假区，是上海着眼新的发展环境做出的重大突破，是上海贯彻落实科学发展观，推进“创新驱动、转型发展”重要决策和战略部署，对上海率先转变经济发展方式、优化城市空间布局，推动“四个中心”和社会主义现代化国际大都市建设，推进长三角区域经济社会一体化发展，带动周边地区发展和推动浦东中部崛起具有重大意义。

为了明确度假区发展战略目标和任务，促进区域可持续发展，制订了《上海国际旅游度假区发展规划》和《上海国际旅游度假区结构规划》（2011—2030），并分别于 2012 年和 2013 年获上海市政府批复。度假区总体规划的编制，旨在统筹“迪士尼项目与度假区整体协调发展”，引领地区产业能级提升，为指导区域发展和下一层次详细规划的制定奠定良好基础。

In October 2009, National Development and Reform Commission officially approved Shanghai Disney Resort Project, which signifies China is expanding its next-round opening-up endeavor in broader fields and on higher levels. With Shanghai Disney Resort Project as the basis, the making of Shanghai International Tourism and Resorts Zone is a significant breakthrough in Shanghai’s strive to focus on new growth environment, an essential decision and strategy positioning in Shanghai’s implementation of “the scientific outlook on development” and promotion of “innovation-driven restructuring” and holds huge significance in Shanghai taking the lead in shifting economic growth modes, optimizing urban spatial layout, propelling Shanghai to become “international economy, finance, shipping and trade centers” and a socialist modern metropolis, promoting the economic and societal integration of Yangtze River Delta Region, boosting growth in surrounding area and the emergence of Middle Pudong New Area.

In order to clarify the development strategic goals and tasks and to promote sustainable development, The Developmental Planning of Shanghai International Tourism and Resorts Zone and The Structural Planning of Shanghai International Tourism and Resorts Zone (2011—2030) had been formulated and were approved by Shanghai Municipal Government in 2012 and 2013 respectively. The master plan of Shanghai International Tourism and Resorts Zone aims to coordinate “the aligned growth of Disney project and Resorts Zone”, to elevate the industry level of this region, to guide the development of this region and lay favorable foundation for next-round detailed planning making.

第一节 度假区发展规划

本节旨在介绍度假区发展规划主要内容，包括发展背景、发展战略、总体目标、产业发展和保障措施等。

一、发展背景

（一）充分放大上海迪士尼项目带动效应

引进世界顶级娱乐品牌的迪士尼项目，基本确立了上海国际旅游度假区的世界级知名度、国际一流水准和行业引领地位的建设目标，有利于度假区的品牌塑造、品牌推广和品牌延伸，放大迪士尼的带动效应。一方面，迪士尼公司是全球为数不多的在品牌延伸方面取得巨大成功的跨国公司，但大多数迪士尼品牌延伸以知识产权授权为载体，并不需要占用大量土地。另一方面，扩大迪士尼项目的游客消费、拓展度假区游客市场具有极大空间。度假区发展既要发挥迪士尼项目的带动作用，又要发挥度假区对迪士尼项目的促进作用，努力实现两者的双赢乃至多赢。

（二）主动顺应旅游消费形态向体验旅游升级趋势

不同经济发展阶段的旅游消费形态不同。当前，

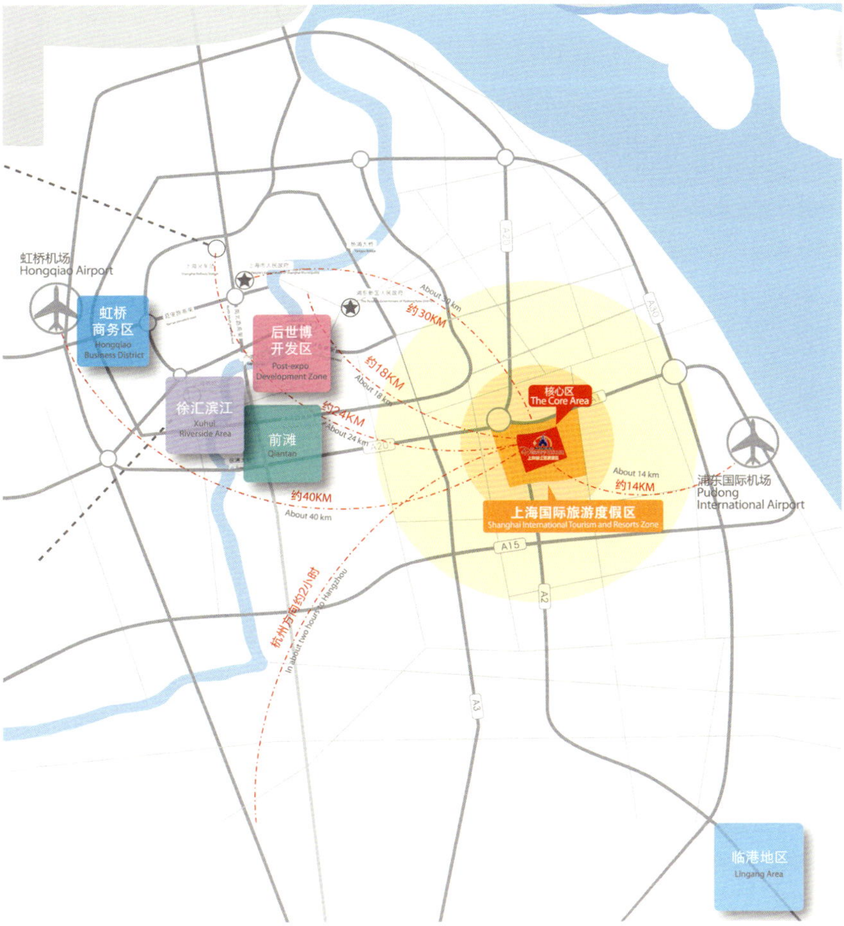

图 1-1-1 度假区区位图

我国旅游市场总体上仍处在观光旅游阶段。今后，旅游消费将从观光旅游向度假旅游、体验旅游升级，旅游产业规模和结构将相应发生重要变化。上海正在积极打造观光旅游、商务会展、时尚购物、休闲度假的国际都市旅游目的地和旅游集散地，这既为度假区抢占未来旅游产业发展制高点提供了市场基础，也对度假区充分借鉴世博会经验、超前谋划“主题体验型”旅游产品提出了迫切要求。

（三）深刻把握“四个中心”和国际大都市建设要求

未来 20 年，上海有望与纽约、伦敦、东京等国际大都市并驾齐驱，深入贯彻落实国家关于上海建设“四个中心”和现代化国际大都市、长三角建设世界级城市群的战略部署，就要把旅游和文化产业发展上升为上海城市发展战略的高度。要把度假区作为上海发展服务经济，打造世界著名旅游城市的重要突破口，提升旅游产业的国际竞争力。要将度假区作为塑造城市形象、增强文化软实力和国际影响力的重要载体，积极推动文旅产业“融合发展”，进一步促进中西文化交流，为国际文化大都市建设提供重要支撑。

（四）积极促进上海城市空间重大布局优化提升

国际经验表明，以主题公园为核心的旅游度假区建设对推动以旅游要素集聚为特色的城市发展有极大的推动作用。上海国际旅游度假区是推动上海服务经济发展的战略转型重点区域之一，是上海东西向服务业发展轴的关键支点，是浦东新区城市发展空间布局中中部板块的重心所在，具有极为重要的城市发展地位。度假区应从“建区”向“造城”转换，实施“旅游城”发展战略，建设上海国际化大都市的旅游娱乐功能核心，促进浦东“中部崛起”、优化上海城市空间。同时，度假区还应突出娱乐性主题和市场化经营等特点，与世博园区发展公益性文化博览的战略定位形成错位互补。

二、发展战略

（一）着眼长远、世界一流

着眼于上海建设“四个中心”和国际化大都市、长三角地区建设具有国际竞争力的世界级城市群、我国提升软实力和国际影响力带动力的全局，瞄准世界一流旅游目的地，谋划度假区的长远发展。

（二）区城合一、要素集聚

将度假区发展与现代化“旅游城”建设紧密结合，引进和布局一批具有国际影响力的旅游、文化、娱乐、商业等功能性项目，集聚全球顶级旅游娱乐品牌，塑造强有力的旅游目的地吸引力。

（三）继承融合、集成创新

积极推动迪士尼项目的国际化与本土化融合，集成国内外文化、娱乐和创意，将度假区打造成为海派文化发展的新载体，引领中国当代流行文化、娱乐旅游消费文化模式创新。

（四）以人为本、智慧低碳

体现城市文明的新高度，把关心人、理解人、服务人的理念，深化在各项设施、产品和服务中；发挥世博后续效应，广泛运用世博新理念、新技术、新材料，倡导健康环保、智慧低碳的城市娱乐和生活新方式。

（五）规划统筹、联动发展

加强迪士尼项目与上海国际旅游度假区，度假区与周边地区以及世博地区、虹桥商务区、临港地区的规划统筹，引导各项目错位补位、协同竞争；加强度假区与周边地区的旅游营销整合，促进区域联动发展。

三、总体目标

（一）目标定位

充分放大迪士尼项目效应，立足构筑上海城市休闲旅游功能核心，将度假区塑造成为具有示范意义的现代化“旅游城”，当代中国娱乐潮流体验中心，形成旅游产业发达、文化创意活跃、低碳环保智能、环境优美宜居的大都市新地标，最终发展成为人人向往的世界级旅游目的地。

1. 具有示范意义的现代化“旅游城”。发挥迪士尼项目核心作用，集聚主题娱乐、餐饮住宿、观光购物、商务会展等旅游要素和绿色环保交通、居住功能，打造欢乐旅游城、智慧旅游城、低碳旅游城、宜居旅游城样板。

2. 当代中国娱乐潮流体验中心。把握体验经济发展趋势，把中国文化模式创新与国际商业模式创新相结合，不断创造缤纷、精彩、独特的文化娱乐体验样式，形成现场体验、传播和创造当代中国流行文化、娱乐潮流的中心。

3. 世界级旅游目的地。借鉴国际一流旅游目的地的发展经验，推动旅游设施、旅游产品和服务达到世界领先水准，持续创造区域独特魅力，将度假区乃至更大范围地区塑造为太平洋西岸的世界级旅游目的地之一。

（二）发展阶段及目标

充分发挥迪士尼项目的集聚辐射作用，在度假区及周边地区形成“一城、多点”的区域开发格局。“一城”是指将度假区打造成为现代化“旅游城”，形成上海未来服务经济发展的新引擎；“多点”是指依托区域空间放大迪士尼项目带动效应，将周边的上海野生动物园、华夏文化旅游区、新场古镇等重要旅游设施和功能性项目，与度假区共同构成区域旅游目的地。

1. 开发建设期（2011—2015 年）

迪士尼项目优先建设，基础设施同步配套，功能性项目适时启动。

2. 功能集聚期（2016—2020 年）

迪士尼项目稳步推进，功能性项目基本建成，旅游目的地品牌建设加速。

3. 功能提升期（2021—2030 年）

功能多元集成，区域融合发展。

四、产业发展

充分发挥迪士尼项目的产业带动优势，体现新兴业态导向、产业融合导向、低碳智慧导向、重大项目带动导向，构建度假区产业发展体系。具体包括 1 大核心产业、7 大延伸产业和 6 大配套产业。

（一）核心产业

核心产业为支撑度假区战略目标和定位的关键产业。充分依托迪士尼，着眼于塑造主题旅游消费吸引力，大力培育和发展旅游娱乐产业。

（二）延伸产业

延伸产业是与核心产业关联度较高，有助于丰富和拓展度假区功能的产业。注重与度假区的人流集聚需求相匹配，并且与旅游功能相互融合互动。同时注重文化元素、体验元素、科技元素的融入，主要包括现代商贸、住宿餐饮、文化创意、会展服务、体育服务、教育培训、医疗服务等。

（三）配套产业

配套产业是与主题旅游消费有一定关联度，为核心产业和主导产业提供配套服务的产业，主要包括商务服务、金融服务、信息服务、房地产、现代物流、专业服务等。

五、保障措施

（一）完善开发管理体制

进一步完善度假区管理体制。强化“服务型”管理理念，转变政府管理方式，简化审批手续，提升服务质量和效率。加强各相关部门间的统筹协调，完善投资环境和公共服务，推进要素市场、法制和环境标准体系建设，加强旅游市场管理执法力度。创新度假区开发机制。发挥开发主体职能作用，做好基础性开发、过渡性开发和二级市政建设等相关工作。在具体项目开发上坚持面向国际、面向社会、面向市场，吸引多元化投资主体和高水平、专业化团队进行项目开发、经营和管理。

（二）健全综合交通体系

完善与长三角各城市、各主要景区点之间的多级交通连接系统，针对度假区大客流，适当提升周边快速路和主干路等级，拓宽有关道路、增加车道，完善次干路系统，改造和完善支路系统。优化轨道交通网络体系，从浦东新区城市空间整体发展战略出发，优化度假区周边轨道交通体系。构建便利的内部交通联系系统，在度假区内部规划建设公交枢纽，及时将外部交通转化为内部交通，加大交通环线和景区支线建设，组织多样化的交通方式，提升度假区停车场的容纳能力。

（三）完善基础设施配套

推进度假区信息基础设施集约建设。按照“统一规划、集约建设、资源共享、规范管理”的原则，建立全业务、全覆盖、大容量、高速度的信息通信网络。推进供电、供气、环境卫生等基础设施的统一建设。完善水环境整治、供水排水、污水治理等功能。构建网络化、立体化的地下空间。营造优美的景观环境。推进区域气象服务体系建设。

（四）完善安全防护体系

完善安全防护和应急避难设施，健全医疗服务和救护服务，在绿地、广场、大型露天停车场等区域同步建设应急避难配套设施，强化应对突发情况的能力。建立度假区突发公共事件应急预案，成立度假区突发公共事件应急指挥中心，组织指挥和协调各方面力量处理事故，负责应急救援重大事项的决策。建立度假区应急救援队伍。定期组织生产经营单位开展生产安全事故应急处理技能培训和应急救援预案演练，加强娱乐设施安全检查。建立应急事故逐级报告制度和信息发布制度，及时、准确、全面地发布信息。

（五）打造智慧旅游度假区

发展智慧旅游，建设综合管理和服务平台，通过信息化手段提升度假区的管理水平，建立旅游智能服务平台，提供多媒体景观信息服务、游客定位导航服务、电子地图引导等服务。发展智慧交通，建立区域内道路交通信息采集系统，完善区域内道路出行信息服务和交通监控系统。建立区域内停车管理和诱导系统，为旅客提供动态换乘信息服务。发展智慧商业中心，提供基于互联网信息技术的忠诚客户管理系统和媒介服务，通过互动式营销和体验，引导消费者在度假区商业中心内重复消费。发展智慧社区，构建集社会管理、社会服务、社区建设、社会动员、社会组织等于一体的智能化综合信息服务管理平台和开放式公共信息支撑平台。建立智慧化的医疗和急救体系。

（六）践行低碳发展理念

优化供能方式和能源结构，建立天然气分布式供能中心，为度假区内公共建筑或设施提供能源。合理选用太阳能、风能、浅层地热能等可再生能源。推行低碳交通方式，公共交通采用电动汽车，预留新能源汽车配套基础设施建设用地。大力推进建筑节能，贯彻绿色建筑理念，积极应用低碳、环保和智能建筑技术，按照国家绿色建筑标准进行设计。加强水资源循环利用，强化度假区雨水入渗、收集和利用。按优质优用的原则，生活用水、景观用水、绿化用水和环卫作业用水等按水质要求分别提供、梯级处理回用。打造立体绿化空间，加大度假区生态保护力度和绿化投入，广泛开展屋顶绿化、墙体等建筑构部件的垂直绿化、绿墙建设等工作，打造多层次、立体化的绿化空间。

（七）营造法制信用环境

加强知识产权制度建设，健全与国际接轨的区域知识产权保护体系，为创意设计、文化出版、影视传媒、动漫网游等产业的发展营造完善的法制环境。提高城市管理综合执法能力，规范执法程序，提高监督管理效能，运用高科技手段，实现精细化管理，以确保度假区及周边的市容环境整洁、规范、有序，达到国际先进的城市管理水平。加强旅游诚信体系建设，制订度假区旅游从业人员诚信服务准则，建立信用等级制度。对度假区内旅游企业实行优质服务认证，定期发布游客满意度调查和旅游企业服务质量评价结果。开展度假区诚信旅游创建活动。

（八）提升区域创新能力

大力推动体制机制创新。发挥政企合作、市区联动的体制优势，在政府监管与服务模式、土地开发模式、投融资机制等方面大胆创新。大力推动产品创新，密切跟踪国内外旅游市场发展的热点和新兴领域，增加产品设计的情感化和趣味性。大力推动服务创新，积极探索体验经济新模式，大力拓展旅游方面的个性化定制服务，加强游客心理及需求分析，推进细微化、延伸化、差异化、人文化的情感服务创新，不断丰富优质愉悦的娱乐休闲新体验。大力推动理念创新，大力推进国外先进理念与中国特色理念融合发展，不断推进社会各行业在服务理念、营销理念、品牌理念、经营理念、人本理念等方面的创新实践。大力推动组织模式创新。坚持“引进来”和“走出去”并举，培育一批具有竞争力的大型旅游、文化企业集团，推进旅行社批零体系建设，大力发展精品酒店和经济型饭店，进一步加快相关产业品牌化、专业化、网络化发展。

（九）联动周边区域发展

鼓励周边地区发展酒店和生活设施配套。依托度假区大规模旅游人流、就业人口，按照“居职平衡”的发展理念，带动周边地区配套发展多层次酒店、住宅、员工生活区，合理布局教育、医疗、文化和体育等社会事业。加强与周边重点产业园区功能整合。结合远期拓展项目建设，引导度假区与张江高科技园区、上海国际医学园区、临港地区加强合作，共同打造“国际医学中心”“国际文化创意中心”“国际影视动漫制作中心”。带动周边镇产业园区转型升级。立足度假区重大功能项目，实施产业链招商，鼓励周边工业园区大力发展旅游文化创意，相关影视、研发、设计、生产等配套产业。加强区域旅游目的地整合营销，扩大度假区旅游营销覆盖范围，鼓励和引导周边已有景点景区进行改造和升级，完善交通联系，作为一个整体进行旅游目的地形象营销。

第二节 度假区结构规划

本节旨在介绍上海国际旅游度假区结构规划主要内容，包括控制范围、功能结构、发展导向等。度假区结构规划主要是根据度假区发展规划，衔接并拓展核心区内产业，带动并提升周边地区产业，呼应并落实市域重点产业。严格控制市域近郊环城绿带，确保重要生态廊道功能，适度均衡生态休闲节点开发，实现迪士尼项目与度假区整体发展有机结合；为度假区建设搭建良好的交通与市政基础设施平台；实现地区整体发展，提升地区产业能级，带动现代服务业发展；为下一层次详细规划提供依据。

一、规划范围

北至S1公路，东至南六公路，南至周邓公路及周祝公路（S2—唐黄路之间段），西至S2公路红线以西约1千米，总面积约24.7平方千米。包括核心区和发展功能区两部分。

协调发展区为发展功能区外围的86.5平方千米，与核心区距离较远，主要满足其所在的行政区域自身发展需要，在一些具体的建设控制要求上与迪士尼乐园相协调。

二、功能结构

度假区形成“一核、五片”的空间发展格局。其中：“一核”指核心区，即迪士尼项目区域，占地7平方千米。“五片”指围绕核心区周边，在发展功能区内形成五个发展片区，包括：①南一片区占地约2.77平方千米，主要功能为综合娱乐商业；②北片区占地约1.57平方千米，主要功能为城市自然生态绿地；③西片区占地约4.27平方千米，主要功能为生态保育旅游；④东片区占地约4.52平方千米，主要功能为远期综合开发；⑤南二片区占地约4.16平方千米，主要功能为远期低密度开发。

三、发展导向

（一）核心区

核心区位于度假区的中心区域，其中迪士尼项目一期已规划建设。同时，为迪士尼项目二、三期建设预留了土地空间，在二、三期正式启动前，对相关地块可适当进行过渡性开发。

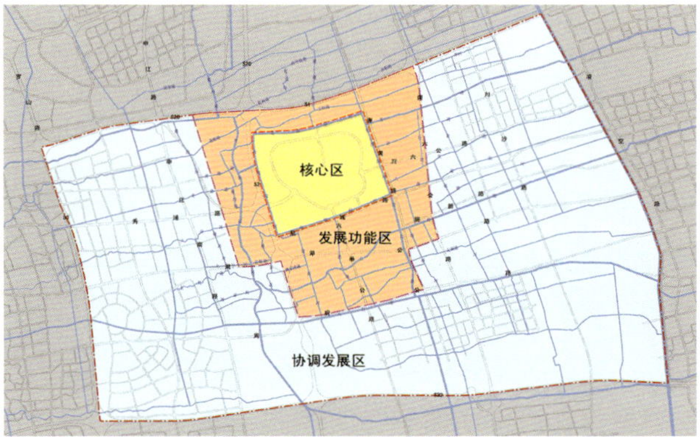

图1-2-1 规划范围图

（二）南一片区

作为以迪士尼旅游配套和特色度假产品为主的综合娱乐商业区域，南一片区与核心区共同构成“旅游城”的核心功能区域。

规划南一片区总建筑规模控制在 220 万平方米以内。未来将重点打造集聚大型娱乐中心、顶级主题酒店、购物中心、综合性和专业性秀场区、时尚文化和会议中心等功能的超大规模现代城市综合体。积极建设体育休闲、教育培训、康体医疗、主题度假村等较低密度、多样化的度假产品。配套发展适度规模的商品住宅、酒店式公寓、商务办公等功能。鼓励在南一片区内进行混合功能的街区开发，复合设置商业购物、餐饮娱乐、商务酒店、小型会展、酒店式公寓、商务办公等功能，集聚人气、减少地块内部交通量。

大型城市旅游综合发展体（综合街区）围绕核心区南入口与六奉公路构成的重要轴线布局，街坊尺度较小，开发强度较高，人群聚集度高，是南一片区的中部公共活动核心。围绕大型城市旅游综合体，可布局多个功能混合的住宅组团，形成居住与就业功能混合、居住与娱乐功能混合的住宅街区。包括主题度假村、体育休闲、康体医疗等在内的需独立设置的度假产品，开发强度较低，有一定的空间私密需求，在选址上有一定的限制性，不宜选址在南一片区中心区域。由于度假区规划轨道交通线路较难服务到南一片区西部地块，可以布局该类低密度的度假功能。片区东南角七灶港以南区域，整体上邻近预留的市域生态廊道，也可作为低强度、低密度、高绿化率的度假功能开发区域。

（三）北片区

作为城市自然生态绿地的北片区，从最本质的生态绿地出发，更加关注市级生态廊道的公共属性，体现生态绿地的公益性和开放性。同时，更加重视北片区的自身发展需求及与度假区核心区功能的配套与互补，通过功能定位的精准化，合理选择项目产品，使北片区开发更具可实施性和可操作性。

规划北片区总建筑规模控制在 5 万平方米以内。片区内不适宜建设会带来大规模人流量的功能项目，不能设置居住功能。北片区可开发地块宜采用分散化、组团式的形式布局。规划川展路提升等级为城市道路并进行拓宽，改造其路面建设条件，并与黄赵路、栏学路衔接。黄赵路、栏学路保留向北下穿 S1 公路的两个通道。

（四）西片区

作为发展生态保育旅游的西片区，保护市域生态廊道功能，以横沔古镇为主体，保护古镇自然资源和历史文化资源，深度拓展具有深厚文化底蕴的产品种类，将横沔古镇打造成为汇集民俗生活体验、公益博览、宅院酒店、娱乐休闲、特色商业等多种业态的“传统文化展示区”和“生态体验区”。

规划西片区总建筑规模控制在 45 万平方米以内。结合横沔古镇保护与人文旅游资源开发，西片区主导功能可分为三大类：一是包括古镇旅游博览、特色餐饮商业、主题酒店、乡村度假村落等在内的商业娱乐休闲混合功能；二是以古镇村落住宅及公共配套为主的本地居住功能；三是结合林地苗圃资源和农田耕作区域建设郊野生态林地。各类功能的开发规模应根据详细规划最终确定。

风貌区范围内的开发建设活动须遵守《上海市南汇横沔老街历史文化风貌区保护规划》相关要求。川周公路北侧正在实施的外环生态休憩绿地项目，未来可结合西片区规划功能定位，补充与提升其中功能性项目的建设。川周公路南侧、风貌区以外的地区，可结合现状

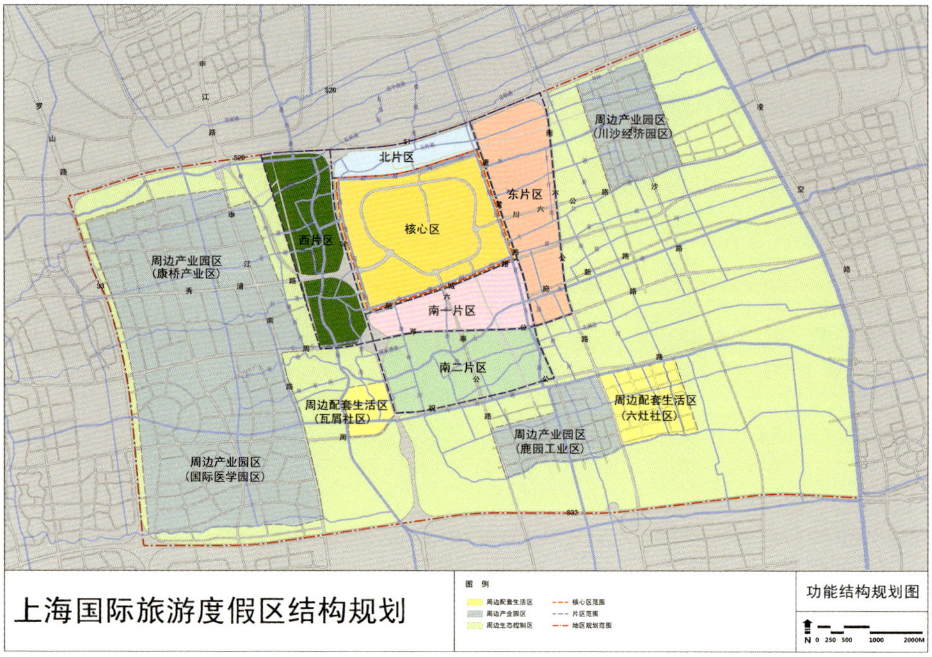

图 1-2-2　功能结构规划图

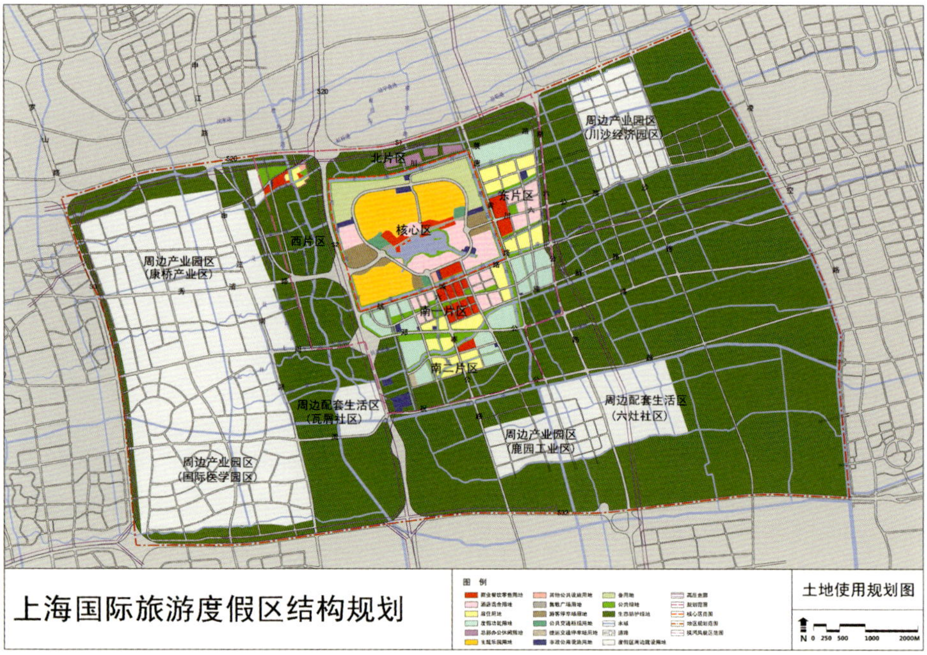

图 1-2-3　土地使用规划图

工业建筑改造进行功能置换。新建建筑的高度和风貌应与传统建筑相协调，街坊和街巷空间尺度较小，建筑密度较高，开发强度不宜过高，应体现传统风貌特色。

（五）东片区

作为远期综合开发的东片区，综合设置为核心区二、三期游客服务的配套功能、多样化的度假产品以及其他衍生带动的产业功能。

规划东片区总建筑规模控制在180万平方米以内。功能类型比较综合，在规模配比方面，较之南一片区可适度增加商品住宅和商务办公的建设比例。主要建设低碳智慧国际社区、度假村及酒店等，适度发展体育休闲及其他旅游度假产品，并为远期综合开发预留土地空间。各类功能的开发规模应根据详细规划最终确定。

川六公路可直接联系核心区远期建设的东入口，东片区可围绕川六公路周边形成片区的功能核心，混合设置商业、餐饮、娱乐、酒店等公共活动功能。功能核心南北两侧可布局多个功能混合的住宅组团，同时配置相应等级与规模的公共服务设施。东片区紧邻川展路南侧、施新路北侧地块可设置多样化、低密度的旅游开发产品，与周边生态保护区域形成空间上的有机联系。

东片区道路系统应注重与区域路网的东西向衔接，川六公路、航城路、施新路等道路均应保持东西向的通畅。

（六）南二片区

作为远期低密度开发的南二片区，综合设置为核心区二、三期游客服务的配套功能，以及低密度的度假产品和度假住宅。

规划南二片区总建筑规模控制在50万平方米以内。各类功能的开发规模根据详细规划最终确定。零售餐饮娱乐等旅游配套功能可布局在南二片区中部。以低密度度假型住宅为主的旅游居住功能可布局在其周边。体育康复、特色养生等低密度旅游度假产品布局在外围，与周边生态保护区形成空间上的有机联系。

第三节 近期发展规划

上海国际旅游度假区建设对上海转变经济发展方式、优化城市空间布局、带动周边地区发展和推动浦东中部崛起具有重要的现实意义。在与度假区发展规划、度假区结构规划充分衔接的基础上，为进一步明确“十三五”期间度假区发展的目标任务，编制了《上海国际旅游度假区“十三五”规划》。本节重点介绍“十三五”时期度假区发展的总体思路和目标、主要任务和保障措施等。

一、发展思路

在迪士尼乐园一期顺利开园的基础上，按照“国内领先、世界一流”的定位，以品牌塑造、科技创新和功能集聚为主线，努力推进平稳运营、完善综合配套体系、加快重点产业集聚、促进区域联动发展，将度假区打造成为世界著名旅游城市的核心功能区、科技含量高创新互动强的智慧体验示范区和具有全球影响力的现代化国际大都市新地标。为最终建成“具有示范意义的现代旅游城、当代中国娱乐潮流体验中心、世界级旅游目的地”奠定坚实基础。

二、发展理念

（一）智慧低碳、基础先行

打造具有示范效应的现代化智慧低碳旅游城。优先建设城市基础设施和公建配套、优先改造周边景观环境，营造与度假区定位相匹配的公共配套环境。

（二）产城融合、联动发展

贯彻协调、共享发展理念，将度假区发展与现代化“旅游城”建设紧密结合，发挥度假区对周边乃至浦东中部的辐射带动效应，形成以度假区为核心的、以周边镇为补充的“一城、多点”区域开发格局。

（三）科技引领、集成创新

提升度假区建设、运营和管理的高科技含量，借力自贸区和上海科创中心建设，提升度假区发展动能和后劲。

（四）对标亚太、世界一流

以开放的姿态建设度假区，坚持国际高标准与本地最佳实践相结合的原则，实现度假区建设、运营、管理和服务的高品质、高标准和可持续发展。

三、发展目标

“十三五”期间，度假区以迪士尼乐园一期顺利开园和平稳安全运营为核心，有序推进发展功能区开发建设、加快吸引商旅文等服务业项目落地，促进度假区与周边区域联动发展。争取分别实现以下阶段性目标：

2016 年，乐园顺利开园；

2018 年，开发成效初现；

2020 年，功能形象初具。

到“十三五”末，初步建成管理规范、服务一流的迪士尼主题乐园，产业集聚、创新活跃的文化旅游新地标，环境优越、功能齐全的度假区，功能清晰、区域协调的现代化旅游城雏形。

四、主要任务

（一）聚焦高品质运营和精细化管理，加大制度创新和管理创新力度

聚焦迪士尼乐园高品质运营，全面落实各项政府保障。着眼度假区精细化管理，针对度假区常态大客流集聚和峰值客流多发的特点，形成较为完善的大客流日常管理和应急管理模式。依托信息化手段打造智慧旅游度假区。推进政府管理和服务模式创新，加快政府审批、政府监管、社会管理和服务模式的变革创新，切实提高政府管理效率。形成具有示范意义的度假区标准体系，将国际经验与度假区实践相结合，形成若干具有示范意义的标准体系。

（二）加快推进重点区域开发，推动产业集聚和功能项目落地

聚焦核心区，深化与迪士尼公司合作，探索创新合作模式，拓宽在其他领域的合作。加快其他片区开发，北片区基本建成，西片区开发建设全面展开，提升度假区旅游项目的品牌能级。

（三）有序推进基础设施配套和软实力建设，完善现代化旅游城城市功能

推进度假区各类基础设施建设，包括信息基础设施和供水排水、供电、供气、环境卫生等市政基础设施。营造城市景观环境，打造与度假区定位相符合的优美景观。切实提升度假区城市管理和服务软实力，借鉴发达国家和地区的经验做法，加快政府管理和服务模式的变革创新，积极营造国际化、法制化商业环境。

（四）发挥品牌溢出效应，带动度假区与周边地区联动发展

加大度假区旅游品牌形象的宣传与市场推广力度，加强与度假区周边旅游资源的统筹力度、优化结构合理布局、整体营销，与周边地区开发项目联动发展，引领周边地区的产业转型和能级提升。

（一）进一步完善度假区管理体制

结合度假区运营期特点，完成《上海国际旅游度假区管理办法》修订和公布实施，做好地方性法规研究制定前期工作。同时，通过体制创新实现协调成本最小化和迪士尼项目溢出效应最大化，为最终建成现代化旅游城、带动浦东中部崛起提供制度保障。

（二）明确度假区在浦东中部地区的发展定位

把迪士尼及周边区域的发展放在浦东“十三五”发展格局中考虑，明确其在浦东、特别是在中部地区的定位，对“十三五”期间度假区发展，乃至浦东中部地区的发展至关重要。考虑到迪士尼一期乐园建成的市场基础和承接迪士尼项目溢出效应的迫切需求，集中力量打造“旅游城”是中部地区整体发展的可行策略。

（三）承接自贸试验区辐射，推动度假区进一步扩大开放

借力上海自贸试验区，争取在承接自贸试验区辐射基础上进一步实现度假区商业、旅游、文化、娱乐等方面在扩大开放上的突破。促进度假区综合配套改革和创新发展，推动度假区与自贸区政策对接。

（四）推进土地开发模式和度假区空间布局创新

迪士尼项目及周边配套实施了高强度、大体量投资，须充分发挥核心项目的溢出效应，集聚相关资源，打造现代化旅游城和世界级目的地，均需要一定的土地空间保障。推动在度假区落实开发模式创新，保障度假区用地空间。

“十三五”是上海建设国际文化大都市和建成“四个中心”的关键时期。浦东要建成“四个中心”核心功能区，迪士尼项目是一个显示度高、辐射能力强的重大项目。“十三五”开局年，一期乐园正式开放后将产生较强的辐射带动作用，度假区将抓住机遇，以迪士尼项目为核心，联动川沙新镇等周边镇，打造功能清晰、区域协调的与浦东金融城、科技城相呼应的现代化旅游城。

第二章 专项规划
Chapter 2 Specific Planning

在上海国际旅游度假区总体规划和控制性详细规划的基础上，为确保绿色、低碳、可持续和人性化等目标的实现，进一步编制交通、绿化、环境和广告等领域的专项规划。

度假区交通规划旨在构建一套因地制宜的适合度假区特点的交通体系；度假区绿化规划旨在满足度假区多样化的休闲需要，将度假区建成人与环境协调发展的生态型园林区域，塑造与迪士尼乐园呼应、互补的独特区域形象；度假区水系规划旨在优化和完善度假区河网布局，指导度假区的配套水系和相关市政工程建设，提高该地区防洪除涝能力；度假区低碳发展规划践行可持续发展理念，最大限度减少旅游对环境的负面影响；度假区广告规划根据度假区的功能区位、迪士尼固有的文化特色和景观环境特征，对规划范围内现有各类广告设施和发展空间进行针对性发掘并提出具体设置要求；度假区规划环评筛选和识别度假区内的主要环境问题和资源环境制约因素，对度假区的规划目标、规模、布局、结构等进行环境合理性综合论证，指导各片区控规编制，为保障度假区环境质量、有效简化环保审批流程提供依据。

On the basis of the master plan and the regulatory detailed planning, in order to ensure the realization of being green, low-carbon, sustainable and humanization, the specific planning on transportation, greenery, environment and advertisement and other fields have been made further on.

The Transportation Planning aims to create a humanized, civil, equal transportation system that suits the characteristics of Resorts Zone; the Greenery Planning aims to satisfy various recreational demands of Resorts Zone and which will be built into an ecological landscape area with agreeable environment and a unique area both echoing with and complementary with Disney Resort; the Water System Planning aims to optimize and improve the water system layout in Resorts Zone, to guide the affiliated water system and related civil engineering projects, to improve the flood-preventing and drainage capabilities; the Low-carbon Planning, compiled in such sustainable development principle as being green, low-carbon and ecological, elevate low-carbon tourism services level, minimize the negative impact of tourism on environment; the Advertisement Planning, based on the function positioning of Resorts Zone, the unique cultural features of Disney and the characteristics of landscape environment, makes targeted research of various kinds of preexisting advertisement facilities and growth space within the scope of planning and puts forward concrete placement requirements which will serve as references for administration and law enforcement; the EIA of planning screens and identifies major environmental challenges and limiting factors in resources and environments, so as to guide the detailed planning of parcels, to guarantee the environmental quality and to provide reference for effectively streamlining formalities of environmental protection review and approval.

第一节 度假区交通规划

上海国际旅游度假区交通规划目标是构建一套因地制宜的适合度假区特点的人性化、文明化、公平化以及安全、通畅、经济、舒适的交通体系，同时保护好城市和度假区的环境品质，提高游览者的主观感受，从而保持度假区的长期吸引力和长远发展。

交通规划立足高品质、多功能特点，秉承“可落地、可实施、可操作”的原则，体现迪士尼交通服务的“人性化、舒适度、便捷性”为核心，尊重个体出行选择，常态下采取低限制性交通组织的总体思路，科学、合理地配置交通设施，确保交通运行安全、有序。

一、度假区道路规划

（一）核心区内部道路

度假区核心区范围规划“1 环、2 辅、3 大道、1 支”共 7 条道路，总长 10.8 千米。7 条道路中除环路东北段外，其余道路在迪士尼乐园开园前全部建成投用。

（二）度假区外部道路

直接联系核心区的外围道路包括：1 条专用高架（度假区高架），4 条高、快速路（S1、S2、S20 及南六公路高架），3 条主干道（六奉公路、秀浦路、航城路）及 5 条次干道（唐黄路、川六公路及 3 条规划路）。

乐园一期共配套外围道路 9 条，包括度假区高架、S2（S1—S32）、南六公路（S1—S32）、六奉公路（周邓—南入口大道）、周邓公路（申江路—南六公路）、秀浦路（申江路—S2）、秀浦路（S3—申江路）、航城路（S2—南六公路）、唐黄路（S1—周邓公路），开园前全部竣工。

（三）配套交通

核心区将建成：1 条轨道交通 11 号线，核心区内设 1 座车站（迪士尼站）；3 个公共交通枢纽，即西公交枢纽、南公交枢纽和北支路公交枢纽；5 个停车场（不含应急停车场），即西停车场、P1、P2、P3、P4 停车场。

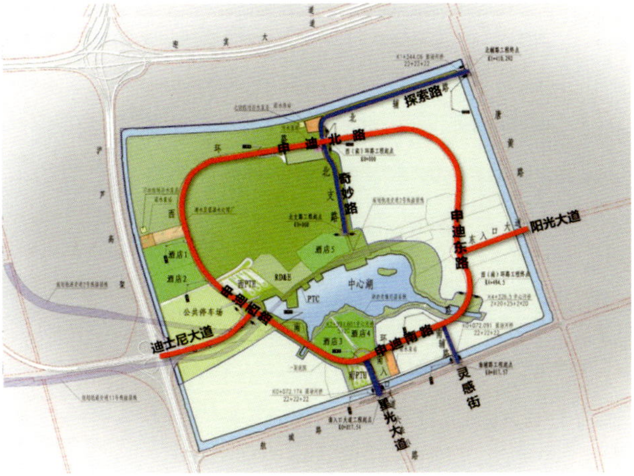

图 2-1-1 核心区道路系统规划图

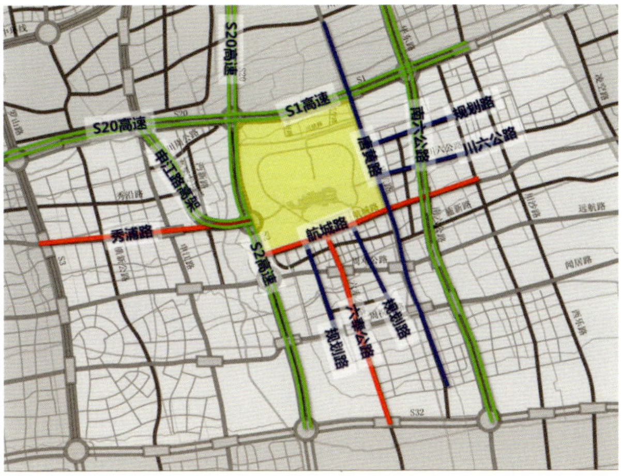

图 2-1-2 核心区外围道路规划网络图

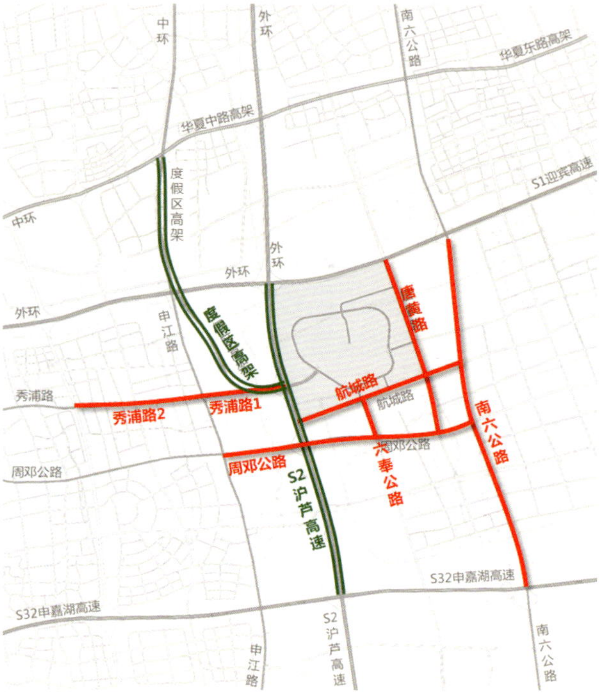

图 2-1-3　度假区一期外围配套道路实施图

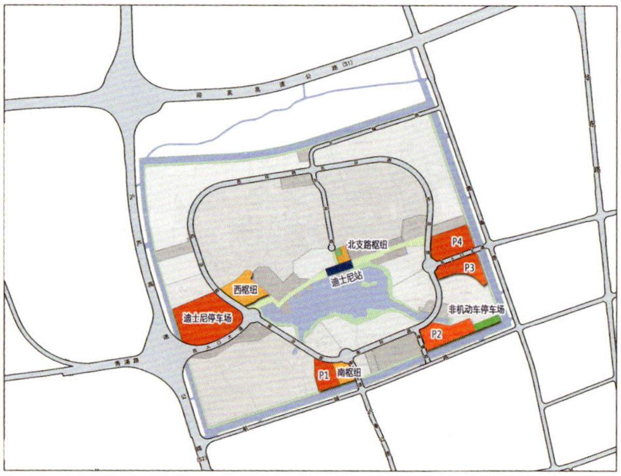

图 2-1-4　开园年核心区内部计划建成交通设施布局图

二、交通分析

（一）客流特征

1. 服务人群多样化

度假区定位以休闲、娱乐、购物为主的体验模式，迪士尼乐园、各类公园等因项目吸引特征，其服务对象主要以家庭为单位出行；购物村等项目考虑服务对象消费习惯，预计以中等收入以上的中、青年群体居多。

2. 私家车出行比重高

结合度假区区位特点，合理评估度假区各项目游客来源，考虑社会经济水平、道路条件等因素，并借鉴国家会展中心（上海）、上海野生动物园等出行结构数据，预计江浙地区及本市游客私家车出行比重较高。

3. 与本市高峰基本不叠加

迪士尼乐园根据工作日、周末及国定节假日等不同特征日确定开、闭园的运营时间，总体上工作日期间下抵离园区交通与本市日常通勤交通高峰基本不重叠。

（二）交通服务层次

层次一：外省市及外籍游客（约占游客总量的55%）

游客出行主要以高铁、飞机等方式抵达本市，通过两大机场和铁路枢纽换乘市内交通（轨道、商旅快线等）到达度假区，重点考虑在机场和对外交通枢纽开通市内商旅快线予以保障。

层次二：长三角地区游客（约占游客总量的25%）

除个体交通外，游客抵离度假区将以“点—点”的省际商旅快线方式为主，以高铁到达枢纽换乘市内交通为辅，由于省际商旅快线服务优势非常明显，应重点考虑运营保障。

层次三：本地游客（约占游客总量的20%）

除考虑私家车抵达外，在集约交通方式上，本地游客将以轨道交通及市内商旅快线（交通枢纽或旅游集散中心始发）等方式作为首要出行选择。

（三）运力构成

1. 个体交通

重点考虑分级停车供应措施、科学合理的交通组织（本地车辆与外地车辆行车路径适当分离）及完善的交通引导标志（三层引导）。

2. 集约交通

包括以政府主导的常规公共交通服务和市场化运作的特色交通服务。常规公共交通运力包括轨道交通、地面公交、应急公交、出租汽车（包括市域出租和区域出租）等；特色交通包括商旅快线（含市内商旅快线及省际商旅快线）、旅游包车及酒店巴士等。

（四）主要结论

1. 交通组织

为避免外省市车辆对市区交通造成影响，外围将G15—S32—S2作为主要引导通道，中心城区以中环—申江路高架作为主要引导路径。

2. 引导标志

配合交通组织，兼顾分层引导、功能引导和动态诱导等原则，外围高速公路引导“上海国际旅游度假区”方向，并增添迪士尼元素；周边引导区在高、快速路上将“生态园”“购物村”等作为目的地进行引导，实现入口分流；同时考虑度假区周边高、快速路增设动态诱导屏。

3. 停车管理

按照个体交通承担客流需求测算，开园年将供应0.9万个常态小汽车泊位和1.1万个应急保障泊位，并

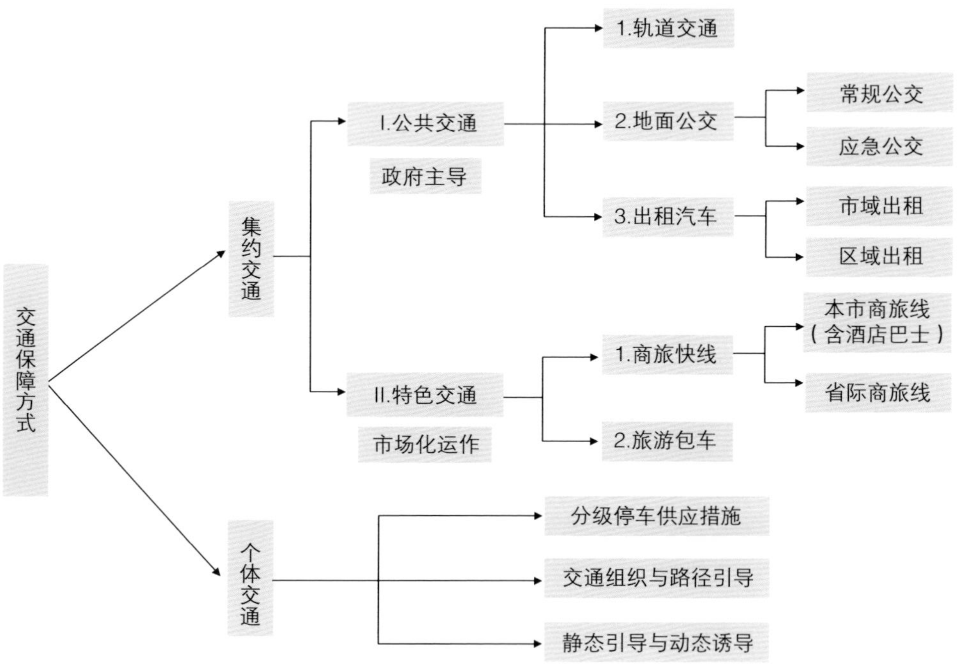

图 2-1-5 开园年度假区交通保障运力构成示意图

针对不同特征日采用四级停车响应措施。

4. 轨道交通

全线采用大小交路，迪士尼段平峰发车间隔 6 分钟，运能 1.86 万人次 / 小时，并有条件增开迪士尼段小交路；常态下运营时间可较好覆盖开闭园，超高峰日市场化购买服务增加定点加班车。

5. 商旅快线

主要由本市“3 站、2 场”对外枢纽及 3 个旅游集散中心始发的 8 条线路和上海周边 300 千米范围内的省际商旅线若干条组成，开园初期省际商旅快线主要开设重点客源城市，其他城市予以预留。线路采用公交化运营市场化操作模式，通过招投标方式确定运营主体。

6. 地面公交

主要考虑利用度假区周边既有线路通过调整方式引入，共计 3 条线路，运营主体为浦东公交。

7. 出租车

考虑市域出租和浦东区域出租共同引入服务，采用市场化调节与购买服务相结合的方式保障游客出行，购买服务主体应协调明确。

8. 其他方式

除上述常规集约交通方式外，还考虑旅游包车和酒店巴士作为开园年交通运力构成以服务外地游客；同时核心区内部开设接驳巴士。

9. 信息平台

建立度假区交通信息平台，与市交通委指挥中心、市交通信息中心、浦东交警、申通集团等实现数据共享、信息交换。共享与交换的信息包括接入路况、事件信息及视频数据等 6 项内容，共享客流、道路、枢纽、停车场等相关信息与视频数据。

10. 应急预案

按照法定应急并结合度假区特殊需求考虑极端大客流交通应急保障，纳入度假区市级基层应急管理单元总体预案，遵循市级预案要求，并按照“企业负责常态运营，政府负责应急指挥”的原则执行。

三 . 内外交通组织方案

（一）“静态引导与动态诱导”相结合

1. 常态下

长三角及远郊区设“双层引导”，将 G1051—S32—S2 及 G15— S32—S2 作为主要路径，避免穿城，到达周边引导区后再进行多级别、分功能引导（至各出入口）；中心城区可自由选择抵离路径，主要经中环至度假区高架进入西入口。

2. 高峰日

西入口大道拥堵时，核心区外围动态诱导屏互动显示信息，向南和东入口引导分流；超预期客流情况下园区无法承受车辆进入时，动态信息屏发布园区内部情况，从外围疏散车辆，并同步启动各项交通管控措施。

（二）“计划分流与强制分离”相结合

1. 计划分流

通过周边引导区重要节点设置交通引导标志，分流乐园游客和过渡开发区游客，有计划地引导不同目的地游客在外围选择路径，避免高度叠加。

2. 强制分离

对可控制的、固定运营的集约化方式车辆统一安排由探索路—申迪北路—申迪西路抵离西公交枢纽，避免与个体交通在西入口交织。

（三）“功能引导与分层引导”相结合

外围引导区以“上海国际旅游度假区”为引导信息，到达周边引导区后以度假区三个出入口大道作为引导信息。

图 2-1-6 长三角及远郊区交通组织方案

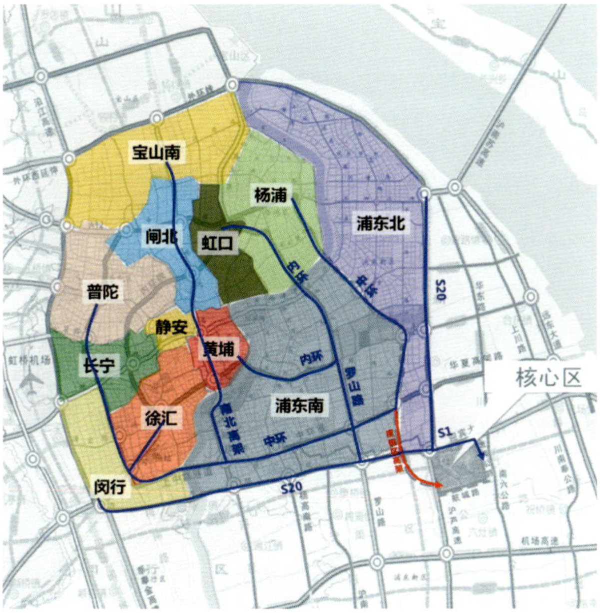

图 2-1-7 中心城交通组织方案

四、交通引导标志方案

（一）外围引导区静态标志

结合交通组织方案，主要引导至 G1501、G15 和 S32 等主要通道，高速公路在互通立交、转向匝道前设置指引标志，按照二级引导为原则，共在 12 条高、快速路上的 22 处节点设置静态引导标志 63 块。

（二）周边引导区静态标志

周边引导区覆盖核心区周边 5 千米范围，涉及中环、外环、申江路高架、S1 迎宾高速、S2 沪嘉高速、S32 申嘉湖高速等高、快速路以及申江路地面道路、秀浦路、周邓公路、南六公路、航城路、唐黄路等地面道路。对于周边引导区遵循不同目的地分别引导的原则，高、快速路静态引导标志设置 9 处、共计 34 块标志牌，地面道路静态引导标志设置 22 处，共计 22 块标志牌。

（三）动态诱导屏

1. 外围诱导屏

动态诱导屏结合交通组织方案主要沿周边高速路、快速路设置（共 13 处），地面道路辅助设置（共 4 处），为游客提供实时信息，应对大客流及突发状况，有效避开交通拥堵路段及节点，平衡周边道路资源。

2. 动态停车信息标志

为确保小客车到达核心区前提前预知各停车场信息，提出两层停车信息标志圈。第一层，结合周边引导区静态交通标志，设置 6 处停车信息标志作为第一层信息提示；第二层，结合核心区主要出入口，设置 4 处停车信息拓扑图，提示停车场剩余泊位信息及到达路径。

图 2-1-8　外围引导区静态交通标志布局图

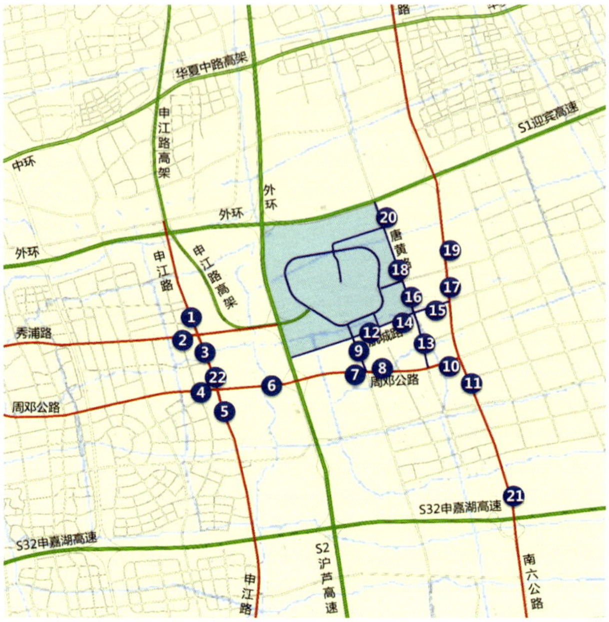

图 2-1-9　周边引导区静态交通标识分布图

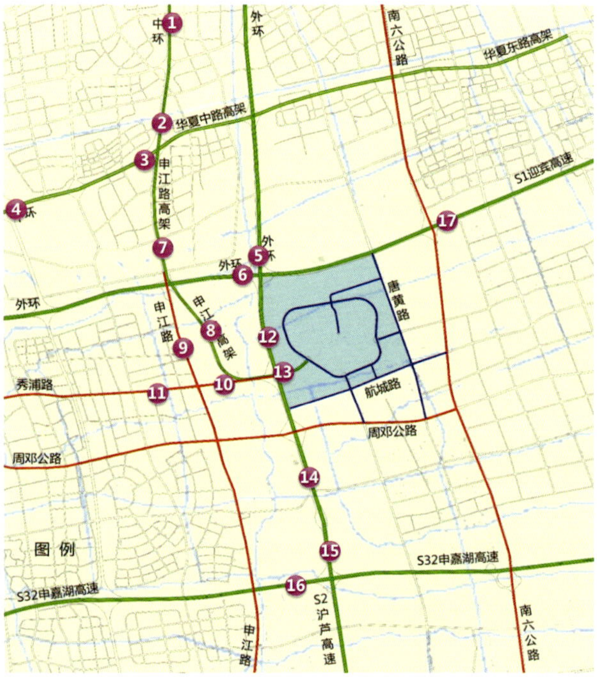

图 2-1-10　动态诱导屏布局图

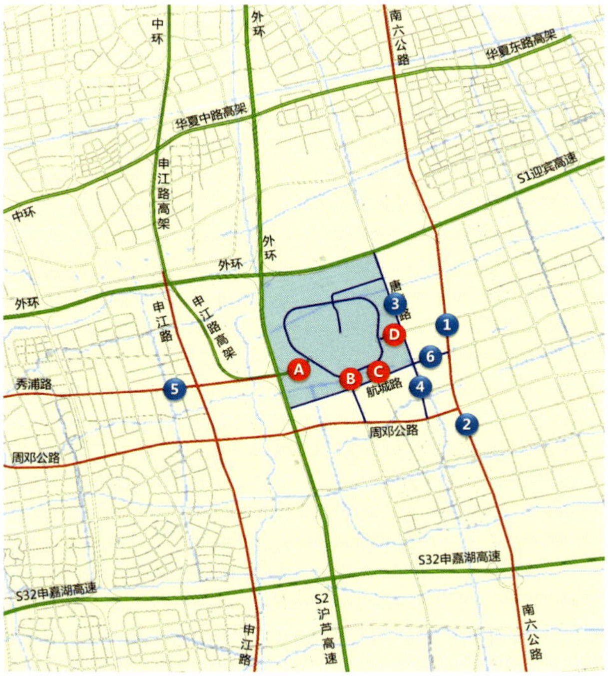

图 2-1-11　停车信息标志分布图

3. 离园诱导屏

在核心区内部道路结合出入口大道合理设置离园信息诱导屏，提供离园时周边主要高、快速路交通信息，方便游客预判离园后的出行路径，提升园区服务品质的同时缓解周边道路交通压力。

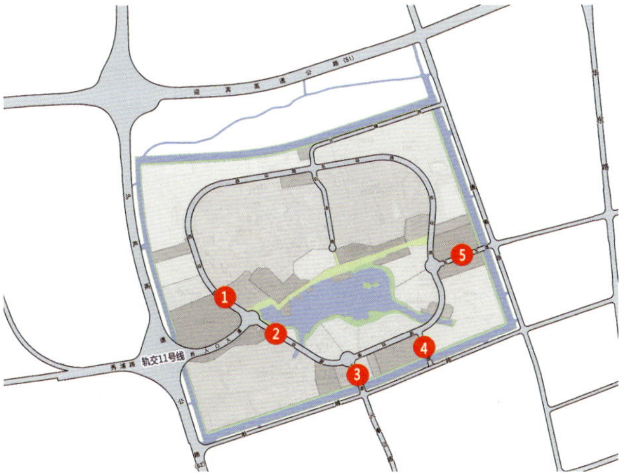

图 2-1-12 核心区内离园诱导屏布局图

五、停车运营管理方案

（一）供应能力

核心区内部规划建设 5 处停车场（含西停车场，P1 ～ P4 停车场），可供应小汽车泊位 8 979 个、大巴车位 528 个。考虑极端高峰停车需求，在核心区内部增设 P5、P6 两处临时停车场（B-1、B-2 地块），预计新增小汽车泊位 3 390 个；另外，在核心区外围（南片区）设置 1 处应急备用停车场，预留小汽车泊位 8 000 个。核心区及周边共配套 8 处停车场，可供应小汽车泊位 2 万个。

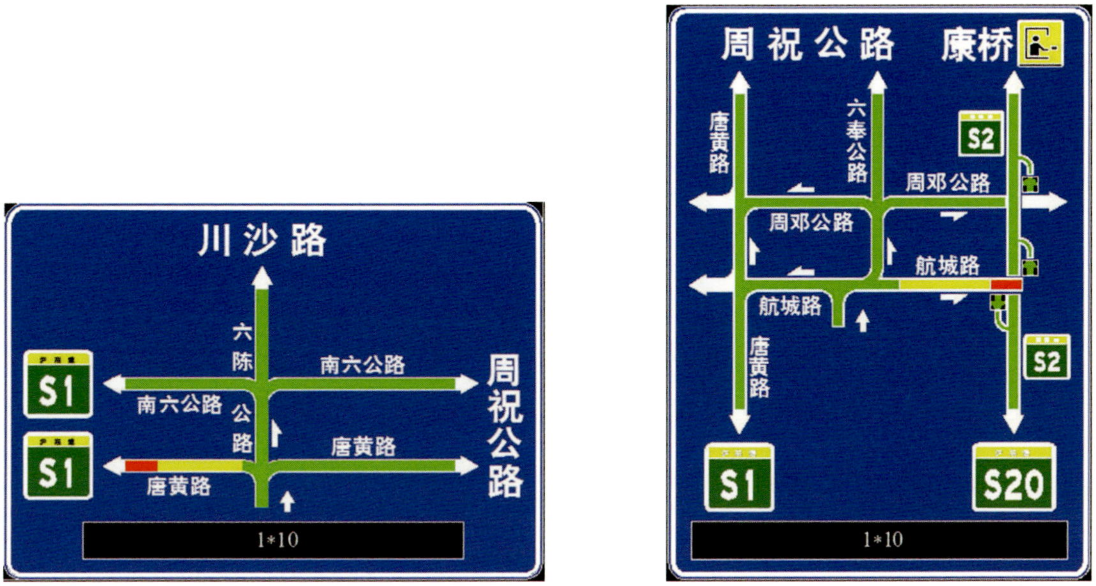

图 2-1-13 诱导屏版面设计方案

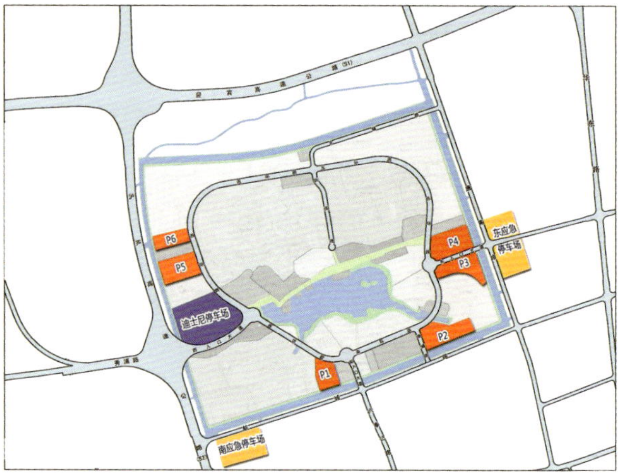

图 2-1-14　核心区停车设施布局图

（二）停车分级保障响应机制

按照开园年停车设施能力、布局及可协调临时设施，结合不同特征日客流需求，确定四级响应方案。其中Ⅳ级～Ⅱ级为常态下运营，Ⅰ级为应急条件下启用。

Ⅳ级：常规组织管理（应对工作日客流），适应日均客流 6 万人以下，交通配套设施维持常规管理与运营组织，停车泊位供应 0.7 万个。结合乐园、购物村等建筑出入口位置，就近启用相邻停车场：西停车场优先满足核心区游客，P4（或 P5、P6）补充服务，根据管控方案灵活调整；P3 停车场主要满足购物村及生态园游客，P2 补充服务；P1 及核心区备用停车场作为Ⅳ级响应下备用停车场。

Ⅲ级：局部保障（应对周末高峰客流），适应日均客流 6 万～9 万人，需要在常规组织管理基础上，适当采取局部性应急措施，停车泊位供应 1.1 万个。停车场启用顺序：西停车场及 P4 同时开放优先满足乐园游客，当泊位饱和，启用 P5、P6 作为补充；P2 及 P3 停车场主要满足精品购物村及生态园游客，P1 补充服务；南片区应急停车场作为Ⅲ级响应下的备用停车场。开园初期建议按照本级别响应。

Ⅱ级：核心区全区域保障（应对极端高峰客流），适应日均客流 9 万～13 万人，在常规应急组织管理的基础上，需采取全局性的临时应急措施，停车泊位供应 1.1 万～1.6 万个。停车场启用顺序与Ⅲ级响应下基本保持一致，同时结合停车需求启用南片的 1 处应急备用停车场。

Ⅰ级：突发情况下应急保障（应对超预期突发客流），适应日均客流超过 13 万人，在确保人员安全集散的基础上，同步采取外围区域应急组织管理、远端信息发布与交通管控等措施，停车场启用顺序与Ⅱ级核心区全区域保障措施一致。8 处停车场全部饱和情况下，一方面外围发布信息、采取交通管制等方式减小或控制车辆进入；另一方面在仍有车辆进入情况下考虑利用周边道路包括航城路、唐黄路、周邓公路等设置临时路边停车场。

（三）停车分级保障配套措施

1. 收费模式

当达到Ⅲ级以上响应机制时，西停车场调整为“先进场后收费”模式，避免收费广场成为瓶颈引发度假区路高架拥堵。

2. 交通管制

当达到Ⅱ级以上响应机制时，度假区高架或三个入口大道均可视情况封闭，同时外围地区进一步考虑挖掘停车场潜力，引导和疏散车辆。

3. 宣传引导

当达到Ⅱ级以上响应机制时，远端加强多媒体信息发布鼓励集约化交通，近端结合三个入口及停车场使用情况发布动态诱导信息，缓解瓶颈路段。

4. 公共交通

核心区内部，接驳巴士环线可结合分级响应机制灵活调整运能及运营计划，大客流下做到核心区内部游客“既不停、也不快”，避免发生大面积拥挤；在核心区外围，当达到Ⅱ级或Ⅰ级响应机制时，对抵离园区的商旅快线及公交专线采取加密发车班次、增加运能等措施，并通过媒体信息发布等方式引导游客由个体交通向集约化交通方式转移。

第二节 度假区绿化规划

为满足上海国际旅游度假区多样化休闲需要，将度假区建成环境宜人、生活健康舒适、人与环境协调发展的生态型园林区域、创造优美、丰富而有特色的环境景观，塑造与迪士尼乐园相呼应、相互补的独特区域形象，为开发建设项目提供支持，编制了《上海国际旅游度假区绿化专项规划》。

一、规划目标

体现度假区生态、景观、游憩绿地功能，对绿地的生态环境效益、经济效益和社会效益进行全面平衡，形成一个集“生态、景观、游憩”三大功能于一体的度假区绿地系统。

生态目标：整合和构建区域内生态资源片段，融入市域基本生态网络体系；构建群落低维护、生物多样性、碳汇能力强的健康绿地生态系统。

景观目标：乐园外围景观与迪士尼乐园景观相映成趣，形成丰富自然的区域特色景观。

游憩目标：主题乐园活动与外围游憩项目形成内外互补互动的具有区域吸引力的特色游憩活动；特色的户外空间为度假区后续开发建设提供更好的服务。

二、规划布局

（一）规划理念

1. 绿地“共享”

赋予空间和场地多功能性，灵活地发挥绿地的综合效应，实现绿地的合理共享，达到功能复合的效果。

度假区绿地在规划中可对部分绿地作特别梳理，既可作为公园绿地同时也可起到防护的作用，以反映相同绿地不同功能的特点，充分发挥绿地的综合效应。

2. 绿地“融合”

借绿：关注外部绿地对内部结构系统的影响，借区域外绿地，通过廊道连接，促进区域内系统与外环境的联系、贯通。

渗出：突破区域空间的包围，发挥生态廊道效应，预留绿色通道，将内部绿气导出，尽可能向外围有限的自然要素渗透，加强区域与城市外围的绿色对接。

在度假区绿地系统规划时通过利用道路、河流等线性体系，合理规划，构成交错的绿廊、绿网系统。

3. 绿地“互补”

结合度假区各功能片区不同的定位，划分不同的绿化主题片区，采用具有不同季相特征形态特征的绿化方式，同时注重景观风格互补，既要提高配套设施的绿化景观质量，又要突显公共绿地的景观风貌，形成具有度假区特色的整体的绿化景观。

（二）总体布局结构

通过分析度假区生态系统，根据度假区相关规划要求及绿地现状，结合度假区结构特点和绿地建设要求，充分体现度假区生态、景观、游憩三方面的功能，最终形成度假区 “蓝绿网络、区域联动；景区鲜明、轴点突出；环线游览、主题呼应”的绿地系统结构。

（三）景观主题风貌区

度假区各片区景观主题风貌是：迪士尼主题乐园区（核心区）——梦想花园；北片区（城市自然生态绿地）——绿影怡林；西片区（生态保育旅游区）——绿野乡踪；南一、二片区（综合娱乐商业区和远期低密度开发区）——绚彩国际；东片区（远期综合开发区）——香林艺韵。

1. 梦想花园

该区域与迪士尼整体风格统一，其内部的绿地设计，主要是配合建筑和游乐设施，利用铺地、灯具、雕塑等室外小品营造“童话、梦幻、仙境”的氛围。为满足到乐园游玩的人们好奇、新鲜的求变心理，该区域多采用一些在花、叶、果、根、干、色、香、形等方面特色明显、观赏价值高的树种。同时色彩丰富、趣味性强的植物更加突出游乐园主题所创造的景观效果。

2. 绿影怡林

北片区通过大型公共绿地、景观小品等营造环境优雅、品质高尚的生态区域，绿化设计以密林景观为主，加强高碳汇植物的应用。三片集中建设区域可采用花卉营造花园式景观。

3. 绿野乡踪

西片区利用水系资源、古镇资源打造“绿野乡踪”的景观特色，景观围绕“绿、野、乡”三个字展开，以乡土树种为主，配合房车露营、经济植物采摘、农业观光等活动形成自然林地、生态农业、经济果林等林地形式，体现区域质朴、乡土、野趣的植物风貌。

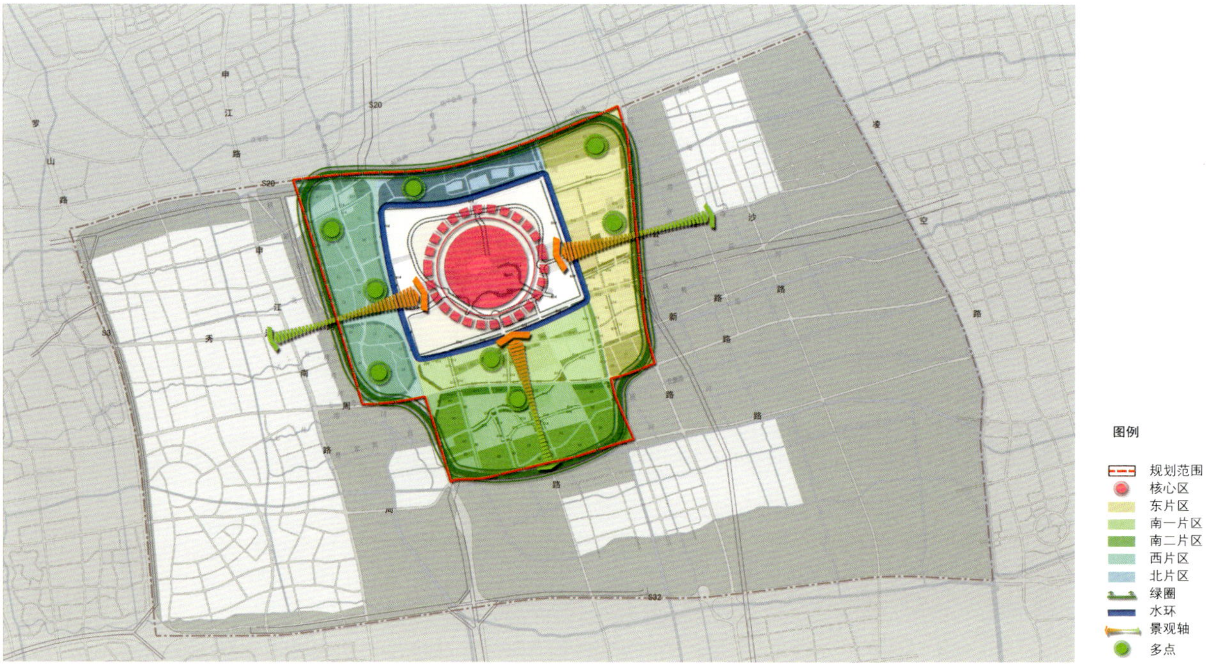

图 2-2-1 绿地结构图

4. 绚彩国际

南一、二片区与核心区共同构成“旅游城”的功能核心区域。结合区域功能定位，营造 “绚彩国际”的景观主题。景观绿化注重色叶植物和花卉植物的运用，打造多彩的植物特色，延续核心区南入口的景观风貌，强化区域的度假氛围。最南侧的生态防护绿地沿道路主要选用具有防护功能的色叶植物。

5. 香林艺韵

东片区以“香林艺韵”为景观主题，打造“绿色低碳、时尚艺术” 的景观特色，在绿化设计上以芳香类植物作为特色植物。

三、绿地分类

度假区绿地分为公园绿地、防护绿地、附属绿地、其他绿地。

1. 公园绿地

度假区的公园绿地规划建设由点、线、面状绿地共同组成，部分公园绿地结合功能需求兼具防护、生态等功能。包括 2 个综合公园，4 个社区公园，带状公园（滨水绿带和道路绿化带），街旁绿地。

2. 防护绿地

度假区的防护绿地主要为城市组团隔离带、道路防护绿地和河道防护绿地，部分带状公园兼顾道路防护和河道防护功能。度假区外围保证 50 米宽度以上的防护绿地。

3. 附属绿地

对度假区附属绿地进行强制性规定，制定《各类城市用地绿地率控制指标表》，对于核心区一期中未能达到下限要求的建设项目必须经相关主管部门批准，

图 2-2-2 绿地规划总平面图

实行“分块控制，总量平衡”。

4. 其他绿地

度假区内的其他绿地主要为生态公园和城市组团隔离带，与上海市城市大型生态廊道有机融合，形成度假区外围生态保护圈。其他绿地中可设置相应的管理用房和养护道路及少量的休闲设施，其中绿地中的建筑总面积不得超过绿地总面积的 2.5%，且单个建筑的建筑面积不得超过 500 平方米，建筑檐口高度不得超过 8 米。

四、绿地分级

根据度假区内绿地所处位置不同、对景观的要求不同、绿地分类不同等内容，合理确定绿地建设的主次，突出重点绿地的景观效果，注重一般绿地的景观营造，打造主次分明、重点突出、特色明显的度假区绿化环境。

度假区分为四个级别的景观区域：一级景观区域为核心区绿地；二级景观区域为度假区内重要轴线、景观节点的绿地；三级景观区域为度假区开发区区域的绿地；四级景观区域为度假区外围防护林带和生态绿地。

五、生态功能规划

（一）生态空间网络化

通过“基质、廊道、斑块”等生态空间形式的合理布局，形成区域内外有效衔接、连通度高、生态功能高效的生态网络系统。

（二）生态指标数量化

在划定生态网络空间控制线基础上，形成绿色生态空间的营建指导原则和数量化指标。

（三）生态功能复合化

主要包括绿地、林地、湿地的融合，并与休闲、旅游和改善城市环境质量等功能相结合。

图例

规划范围
一级景观：迪士尼主题园
二级景观：重要轴线、景观节点、企业高端总部
三级景观：综合商业娱乐区、横沔古镇、综合开发区等
四级景观：生态防护绿带、西片区生态休闲公园

图 2-2-3　绿地系统景观分级规划图

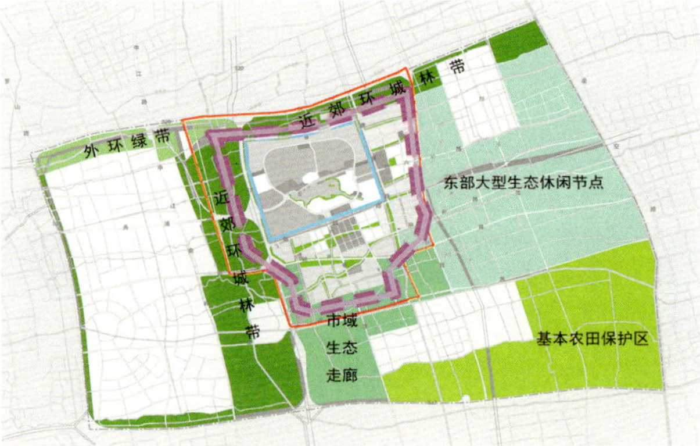

图 2-2-4　内部绿环与外面生态廊道关系图

六、立体绿化

以生态理念为出发点，度假区空间立体构成丰富，绿化全面渗透，在度假区的建筑物及构筑物的立面、屋顶、地下和上部空间进行多层次、多功能的绿化和美化，凸显度假区氛围、改善局部气候和生态服务功能、拓展城市绿化空间、美化环境，营造具有景观异质性、多样化的绿化景观，打造有特色的“绿色度假区”。

七、古树名木保护

古树名木对维护度假区的良好生态环境、提升文化含量和创造度假区独特景观环境具有不可替代的作用。规划区域内共有古树名木 28 株，全部给予保留，严禁砍伐，如与建设项目冲突无法原地保留，经绿化部门审查同意，可迁移到适当的地点栽植。

未入册的区域内大树（胸径在 40~80 厘米）要进行树龄鉴定，并报请专业部门批准，按古树保护管理办法实施保护。

古树古木较集中分布于西片区。

八、绿地系统防灾避险规划

度假区绿地系统防灾避险规划有利于发挥度假区城市绿地的防灾功能，推动度应急避难场所体系的建设和应对大客流，完善城区安全机制，有效保障城区市民和度假区游客的安全。

按照综合防灾、统筹规划；因地制宜、就近设置；可通达性、可操作性；平灾结合、综合利用；安全、生态、景观和防灾有机融合的原则，非灾难时作为城市公共绿地，灾难时作为城市应急避难场所，为Ⅲ类紧急避难场所。

第三节　度假区水系规划

从保障上海国际旅游度假区防汛安全出发，优化和完善度假区河网布局，协调周边地区水系与度假区之间的关系，指导度假区的配套水系和相关市政工程建设，提高该地区防汛除涝能力，改善水环境、营造水景观、完善水生态、塑造水文化、建设水经济，发挥水系综合功能。

一、度假区原有水系状况及主要问题

随着城市化进程加快，用地性质变化，造成降雨径流和排水强度增大。而现有的河网水系不完善，新开发地区水面率明显减小，河网调蓄能力减弱，河道淤浅严重，造成引排能力不断下降。污染负荷逐渐增大，河道水环境承载能力不断下降，现状河网防汛能力和水质状况与度假区的建设要求不相适应。上海迪士尼项目大型旅游设施的规划建设，对“水安全、水环境、水资源、水景观”提出了更高的要求。度假区在建设之初，区域水系存在的主要问题有以下四个方面。

（一）总体规划与现状河网分布有较大差距

区域内水系河道数量多，但多数规模偏小；水面率较高，但河网相对零乱，呈自然分布；具有小河沟多、大河道少，东西向河道多、南北向河道少，河道分布不均、层次不分明的特点。原有水系主要以服务农业生产和农村生活为主，主要承担现状农村化地区的排涝、引水、农业灌溉等功能，地块分割零散不规整，水利设施相对薄弱。现状河道布局和规模与规划大型旅游、度假、娱乐设施建设要求不相适应，与度假区开发总体要求还有差距。

（二）地处浦东腹部，且部分河道淤浅严重，引排不畅

区域地处浦东腹部地区，距离浦东片引排水口门较远，水资源调度相对困难。度假区距离大治河排水口门约 35 千米左右，距离川杨河排水口门也在 15 千米以上，区域排水相对困难。同时规划范围内大部分河道淤浅严重、沟通不畅。部分河道上有设网养鱼的现象，造成河道过水断面缩小。部分原规划河道还没有实施到位，河网水动力条件差。

（三）河道水质局部恶化，水环境相对较差

部分河道水域受到有机污染，河道两岸存在脏、乱、差现象，整体水环境面貌较差，与度假区的建设要求不协调。以有代表性的浦东运河祝桥监测断面水质成果分析，浦东运河水质一年劣于Ⅴ类的有 6 个月，现状水质状况与度假区的建设目标不相适应。

图 2-3-1 度假区位置及浦东水系图

（四）现状河道景观与规划功能定位不匹配，亟须改善、提升

该地区河道原属于农村地区，现状没有经过很好的治理，河道景观质量整体欠佳。主要体现在三个方面：一是河道数量虽然多、但规模小，且缺乏市民乐水、戏水空间；二是景观驳岸、生态驳岸及亲水廊道缺乏，河岸大部分为长满野草的土坡；三是河滨景观缺乏、跨河设施单调，现状两侧陆域主要以农作物为主，河滨建筑景观、绿化景观等资源缺乏，跨河桥梁形式单调，外观差。河道现状景观资源稀少，与度假区的开发建设要求较大，亟须改善、提升。

二、指导思想

以科学发展观和上位水利规划为指导，与结构规划等城市规划相衔接，以度假区开发建设目标为导向，构筑度假区内科学合理的河网体系，保障度假区防汛除涝安全，改善区域水环境，大力发展水经济，为度假区水景观建设、水资源综合开发利用和水上旅游、交通开发创造基础条件，适应度假区开发建设需要，促进区域“安全、资源、环境、景观”协调发展。

三、规划原则

（一）统筹兼顾、综合平衡

坚持除害与兴利相结合，坚持综合治理、统筹兼顾，坚持“安全、资源、环境”协调发展，水系专业规划与区域总体规划及其他相关专业规划协调一致。

（二）合理布局、连通畅活

按照河道间距合理、连通畅活的原则布局河网，建立区域科学、合理、可持续的河网体系。

（三）蓄排结合、以蓄为主

遵循平原感潮河网地区防洪除涝规律，按照蓄排结合、以蓄为主、蓄以待排的原则，进行水系专业规划。

（四）与土地利用规划相协调

该地区现状土地改造力度大、城镇建设速度快，应与土地利用规划相协调，按照土地充分利用和高效集约利用的原则，进行水系专业规划。

（五）充分发挥水系综合功能

水系是度假区生态基础设施的重要组成部分，对水安全保障、水环境改善、水景观构建、水生态恢复具有重要的作用，还具有水上旅游开发、水上交通利用、河滨休憩健身、市民戏水赏水等功能。水系规划和改造应充分发挥水系综合功能的原则。

四、水系调整方案

度假区范围内水系不是独立的，它和周边河道水系共同承担引、排、蓄、航运、生态、景观等综合功能，是地区水安全保障、水资源配置和水环境保护的重要基础设施。因此，水系调整首先应从浦东片的角度，整体、系统地考虑水系的布置，首先要保证浦东新区水务规划中规划骨干河道的落地，然后根据现状情况、总体规划中绿化系统规划、道路系统规划等要求，在满足防汛除涝安全及水面率总体平衡的情况下，将部分河道进行合理调整、归并，理顺河网水系。

度假区水系总体布局仍维持上位水利规划确定的以骨干河道“二横、二纵”为基础的35条河道、1个湖泊组成的河网水系方案和10%的河面率控制指标基础上，进一步细化水面积指标，沟通水系，合理归并河道，深化、细化调蓄水面积，重点调整河段3条，取消河段3条，规划保留恢复河道1条，新增湖泊2个，形成34条河道、3个湖泊的总体水系格局。其中30条河道、1个湖泊及总体河面率10％的控制指标维持原规划不变。同时考虑骨干河道的连通性，将围场河纳入骨干河道。

五、景观水系规划设想

（一）总体设想

水系是度假区重要的生态基础设施，具有防汛除涝、水资源调度、水上旅游、环境改善、景观塑造、生态修复、健身休憩、植被灌溉等综合功能。在发挥水系防汛除涝基本功能的基础上，创新思路，提升品质，发掘河网水系的综合功能，重点为四个方面：①挖掘河道的水上旅游、交通功能；②挖掘河滨区的景观、娱乐、休憩功能；③适当布置湿地湖泊，发挥河湖水系的生态涵养功能；④发挥河滨、河坡植被对雨水初期处理的功能。

度假区景观水系规划建设将紧紧围绕区域开发建设目标，按照“安全、资源、环境、生态”协调发展的思路，以“水活、岸绿、景美、游畅”为建设重点，规划打造浦东新区重要的滨水景观旅游区、水文化展示区和水生态涵养修复示范区。

水活——使内部水系连通畅活，赋予水系灵动之感。

岸绿——将水系护岸保护起来，改善现状岸线水土流失情况，形成绿色生态岸线。

景美——改造现有水利设施，配合景观分区打造

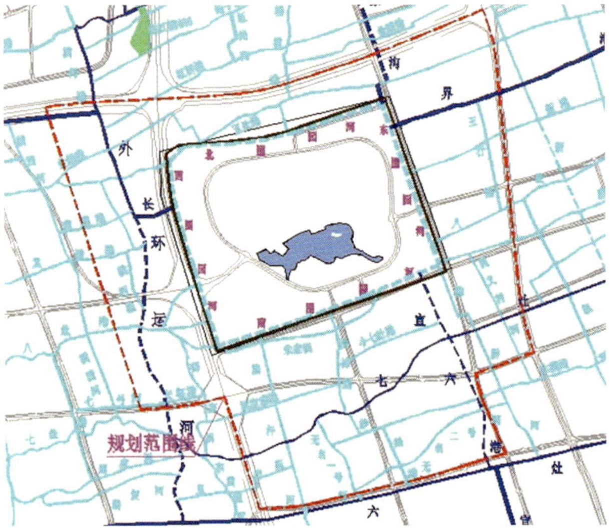

图 2-3-2　度假区水系规划范围

景观亮点，美化度假区景观。

游畅——发挥水上旅游、河滨赏景、河岸健身作用，打造度假区的乐水功能。

（二）水上游线设想

依托规划水系，挖掘滨河景点规划布置、跨河构筑物景观设置和河岸亲水走廊、嬉水、乐水设施建设，以及横沔古镇、古桥，六灶港古驳岸、古戏台等水文化资源，提出水上旅游线路设想为“一线、两轴、一环”。

“一线”：联动横沔古镇和南部片区，把古镇历史文化景点与现代旅游新城风貌串联起来。水上旅游线路设想为：七灶港—外环运河—盐船港（横沔古镇）。

图 2-3-3　度假区水系规划效果图

“两轴”：主要是南部片区内部水上观光、游憩中轴线，主要是沙涂港水上旅游观光线和七灶港水上旅游观光线。

“一环”：主要是在南部片区内部串联“田字形”景观水系的水上观光、游憩环线。水上旅游线路为：宣六港—六灶港—旗杆河—朱家浜（或南围场河）。

第四节 度假区低碳发展规划

加强节能减排，实现低碳发展，是生态文明建设的重要内容，是促进经济提质增效升级的必由之路。上海国际旅游度假区以“生态文明、美丽中国”为引领，积极践行绿色、低碳、生态的可持续发展理念。

一、总体框架

（一）基本思路

以《全球目的地可持续旅游标准》为准则，明确三大发展目标，推进四大重点任务，落实五项保障措施，实践低碳旅游发展，倡导低碳旅游消费模式，应用低碳环保先进技术，提升低碳旅游服务水平，最大限度减少旅游对环境的负面影响，全力打造全球知名、全国最佳的低碳旅游目的地。

（二）发展目标

以可持续发展为总体目标，将度假区建设成为上海市低碳旅游产业发展引擎、国家绿色生态示范城区和全球目的地可持续旅游标准示范实验区。

（三）指标体系

根据全球目的地可持续旅游标准实验区建设要求，结合度假区自身特点及低碳建设与发展目标，采纳世界银行及发达国家政府部门和组织设计指标体系的SMART准则[1]，兼顾规划设计（P）、施工建设（C）、运营管理（M）等阶段，提出度假区低碳建设与发展RELAX指标体系（表2.1）。

二、重点任务

（一）合理规划布局

以迪士尼项目为核心，规划建设现代旅游城，坚持高起点规划，运用低碳发展理念，打造集约型、紧凑型的空间布局，通过土地利用和公共服务资源的合理配置，从规划源头上减少碳排放。

1. 编制能源供给规划

建设天然气分布式能源中心，除发电并网外，还为主题乐园、酒店及餐饮零售等区域提供集中供热、供冷和压缩空气，不但使能源利用效率大幅提高，每年可节约标准煤6.9万吨，减排二氧化碳8.1万吨，二氧化硫1 140.6吨，烟尘164.1万吨。度假区在此基础上，编制区域的总体能源供给规划，充分利用新能源和可再生能源（太阳能、地热能），使区域的能源、资源得到有效利用，以实现非化石能源占一次能源消费比重≥5%的目标。

2. 编制绿色建筑规划

建立绿色建筑示范工程管理制度、制订发展绿色建筑的激励政策等举措，实现核心区内建筑物100%满足国家绿色建筑一星级标准，其中50%以上为二星级或三星级绿色建筑，其中地标建筑须满足绿色建筑

1.SMART准则：指特定的（Specific），可测量的（Measurable），可得到的（Attainable），相关的（Relevant），可跟踪的（Trackable）。

表 2-1 上海国际旅游度假区低碳建设与发展指标体系

总体目标	分项目标	序号	指标描述	指标值	指标特性	考核阶段
Sustainable Development 可持续发展	R	1	生活垃圾资源化利用率（%）	≥ 50	约束性	P,M
		2	人均垃圾量〔千克 /（人 · 天）〕	≤ 0.7	约束性	C,M
		3	万元 GDP 用水量（立方米 / 万元）	≤ 42	约束性	C,M
	E	4	水面率（%）	≥ 10	约束性	P,M
		5	绿地率（%）	≥ 40	约束性	P,M
		6	生态廊道连通性	≥ 0.8	约束性	P,C,M
		7	绿色建筑比例（%）	100	约束性	P,M
		8	园区内项目实施绿色施工比例（%）	100	约束性	P,C
		9	区内绿色交通出行比例（%）	≥ 50	引导性	P,M
	L	10	非化石能源占一次能源消费比重（%）	≥ 5	约束性	P,M
		11	景观照明中 LED 灯等半导体光源使用率（%）	≥ 90	约束性	P,M
		12	能源消费弹性系数	≤ 0.5	引导性	P,M
		13	能耗监测覆盖率（%）	100	约束性	P,M
		14	单位国内生产总值的二氧化碳排放量（吨 / 万元）	≤ 0.3	约束性	P,M
	A	15	游客对环境的满意率（%）	≥ 95	引导性	P,M
		16	游客低碳知识宣传普及率（%）	100	约束性	P,M
		17	过夜游客比例（%）	≥ 14	引导性	P,M
		18	游客与园区网络互动率（%）	≥ 60	引导性	P,M
		19	公共场所 WLAN 覆盖率（%）	≥ 99	引导性	P,M
	X	20	景观水体水质达标率（%）	100	约束性	P,M
		21	声环境功能区达标率（%）	100	约束性	P,M
		22	慢行道路遮阴率（%）	100	约束性	P,M
		23	环境质量自动化监测比例（%）	100	约束性	P,M

三星级标准。鼓励开展施工期环境监理，全面实施绿色施工，鼓励施工单位使用可循环材料。

3. 编制绿色交通规划

鼓励新能源汽车在员工通勤、公共交通、观光巴士等领域应用，降低区内交通二氧化碳排放；建立智能化交通管理信息系统，采集区域内路况及停车等信息并与上海市城市交通信息整合，建设智能化的公交站点，作为实时发布交通信息的重要载体；针对不同片区制订差异化慢行发展策略，规划完整、优美的步行空间环境。

（二）绿色基础设施

在尽量不改变自然环境的前提下，利用自然条件和自然规律进行基础设施低碳化建设。统筹考虑基础设施建设、运行、拆除等全生命周期中的能耗与碳排放，集成应用多种碳减排方法、技术和设施。

1. 节约型园林绿化建设

通过适当增加乔木、灌木的栽种比例，优化植物配比方案，优选高固碳、高观赏性植物品种，全面提升度假区碳汇水平，实现绿地率 40%；按照资源合理配置与循环利用的原则，倡导度假区农田表土的保护与再利用，最大限度地节约资源，提高资源利用率，减少能源消耗；优化道路断面布局，增加中央隔离带乔木设置，优选降噪滞尘的植物品种，在降低机动车尾气污染的同时，为步行及非机动车使用者提供健康、安全、舒适的出行空间；强化生态廊道的降低噪音、改善空气质量、提供休闲游憩、防灾避险服务、生态环境保护等多元功能，推进水体护坡驳岸的生态化建设和修复，增强生态廊道的连通性，实现每个生态节点的相互连通。

2. 生态型供水排水系统建设

以星愿湖和川迪河为核心，以自然净化、生态修复、循环利用为关键技术，以水质保障与生态景观、雨水资源化、防洪调蓄等相结合为目标进行排水系统的优化设计，实现整个系统的协调性与持续性；在保障雨水排水安全的前提下设置存蓄河道，重视对汇集径流雨水的资源性集蓄利用，既可节约水资源，又可削减雨水径流，减轻一部分防汛压力；强化建筑物屋顶、路面、停车场、广场等露天场所的雨水入渗、收集和利用，通过下凹式绿地、绿色屋顶等方式减小径流系数及初期雨水污染。

3. 固体废物资源化处理处置设施

遵循减量化、资源化、无害化的原则，对固体废物产生、运输、贮存、处理和处置全过程及各环节实行控制管理和开展污染防治。通过建立完善的固体废物处理处置监管体系，因地制宜地选择先进适用技术，实现生活垃圾、餐厨垃圾、绿化垃圾、建筑垃圾的分类收运及资源化利用，达到人均垃圾量≤0.7 千克 /（人 · 天），生活垃圾资源化利用率超过 50% 的目标。

4. 绿色照明工程

严格控制公用设施和大型建筑物等景观照明能耗，严格控制景观照明建设规模，推广使用绿色照明设施，采用高效光源，经科学设计构建高效节能、明亮舒适的照明环境。通过选用清洁可再生能源，推广光伏—建筑照明一体化工程；设定照明分区，按照亮度和颜色功能要求分级控制，通过智能监控节能控制系统将各种节能技术融合到景观照明设计中；推广使用应用 LED 等高效光源，推广配光合理、反射效率高、耐久性好的反射式灯具和智能控制装置。

（三）低碳运营管理

度假区低碳运营管理是低碳建设和发展的重要保障，通过深入开展促进度假区低碳开发建设的政策扶持研究，逐步完善区域内项目管理体制机制和运作模式；培育低碳服务市场，健全低碳服务体系；加强招商引资、项目核准、建设施工、运营管理阶段的节能、低碳绩效审核及实施监督，全面提升低碳发展软环境建设。

1. 建设智能化能耗监控系统

依托度假区智能化信息平台，提高重点用能单位节能信息化应用水平，充分发挥智能化能耗监控系统的功能，逐步实现对重点用能单位能耗信息监控，加强对重点用能单位能耗状况预警、评估及预测能力。通过对各项能耗指标的数据质量实施全面监测，监控各片区、各行业能耗实时数据，全面、真实地反映度假区的节能降耗进展情况和取得的成效；鼓励大型建筑设置触摸式大屏幕能耗监测查询系统，对建筑能耗进行动态监测和分析，实现建筑的精细化管理与控制，方便游客和相关部门的能效监管，确保运营期单位国内生产总值（GDP）二氧化碳排放量不超过 0.3 吨 / 万元。

2. 建设自动化污染源实时监控系统

通过对度假区内可能产生的废水、固废、空气污染及噪声污染进行全方位监控，实现污染源监控数据与度假区环境综合监控系统的互通互联；支持鼓励污染源自动监控设施的社会化运营，加强自动监控设备的运行管理，制定并落实自动监控设备日常运行维护和管理的各项制度。

3. 建设人性化环境质量监控与发布系统

通过将智能感知传感器、无线通讯模块、高集成度嵌入式系统等物联网技术应用于度假区环境质量监控与发布系统，构建空气温湿度监控系统、土壤环境监测系统、小气候气象监测系统、水环境监控系统、空气质量监控系统（路边监测站）及噪声环境监控系统等子系统，实现对度假区小气候环境温度、湿度、土壤温度、土壤水分含量、风速、风向、降雨量、光照强度、水环境质量、空气环境质量及声环境质量等方面的自动化监测。

（四）低碳文化建设

低碳人文是度假区低碳创新的重要影响因素，文化创新是度假区低碳创新的内在灵魂。度假区应注重在规划、建设、运营中践行低碳文化理念，培养游客绿色、低碳的消费方式，加强低碳创新的公共文化服务体系建设，构建低碳创新型度假旅游胜地。

1. 低碳体验——打造“碳梦之旅”主题乐园

充分发挥迪士尼乐园奇幻欢乐的魅力，打造兼具互动性、主题性、创意性的“碳梦之旅”低碳互动教育主题乐园，吸引游客在游乐中收获低碳知识，养成低碳习惯，实践低碳风尚，融“互动式”低碳体验与“知识型”嘉年华为一体，充分激发游客的童心和游戏精神，在竞技中充实低碳知识，在互动中对自身与自然的关系进行更深入思索。

2. 低碳消费——营造多元化低碳文化氛围

充分发挥上海现代化国际大都市强大的文化辐射力和吸引力，大力弘扬和培育“海纳百川、追求卓越、开明睿智、大气谦和”的城市精神，在旅游文化产品生产服务、时尚创意生产等方面着力体现江南海派文化传统特点，吸引高素质的国内外游客、积极推广多元化的低碳文化活动、倡导高品位的低碳生活消费模式、打造良好的生态环境和鲜明的文化特色，以自己独特的文化魅力和文明程度吸引国际投资者和国际游览者，在国际文化交流中不断提高度假区的国际知名度。

3. 低碳宣传——发布低碳旅游手册

度假区努力加强建设低碳创新的公共科技文化服务体系，整合低碳文化旅游资源，加大宣传力度，增强游客低碳旅游意识，使游客自觉主动承担节能减排责任，指导游客消费时选择符合认证标准的低碳旅游产品，引导旅游者转变消费观念，发掘旅游者降碳、节能减排的潜力和积极性；引导游客进行生活垃圾分类，鼓励自备餐具及可循环利用的环保购物袋；积极开展土地日、世界地球日、世界环境保护日、水资源日、能源日、节水行动、减塑行动等寓教于乐的活动，强化游客低碳意识。

4. 低碳办公——倡导员工低碳环保实践

积极探索低碳经济条件下企业文化建设的新要求，同时要不断丰富与之相适应的低碳企业文化。优化员工通勤定线班车路线，创造舒适乘坐环境，减少员工通勤的碳足迹；根据上下班路程为自行车及多种公交方式自力通勤员工提供经济激励；为员工营造最健康、最有效率的工作环境，在办公区设计时引入自然光照明和新鲜空气，在为办公室供暖、制冷和照明以及为计算机供电时，尽一切可能将能耗降至最低；优先采购经能源之星（Energy Star）评级的（或同等标准的）办公设备，倡导低碳无纸化办公。

四、度假区低碳建设与发展保障措施

（一）组织结构与管理保障

度假区低碳建设与发展目标的实现，需全社会共同行动，政府、企业、社会、公众、游客都应承担相关责任，共同为度假区低碳建设与发展提供支持与保障。

（二）资金筹措与政策鼓励

度假区专项发展资金对符合低碳建设与发展总体目标的重点项目（清洁能源、绿色交通、绿色建筑等）给予资助。

（三）绿色标准与低碳招商

创新招商引资方式，从传统的“招商引资”向“择资选商”转变，把低碳作为招商引资不可或缺的门槛。入驻的企业不仅要满足度假区的功能定位和产业导向，同时也要认同度假区的低碳发展理念，符合度假区的低碳发展要求，在同等条件下，优先引进实践低碳发展理念，具有低碳企业形象的企业。

（四）低碳建设与全程监督

度假区贯彻低碳建设理念，创新性地开展施工期环境监理工作。聘请专业机构对建设项目实施专业化的环境保护咨询和技术服务，协助和指导建设单位全面落实施工期建设项目各项环保措施。编制《乐园及配套设施建设项目施工期环境监理实施细则》和施工期环境保护培训材料，对项目管理公司、总包单位、施工单位等进行专业化的环境保护知识和技术方法培训，提升各方的环保意识。

（五）科技支撑与国际合作

加强与国际相关组织、国内外先进地区和研究机构在资金、技术、人才等方面的合作，积极引进国外先进的节能、环保、新能源等技术。加强与联合国计划发展署（UNDP）、联合国环境规划署（UNEP）、世界旅游组织（WTO）、全球可持续旅游委员会（GSTC）等国际组织的交流与合作。联合世界旅游组织（WTO）、全球可持续旅游委员会（GSTC）、联合国环境规划署（UNEP）共同开展全球目的地可持续旅游的认证与实践。

表 2-2　上海国际旅游度假区重点行业低碳招商标准

行业类别	特色标准	行业标准
旅游娱乐	■ 满足迪士尼长期环境目标 ■ 鼓励参加世界自然基金会（WWF）一个地球生活计划（One Planet Planning） ■ 分布式能源供应区域，须采用集中供热、供冷	■ 国家旅游局《关于旅游业应对气候变化问题的若干意见》
星级饭店	■ 绿色建筑二星级以上 100% ■ 能源监控系统覆盖率 100% ■ “中国绿色饭店”认证率 100% ■ 鼓励合同能源管理（EMC） ■ [1]鼓励参加绿色环球“Green Globe”认证 ■ 分布式能源供应区域，须采用集中供热、供冷	■ 清洁生产标准宾馆饭店业（HJ 514-2009） ■ [2]五星级饭店可比单位建筑综合能耗 55 千克标煤 /(m^2·a) ■ 四星级饭店可比单位建筑综合能耗 48 千克标煤 /(m^2·a) ■ 三星级饭店可比单位建筑综合能耗 41 千克标煤 /(m^2·a)
现代商贸	■ 绿色建筑一星级以上 100%、二星级以上 50% ■ 分布式能源供应区域，须采用集中供热、供冷 ■ 能源监控系统覆盖率 100% ■ 鼓励参加绿色环球“Green Globe”认证	■ 百货店及购物中心商业建筑可比单位建筑年综合能耗 65 千克标煤 /(m^2·a)
餐饮	■ 绿色建筑一星级以上 100% ■ 分布式能源供应区域，须采用集中供热、供冷 ■ 鼓励参加绿色环球“Green Globe”认证	■ 清洁生产标准宾馆饭店业（HJ 514-2009） ■ [3]餐饮店商业建筑可比单位建筑年综合能耗 150 千克标煤 /(m^2·a)
其它大型商业建筑	■ 绿色建筑一星级以上 100% ■ 分布式能源供应区域，须采用集中供热、供冷 ■ 能源监控系统覆盖率 100%	■ 超市及仓储店商业建筑可比单位建筑年综合能耗 75 千克标煤 /(m^2·a)
会展服务	■ 绿色建筑一星级以上 100% ■ 分布式能源供应区域，须采用集中供热、供冷 ■ 能源监控系统覆盖率 100%	■ [4]绿色会议分五级，按照《中国绿色会议指南》“等级划分依据”评分，准入标准为 75 分

1. 绿色环球为国际认可的推广环境责任以及应对全球气候变化问题的可持续旅游品牌。

2.《星级饭店建筑合理用能指南》DB31/T551。

3.《大型商业建筑合理用能指南》DB31/T552。

4.《中国绿色会议指南》“等级划分依据”：绿色会场满分 22.5 分、绿色餐饮满分 22.5 分、绿色客房 13.5 分、绿色交通 3 分、绿色宣传 6 分、节能管理 10.5 分、环境保护 12 分、安全管理 8 分，酒店综合评价 2 分，总分 100 分。

第五节 度假区广告规划

一、主要目标

按照“美化城市景观、倡导都市文明、繁荣户外广告、促进经济发展”的目标，根据上海国际旅游度假区功能定位、迪士尼文化特色和景观环境特征，对现有各类广告设施和存在的发展空间，针对性发掘并提出具体设置要求。

二、规划原则

1. 整体性

与度假区区位、环境、文化氛围相适应，合理布局、规范设置、控制尺度，以使内容清晰、易于辨识，保证度假区环境景观的整体性、协调性。

2. 景观性

富有美感，突出度假区特色，倡导中西文化的融合，与环境协调，形成具有园区特有风貌的广告招牌体系。

3. 功能性

强调各类城市元素的整合，集约化利用，既要充分发掘城市空间的广告经济价值、景观价值，又要避免过度和无序的广告设置。

4. 安全性

加强广告和招牌自身安全管理，严格保证广告招牌在各种气候条件下的安全。确保交通安全，对广告招牌照明形式、布置位置、与交通设施的间距严格控制。

5. 环境保护

广告招牌设施选用环保材料和先进技术，避免对周边环境造成光污染和声污染。倡导采用太阳能、LED、绿化广告等新型广告形式和技术。

三、规划控制

（一）规划结构

规划确定“一轴多心”的广告招牌设施布局结构。“一轴”即为核心区中心东西向的步行街与东、西入口大道共同构成的展示主轴；“多心”即为依托由东、西、南主入口，乐园入口广场等交通景观节点构成的集中展示阵地。

（二）分区控制

将规划区域划分为广告禁设区、展示区和控制区，将道路分为广告禁设路段、展示路段、控制路段。对户外招牌，根据需要设置。

1. 禁设区

指禁止设置户外广告设施的区域，主要适用于行

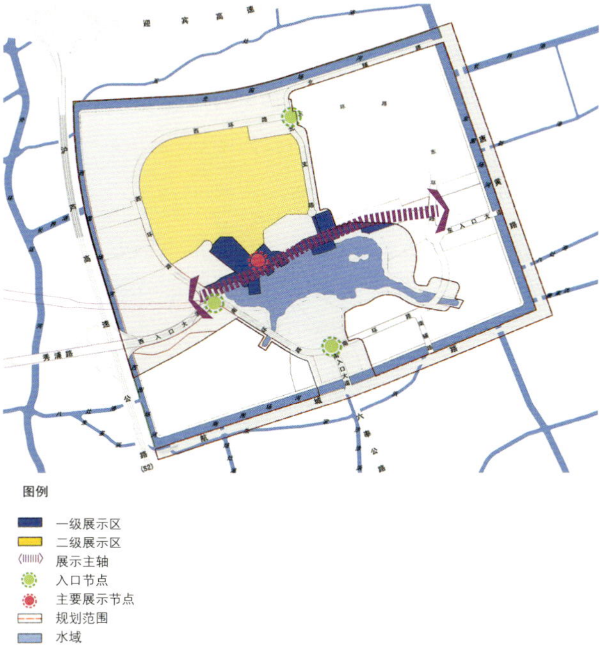

图 2-5-1 规划结构图

政办公用地、市政设施用地、绿地、水域及备用地。

2. 展示区

指在满足安全有序的前提下，可以设置多样化的户外广告设施，塑造繁荣丰富的园区景观的区域。展示区主要适用于游乐设施、广场、商业娱乐。广告的内容与形式应与繁荣的商业气氛相得益彰，并应充分考虑造型、色彩、照明对周围环境的影响，应强调广告设计的艺术性以及公共环境的整体协调。

3. 控制区

指在满足有关规定的前提下，可以适当设置户外广告设施的区域。可适当发布宣传企业形象的广告，对广告的形式、类型、数量等进行严格控制。主要适用于酒店、公共交通枢纽、停车场等。

第六节　度假区规划环评

根据相关法规，对上海国际旅游度假区结构规划进行环境影响评价，编制了《上海国际旅游度假区规划环境影响报告书》。通过分析度假区域经济、社会和环境现状，并根据规划方案，筛选和识别度假区内的主要环境问题和资源环境制约因素，对度假区的规划目标、规模、布局、结构等进行环境合理性综合论证，并对规划提出优化调整建议和环境影响减缓措施，有效指导各个片区的控规编制，并为保障度假区环境质量、有效简化环保审批流程提供依据。

一、环境质量总体情况

（一）地表水环境质量总体改善

区域内 10 个地表水监测断面监测结果表明，核心区中心湖和围场河水质良好，各监测因子满足区域地表水环境 IV 类标准限值；其他周边地表水水质受氮、磷类污染物影响明显，各监测断面总氮、总磷超标较普遍，呈现有机污染的态势，主要是由于区域污水管网不健全，生活污水和部分生产废水直排河道造成的。

（二）环境空气质量总体稳定

评价范围内 10 个环境空气监测点位监测结果表明，SO_2、NO_2、PM10、铅、汞、砷及氟化物的监测浓度基本达到国家环境空气质量标准的居住区二类区标准；氯化氢的一次浓度符合原《工业企业厂界卫生标准》(TJ 36—79) 中“居住区大气中有害物质”的最高容许浓度；挥发性有机物能达到相应执行的标准，但总体区域部分测点的 NO_2、NO_x、PM10 部分点位的占标率较高。

（三）声环境影响在可控范围内

根据 13 个噪声监测点位监测结果，规划地区的主要噪声影响源是交通噪声，交通干线两侧昼夜噪声均出现不同程度的超标，规划区域内部功能区声环境基本能达到功能区要求。

根据环境影响分析，规划实施后主题乐园烟火噪声不会造成规划区域内居住功能区声环境超标。

（四）固体废物资源化利用率需提高

度假区固体废物处置遵循源头减量、重复使用和循环利用的原则。对生活垃圾进行分类收集后，在园区垃圾处理设施处理后委托环卫部门处置是合理的。

度假区内餐厨垃圾实行厨余垃圾和废弃食用油脂应分类单独收集，厨余垃圾委托环卫部门处置，废弃食用油脂委托有资质的单位处置是可行的。

（五）地下水质量维持现状

评价范围内 7 个地下水监测点位监测结果表明，地下水各测点总硬度普遍为 V 类，溶解性总固体在 Ⅲ 至 Ⅳ 类，其他各因子为 Ⅰ 类至 Ⅲ 类；重金属中除锰、铁、硒在全部测点或某些测点出现 Ⅳ 类外，其他重金属指标处于 Ⅰ 类至 Ⅲ 类。VOCs 和 SVOCs 在各测点均未检出。规划区建成后，区域内废水按照规划均实现纳管排放，项目建设基本不会对区域地下水产生影响。

二、规划调整以及环境保护对策建议

（一）合理构建各功能区内部空间布局

度假区结构规划在功能布局等方面已采取一定的环境减缓措施，通过综合考虑，进一步提出调整建议和完善措施。

1. 合理布局能源中心位置

东片区规划能源中心紧邻东片区居住用地，考虑到能源中心运行中设备噪声等影响，建议能源中心用地应避免与居住、度假等对环境比较敏感的项目紧邻。

2. 噪声敏感区轨道交通退界

区域内部轨道交通线路若为高架轻轨形式穿越南片区和东片区的部分居住用地，为减缓对周边环境影响，则沿线居住用地应规划设置一定宽度的绿化防护用地。

3. 居住功能区沿线交通干线两侧退界要求

对规划范围内居住功能区实施退界控制，具体为噪声敏感建筑南侧或正面对主干道的，建议退界不小于 30 米，侧面和背面对主干道的，建议退界不小于 15 米；噪声敏感建筑南侧或正面对次干道的，建议退界不小于 20 米，侧面和背面对次干道的，建议退界不小于 10 米。

4. 合理布置规划区内环境敏感区

结合周边污染源现状及规划分析结果，建议在未来东片区、西片区和南二片区的详细规划中对于居住区等环境敏感区应从合理规划布局（东片区敏感建筑远离东边界、西片区敏感建筑远离西边界、南二片区敏感建筑远离南边界）、设置绿化缓冲带等角度予以保护，尤其是在西片区应充分利用生态资源的布置来减缓康桥工业区未来发展可能对度假区内环境敏感区带来的影响。

5. 合理调整环境功能区划

规划范围内周邓公路以南区域现状声环境功能区划为一类区，该片区属于本规划的南二片区，为住宅、商业混合区。建议规划实施后声环境功能类别调整为二类区。

6. 按照规范优化各类设施布局

（1）建议区域内商业建筑与居住建筑间的间距不低于 20 米；

（2）污水泵站和生活垃圾转运站均产生臭气，污水泵站与住宅、基础教育设施、医院、福利院等建筑的防护距离不得小于 30 米；

（3）110(35)kV 变电站应与住宅、教育以及其他人群密集的公共设施用地边界之间保持不小于 20 米的防护距离。

（二）建设低碳示范园区

1. 优化供能方式和能源结构

建立天然气分布式供能中心，为度假区内公共建筑或设施提供能源；合理选用太阳能光伏、风力发电等用于公共照明。

2. 推行低碳交通方式

推广应用世博会园区公共交通零排放成功经验，旅游区公共交通全部采用电动汽车；根据区域路网密度，预留新能源汽车配套基础设施建设用地，结合公交枢纽、变配电站建设电动汽车充换电站；在公共停车场，适量配置交流充电桩。

3. 大力推进建筑节能

贯彻绿色建筑理念，度假区内建筑应积极应用低碳、环保和智能建筑技术，努力按照国家绿色建筑标准进行设计。

4. 加强水资源循环利用

强化度假区雨水入渗、收集和利用；按优质优用的原则，生活用水、景观用水、绿化用水和环卫作业用水等按水质要求分别提供、梯级处理回用。

5. 建立固体废物内循环处理系统

建立园区固体废物内循环处理系统，实行园区内部固体废物的减量化和资源化，实现规划区内绿化树枝等废弃物的循环利用等。

6. 打造立体绿化空间

加大度假区生态保护力度和绿化投入；广泛开展屋顶绿化、墙体等建筑构部件的垂直绿化、绿墙建设等工作，打造多层次、立体化的绿化空间。

（三）加强环境管理建设，完善环境监测网络体系

1. 开展环境影响跟踪评价

度假区在跟踪评价中，应侧重于存在较大不确定性的发展功能区。结合规划发展时序，2020 年和 2025 年的跟踪评价应侧重近期和中期拟开发的西片区、北片区和南一片区，2030 年的跟踪评价应侧重远期拟开发的南二片区和东片区。

2. 全面提高环境监测能力，完善环境监测网络体系

度假区应进一步建立和完善园区内环境监测网络体系，监测计划应包括环境空气、地表水、区域噪声、土壤、地下水等监测项目。

3. 开展环境监理工作

度假区内项目在开发、建设阶段开展环境监理工作，实施监理时段为工程施工全过程，采取常驻工地及时监管、工点定期巡视和不定期的重点抽查，辅以施工期环境监测的监理方式；通过施工期环境监理，及时发现问题，提出整改要求，并能及时检查落实结果。

（四）优化周边工业产业定位

周边康桥工业区东区规划为电子信息业和生产性服务业，为减少对度假区影响，建议从区域整体持续发展角度统筹考虑，其未开发用地以发展生产性服务业为主，不宜引进化工、电镀等污染行业，严禁高架污染源。度假区周边 2.5 千米范围内不得引进零星工业企业，新引进的生产企业均应进入周边保留工业区内。

第三章　详细规划
Chapter 3 Detailed Planning

为保障上海迪士尼项目具体实施，按照城市总体规划要求，2009 年启动编制《上海国际旅游度假区核心区控制性详细规划》，并于 2011 年获批。明确度假区核心区的土地使用、综合交通、公共设施、建筑建造、分期建设等方面的技术依据和控制要求，统筹核心区的合理开发建设，提供核心区建造的规划设计条件，作为项目实施和管理的依据。

核心区分三期开发，一期开发用地内已有确定的建设项目落实，远期用地由于具体建设时间需根据一期项目运营后的情况再行确定，在土地征用工作完成后将出现过渡期。为避免土地闲置，在过渡期间对远期用地范围进行一定的开发建设。2014 年编制《上海国际旅游度假区过渡性开发规划实施方案》，用于指导核心区远期项目未建设前该区域的过渡性开发。

在核心区开发建设的同时，度假区其他片区的规划前期研究同步推进，按照总体规划，2016 年率先推进北片区控制性详细规划的编制报批。

In order to guarantee the implementation of Shanghai Disney Resort, in line with the overall urban planning requirements, Regulatory Detailed Planning for Core Area of Shanghai International Tourism and Resorts Zone started compilation in 2009 and got approved in 2011, which clarifies the technical codes and regulatory requirements regarding land use, integrated transport, public facilities, facility construction, phased construction among other fields in core area, coordinates rational development, provides the planning and design conditions for construction and serves as the basis for project implementation and administration.

The development of core area falls into three phases. Phase one parcel has already held definitive projects. The specific development timing of future parcel will be determined based on the actual operation status of phase one project. After the land has been requisitioned, there will be transitional period, when development and construction will be conducted to some extent in order to avoid idleness of the land. The Transitional Development and Planning Implementation Plan for Shanghai International Tourism and Resorts Zone compiled in 2014 will guide the transitional development when future project has not started.

While the development and construction of core area has been underway, preliminary research on planning for other parcels has also been conducted. In line with master plan, Regulatory Detailed Planning for North Parcel has been the first to complete compilation and submitted for approval in 2016.

第一节 度假区核心区控制性详细规划

根据保障核心区内环境优美、游客出行便捷、公共交通优先、集约用地的原则，对核心区的土地使用、功能结构、高度控制、景观分区、岸线控制、综合交通、市政设施、公共服务设施、近期建设等内容进行了系统规划，为上海迪士尼项目建设提供规划依据。

一、规划结构

核心区规划范围约 7 平方千米。其中，一期建设范围为 3.9 平方千米。核心区内的规划结构主要以一个中心湖泊为核心，以“一条园区环路 + 五条入口道路”为骨架，以四周围场河为边界，组织联系各个功能组团。

游客市场具有极大空间。度假区发展既要发挥迪士尼项目的带动作用，又要发挥度假区对迪士尼项目的促进作用，努力实现两者的双赢乃至多赢。

二、功能结构

根据核心区内用地性质，大致可将核心区划分为四大类功能组团：

第一类：游乐组团，按乐园的开发时序形成三个组团。

第二类：酒店组团，根据各旅馆在核心区内位置

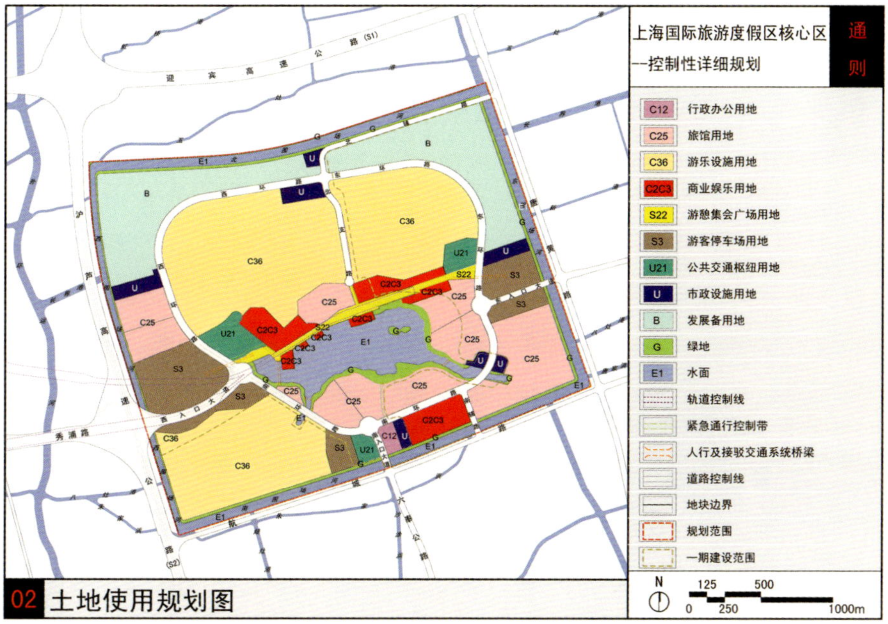

图 3-1-1 土地使用规划图

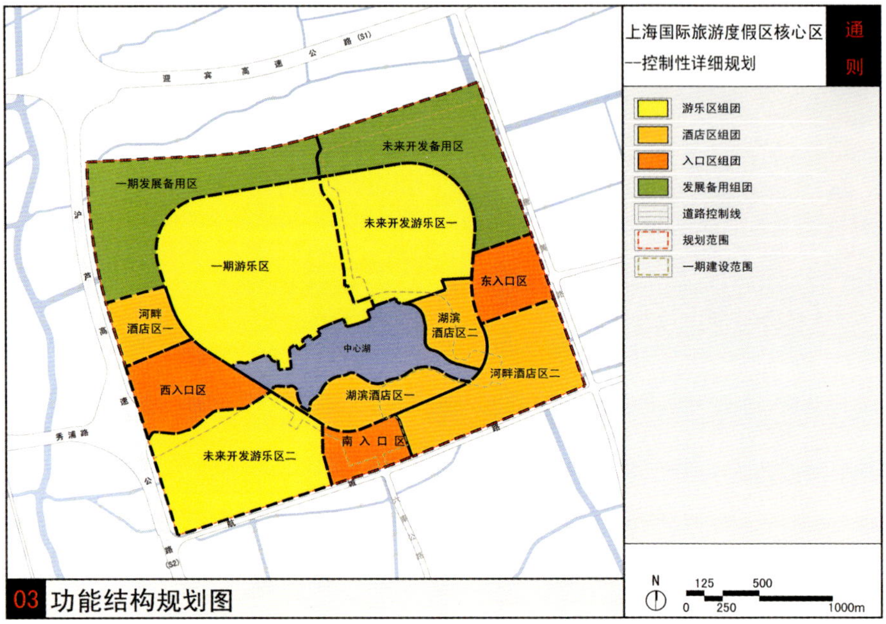

图 3-1-2 功能结构规划图

的不同，酒店组团可分为湖滨酒店区与河畔酒店区。

第三类：入口组团，结合一主两次三个出入口，分别形成西、南、东三个入口区。

第四类：发展备用组团，包括一期发展备用区和二、三期发展备用区。

三、综合交通

交通流量——近期：迪士尼项目一期建成运营，年客流总量可达到千万级规模。远期：三个主题乐园及相关设施全部建成运营后，年客流总量将成倍增加。

客流来源及分布——包括上海市民、长三角游客、长三角以外地区游客和境外游客，80% 以上的客流将来源于项目的西北方向。

地面客流来源分布——西及西北来向车辆约占 70%，南及西南来向车辆约占 18 %，东及东北来向车辆约占 12%。因此，西入口将成为项目主要入口，南入口和东入口作为次要入口。

交通方式——采用以轨道交通、公交专线并重的交通方案，同时考虑私家车、旅游巴士、出租车，并且在远期逐步提高公共交通比例（轨道交通由 45%提高至 50%，公交专线由 15%提高至 18%），实现公交优先。

核心区入口道路——根据交通预测和周边路网交通分析，对核心区三个主次入口的车道规模和内部公共交通设施配套提出初步建议，作为下阶段内部详细规划的重要参考依据。

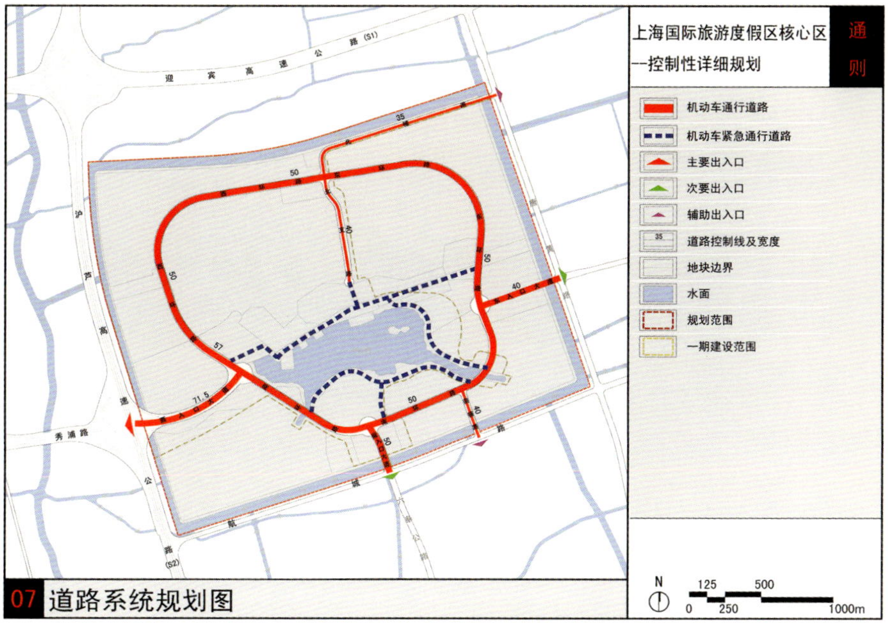

图 3-1-3　道路系统规划图

四、轨道交通规划

轨道客流分析——通过对项目的轨道交通抵达高峰小时与城市轨道网络客流断面的叠加，规划近期可通过 1 条轨道交通线路疏解，远期需 2 条轨道交通线引入园区。

线路选择——规划选择轨道交通 11 号线自罗山路引出，作为近期建设的线路，远期建设轨道交通 2 号线的接驳线，并提出了两种接驳线方案，分别从罗山路引出和从广兰路引出。

轨道交通车站——轨道交通 11 号线自罗山路站引出后至核心区内共设 3 座车站，2 号线接驳线两个方案中均为设站 8 座。11 号线与 2 号线在核心区中部设一座共用车站。

五、公共配套设施

包括管理服务设施、经营性设施和运营设施。设置原则是为游客提供便捷舒适的服务，保证核心区的正常运营，经济集约。

（一）管理服务设施

主要包括管理设施、服务设施及公共厕所等。管理设施指基地内的公共管理中心，包括管理中心、信息中心、安保中心、防灾中心、医疗救护中心、卫生检验中心、物流仓储中心、贵宾接待中心等等。承担核心区内外管理沟通、信息传达、交通协调、市政协调、治安联防等职能。

服务设施是核心区内直接面向游客的非营利性质

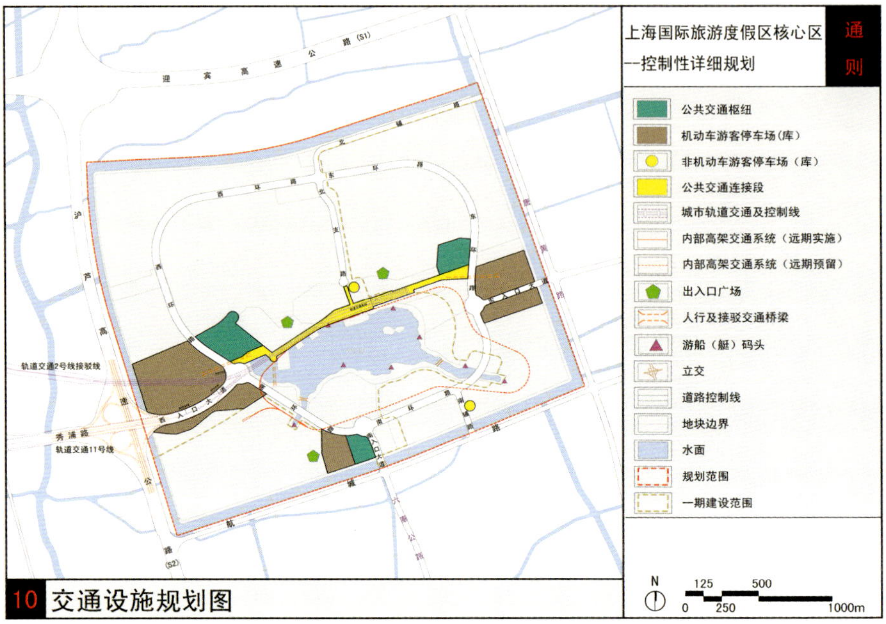

图 3-1-4　交通设施规划图

的设施，包括为老弱病残孕幼等参观者群体提供特殊援助服务设施、信息咨询点、失物招领、物品寄存、保安点、医疗急救点、电话、垃圾桶、吸烟点等。

考虑到核心区游客群体的特殊性，应增加儿童专用厕所和母婴服务室的比率。在人流密集区域，包括主题乐园、公共交通连接段、零售餐饮娱乐区内，公共厕所服务半径不应大于 200 米。其中零售餐饮娱乐区内厕所设置应将餐厅、剧场等自带的厕所数量同时考虑在内整体平衡。对公共交通枢纽、游客停车场内的公共厕所配置要求，在相关技术方案中根据设计规范明确。

（二）经营设施

经营设施是核心区内直接面向游客的营利性的设施，包括零售设施和餐饮设施，主要落实在商业娱乐设施用地内和游乐用地（主题乐园）内。

（三）运营设施

主要包括交通设施及市政设施，包括地面交通和轨道交通等设施及供电、给水、燃气、雨水、污水、邮政、通信、消防、环卫等设施。

六、一期建设规划

一期建设范围内总建设量约 81.38 万平方米，其中旅馆建筑量约 28.96 万平方米，商业零售娱乐建筑量约 7.91 万平方米，乐园建筑量约 40 万平方米，办公建筑量约 4.52 万平方米。

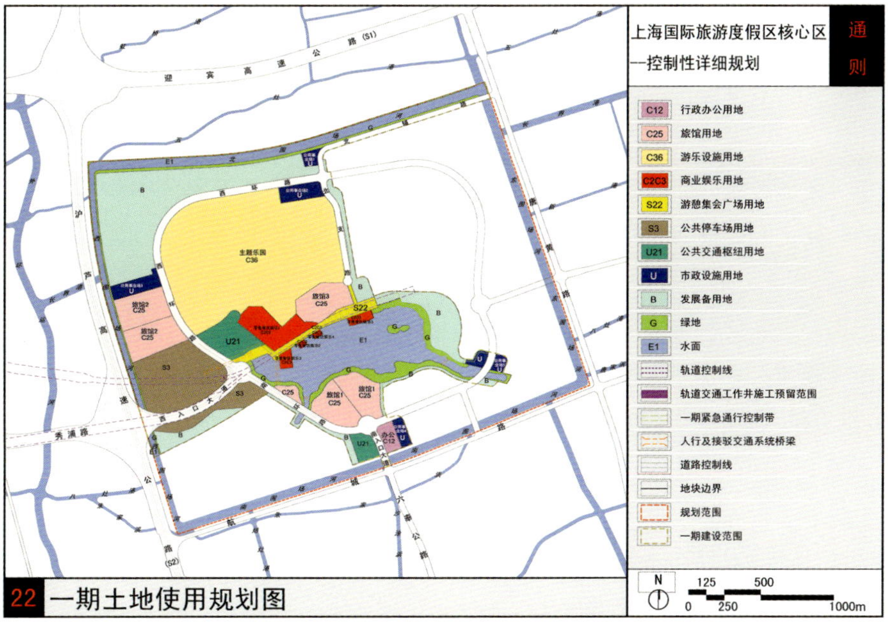

图 3-1-5　一期土地使用规划图

一期建设主要内容包括：1 个主题乐园、3 个旅馆、1 个办公管理中心、若干处零售餐饮娱乐设施等。

七、规划特点

（一）围绕乐园营造一个迪士尼的世界

由于乐园的位置紧邻上海中心城区，如何通过精心有效地规划引导和控制，使游客经过密集的城市建设区后，迅速进入迪士尼的欢乐氛围一直是关注重点。

核心区布局在空间结构上体现了迪士尼的文化标识性。核心区内设置双环结构，围场河有效减少周边干扰，环路有效分离机动车交通，打造以水体景观为核心、纯慢行交通的中心区域。围绕中心湖集聚布局两个乐园、多个酒店，尤其是湖泊北侧集聚布局童话小镇氛围的零售餐饮建筑群，为游客到达乐园前营造氛围。

乐园布局根据其他迪士尼乐园功能布局的经验，合理确定一期乐园内部游乐区和后勤区的规模及布局。根据入口广场、童话城堡、水上活动、高科技项目等不同特色的游乐主题，将游乐区划分为 5 个片区，营造丰富多样的景观意向和游乐感受。

（二）多层次保障大客流的有序集散

根据迪士尼客流日常性和高峰集聚性的特征，保障每日大规模游客有序集散，且不过多增加城市交通压力。

与城市骨干路网有效衔接交通评估显示，地面客流主要由西北方向的中心城到达。结合上海骨干路网交通状况，规划选择中环线延伸作为核心区主要通道，设置专用高架道，迅速引导客流从西入口进入核心区。

系统安排核心区出入口及交通设施根据交通评估对客流方向的预测比例，结合乐园布局设置“一主两次”三个核心区入口。就近设置三组交通设施，保证游客抵离便捷。配套设置了两处辅助入口，分离后勤交通。

高度强调公交优先，提高公共交通出行比例。核心区内交通设施布局保障大运量公交设施优先到达乐园。轨道交通车站距离乐园入口最近，公交枢纽次之，保证 80% 以上客流迅速到达乐园；私人小汽车通过接驳系统也可方便到达。

（三）强化大规模游客的公共安全保障

高度重视迪士尼乐园公众安全设计，关注突发紧急事件下大规模游客的疏散和救援。

高标准设计防汛设施，在核心区外围设置防汛墙，对游客高度集聚的主题乐园提高场地标高，暴雨重现期设为 5 年。乐园外围设置雨水排蓄河道，调蓄暴雨径流，强化防汛保障。

特色化开展消防设计，紧邻乐园设特勤消防站，可 1 分钟到达乐园。建设启用前规划设置临时消防站，保障乐园大规模施工期安全。乐园后勤区设有烟火仓库和烟火燃放点，属上海首例，规划严格控制其布局和外部控制线，并设外围隔离水池。

严格控制救援生命线，结合轨道交通控制线设置约 30 米宽的紧急通道，作为环路以内区域的救援生命线，保障救援车辆快速到达各功能区。乐园内设置 6 米宽紧急通道，救援车辆可迅速到达所有建筑物。

第二节　度假区过渡性开发规划

上海国际旅游度假区核心区分为三期开发。一期开发用地（3.9 平方千米）已明确建设项目，远期用地由于具体建设时间需根据一期项目运营后的情况再行确定，其在土地征用工作完成后将出现过渡期。为避免土地闲置，在过渡期间对远期用地（3.1 平方千米）范围进行一定的开发建设。

一、 规划特点

（一）开发项目时间受限

本规划是针对远期项目启动前的过渡性规划，整体开发时间较短。且由于乐园、酒店、餐饮零售等远期项目将分批建设，过渡性开发的项目将逐渐被拆除替代。过渡性项目在建设过程中需注意与周边正在实施的交通、市政工程系统的衔接，以免造成返工等损失。

（二）开发项目建筑形态受限

基于开发时间的限制，从集约利用土地角度，在远期用地内不能建设以下三类项目：建设周期长或投资回报期较长的项目，采用大体量单体建筑形式的项目，采用大范围建筑布局模式的项目。

（三）开发项目类型受限

根据相关约定，在过渡期内可开发的项目仅限于以下类型：工厂直营店购物中心、娱乐运动设施、外部培训和团队建设设施、农业、租赁期不少于 30 天的公寓、会议和展览设施及研发办公设施。

二、规划布局

过渡性开发规划主要包括绿地、商业服务业用地和交通市政等基础设施用地。绿地包括三类，第一类为绿地，以营造环境形象为主题，结合绿地景观少量设置如拓展培训、露营基地、农家乐、植物温室、户外体育运动和管理用房等设施；第二类为结合社会停车设施的绿地，分布在东入口大道两侧、南辅路东侧和南入口以西；第三类是沿河沿路绿地。

商业服务业分布在南辅路两侧的地块中，包括南辅路东侧的工厂直营店和西侧的创意市集。

道路广场包括道路、东入口大道处的公共交通枢纽和公共交通连接段，该公共交通连接段与核心区一期控制性详细规划中公共交通连接段直接联系，形成一条贯穿东西可联系东西两个公共交通枢纽的主要游客步行通道。市政设施为东入口以北的市政公用设施用地。

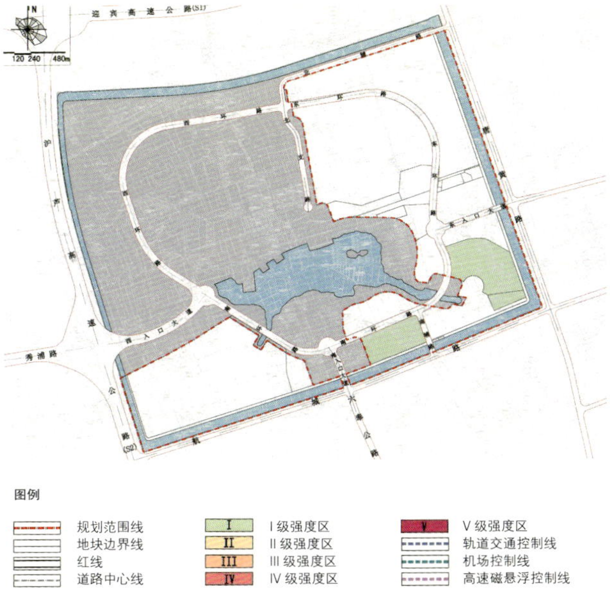

图 3-2-1 开发强度图

三、建设控制

过渡性开发规划的总建筑量控制在 30 万平方米以内（不含绿地内建筑量）。根据相关规范及市绿化部门指导意见，绿地内建设用地控制在绿地面积 7% 以内，并最终以绿化部门意见为准。

开发规划范围内的地块强度均为 I 级。开发地块高度控制参照《核心区控制性详细规划》执行，地块内建筑高度均不得超过 20 米，均为 II 级高度分区。

第三节 度假区北片区控制性详细规划

一、规划范围

北片区位于上海国际旅游度假区核心区北侧，以 S1 迎宾高速公路、唐黄路、S2 沪芦高速公路、北围场河北侧陆域控制范围线为四至范围，总用地面积为 1.55 平方千米。

二、 功能定位

利用毗邻核心区迪士尼乐园的区位优势，充分发挥北片区生态绿地的主体功能，规划北片区成为与世界级旅游城相匹配、与迪士尼乐园差异化发展、以自然生态为本体特色的城市自然生态绿地，其间穿插建设少量功能性项目。

功能业态为三类：度假酒店类项目，包括精品酒店、度假酒店等，是片区核心项目；娱乐休闲类项目，包括特色餐饮、水疗、滨水沙滩等，是片区特色项目；以生态绿地为基底的观赏体验类项目，包括生态湿地、主题花园、生态农庄、文化展示等，是片区静态型拓展项目。

三、结构布局

规划形成“一带、两区、三组团”的空间结构。“一带”为以五灶港为核心要素的中部滨水景观带；“两区”为以高压线为界的北部外环生态复育区，南部生态休憩功能区；“三组团”为围绕五灶港滨水景观带布局的东、中、西三大开发地块，总体呈现出生态绿地中分散布局地块组团的空间形式。

规划北片区由商业服务设施用地、道路用地、广场用地、市政设施用地、其他绿地、水域等组成。其中，商业服务设施用地约20平方千米，共三处，东侧地块突出公共开放性，主要功能以餐饮、文化娱乐为主，中部地块及西部地块突出度假配套功能，以酒店为主。

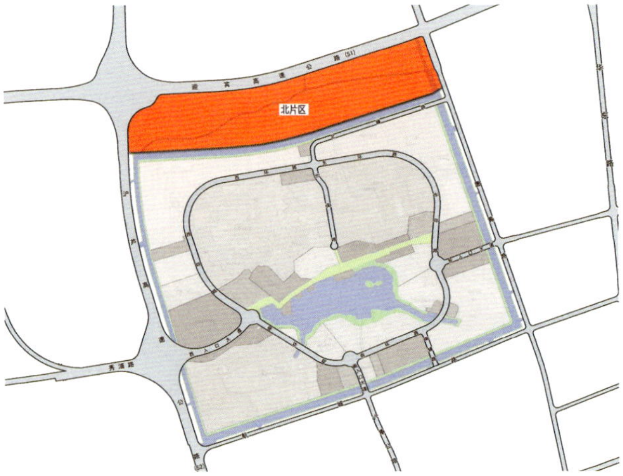

图 3-3-1　北片区范围示意图

四、建设控制

北片区的总建筑量控制为5万平方米。规划西侧地块（精品酒店）的建筑面积约0.8万平方米，中部地块（度假主题酒店）的建筑面积约3.5万平方米，东侧地块（休闲类度假型配套设施）的建筑面积约为0.7万平方米。

北片区位于全市近郊环城林带，规划按低密度开发控制，平均开发强度控制在0.5以下。北片区建筑高度按照不超过限高20米、不超过限高30米两级控制。

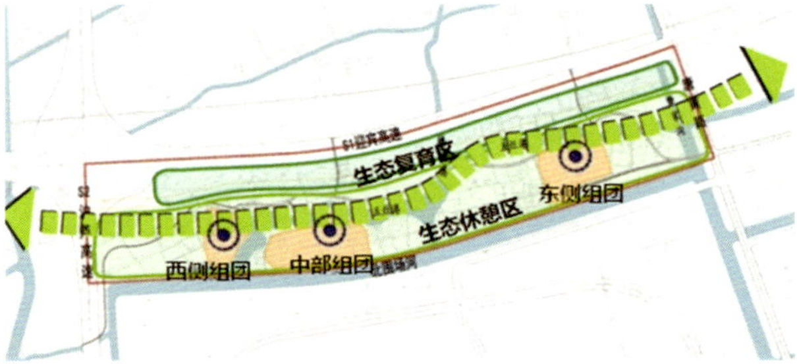

图 3-3-2　空间结构规划图

图 3-3-3　土地使用规划图

五、生态环境景观规划

规划运用“海绵城市”的设计理念，最大限度地保留现有树木，为新的森林及花园提供一个茂盛的林荫道及背景树林。同时，严格保护高压线北侧现有的生态栖息地，沿北侧构建完整的外环林带。

北片区非建设用地除水域以外，绿地以高压线为界分为生态防护、生态休憩两类功能，并按类型管理。基地受制于地形狭长，外有高速公路、内有高压线路等因素影响，空间布局局促。本次规划通过重建场地生态、加大场地景深等手法改善视觉及噪声不良影响。同时对基地内既有河网水系、农林肌理加以优化，并植入景观花园等，构建以五灶港为核心滨水景观带，以高压线北部为生态湿地复育区的生态景观体系。

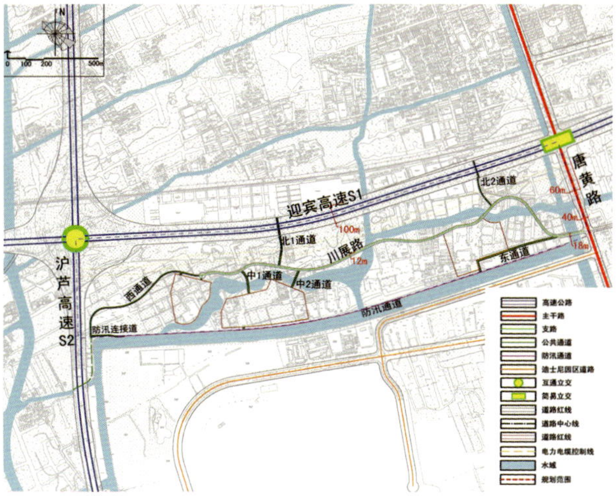

图 3-3-4 道路系统规划图

六、道路交通规划

（一）道路系统

规划形成高速公路（迎宾高速 S1、沪芦高速 S2）、主干路（唐黄路）、支路（川展路）三个层次的市政道路系统，同时为增强片区内外联系在片区内部增设 10 条公共通道。通道线形可根据景观、建筑设计方案需求调整，宽度控制在 5~9 米。

（二）交通组织

机动车：机动车主要行驶于川展路，通过川展路分流到各地块。片区内形成川展路—西通道—防汛通道环通路，并需长期保证环通道路的贯通性，西通道和防汛通道为应急时供机动车使用。

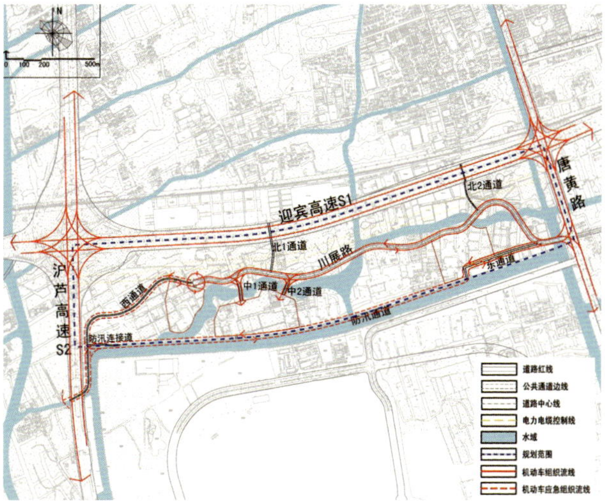

图 3-3-5 机动车交通组织图

第二部分　建设篇

PART II CONSTRUCTION

本篇按照工程类型，分为建设项目、市政基础设施工程、环境和绿化工程共三章十四节。

建设项目囊括了上海迪士尼乐园、迪士尼小镇与两个主题酒店、华特迪士尼大剧院等精彩纷呈的迪士尼项目，以及欧式花园风格的奕欧来上海购物村、各具特色的星愿公园、生态园、香草园、大通广场和申迪文化中心等项目。

市政基础设施工程包括场地形成工程、市政道路、公交枢纽、停车场、地铁站、水系工程、能源中心等，由本地最佳实践与迪士尼全球标准衔接，实现高水平建设。

环境和绿化工程介绍了打造与国际先进理念和技术接轨的场地环境治理示范项目，实现高效低碳、绿色环保处置的餐厨垃圾与绿化废弃物处理项目，以及度假区水的利用与处理、绿化技术等。

Based on engineering types, this part has three chapters and fourteen sections, namely, construction, infrastructure, environment and greenery.

Construction projects include such splendid Disney projects as Shanghai Disneyland, Disneytown, two themed hotels, Walt Disney Grand Theatre, European-garden-style Value Retail Shanghai Village, and Wishing Star Park, Ecological Park, Herb Garden, Maxus Plaza, Shendi Culture Center which all possess distinctive features.

Infrastructure includes site formation, municipal roads, public transportation hub, parking lots, subway stations, water system, CCHP which all have married local best practices with Disney global standards and been built with high levels.

Environment and greenery projects brief the site environmental management project, the model project that is in line with international advanced concept and technologies, the kitchen waste and greenery waste treatment project which achieves highly efficient low-carbon, green and eco-friendly treatment, and the water usage and treatment, greenery technologies etc.

第四章　建设项目
Chapter 4 Construction Projects

上海迪士尼乐园和度假区是一处全方位度假目的地。度假区内包含上海迪士尼乐园、两个主题酒店、迪士尼小镇和星愿公园，让每一位游客都能“点亮心中奇梦”。

迪士尼乐园包括全球最高、最大、最具互动性的迪士尼城堡和别具一格的六大主题园区。迪士尼小镇与两个主题酒店是紧邻上海迪士尼乐园的餐饮零售娱乐集聚区。奕欧来上海购物村汇聚了具有国际代表性的装饰艺术建筑元素。申迪文化中心以建筑与自然景观相融合为特点，打造山丘形态裙房，其主要功能包括综合办公、会展服务等。星愿公园是带状环星愿湖的综合休闲公园，其充分利用星愿湖宽阔的水面效果，建造亲水木栈道平台及码头。生态园、香草园营造了良好的度假环境，与地形地貌紧密结合，为游客提供了大地景观艺术体验。Maxus 大通广场用于大型室外演出，提升东南入口景观形象，同时提供了过渡期大客流的疏散功能。

Shanghai Disney Resort is an unparalleled, all-around tourism destination. This magic resort accommodates Shanghai Disneyland, two themed hotels, Disneytown, Wishing Star Park which will enable each single guest to “ignite the magic dream within”.

Shanghai Disneyland includes the world’s highest, tallest and the most interactive Disney Castle, and the unique six themed lands.The retail, dining and entertainment area - Disneytown and two hotels are adjacent to Disneyland. Value Retail Shanghai Village applies representative international deco art elements.Shendi Culture Center featuring combination of architecture and natural landscape, accommodates such functions as comprehensive office, convention services etc.Wishing Star Park, a belt-like comprehensive leisure park around Wishing Star lake, by fully leveraging the spacious lake surface, plank road and dock have been built.By closely incorporating topographic features, Ecological Park and Herb Garden create a favorable vacation environment, which provide landscape and artistic experiences for guests.Maxus Plaza is used for large-scale outdoor performances, and to improve the landscape image of southeast entrance and also used for attendance evacuation during transitional phase.

第一节　上海迪士尼乐园

上海迪士尼乐园是一座充满想象力的神奇王国，包括六大主题园区。在这里，无论年龄大小，每位游客都能暂时忘却现实世界，尽情沉浸在充满经典和全新迪士尼故事的神奇魅力中。

一、米奇大街

“米奇大街”是想象力的发源地。这个热情好客有奇幻多彩的街区布满了各式各样的商店和餐馆。“米奇大街”是全球迪士尼乐园中第一个以米奇和他的伙伴们为特色的迎宾大道，充分展现了友情的主题。一踏进这个区域就可以感受到整个上海迪士尼乐园欢快的基调。游客们将外面的世界抛诸脑后，进入充满冒险、梦幻和未来感的各个主题园区。

上海迪士尼乐园的入口处有一座大钟塔，其灵感来源于经典米奇腕表设计。巨大的牌匾标示着乐园的中英文名字，并充满中式设计的元素和色彩。

踏上“米奇大街”，迪士尼朋友们和他们令人振奋的故事在缤纷多彩的商店招牌、橱窗展示及主题商店中栩栩如生。使游客有机会在“米奇大街”上见到米奇的伙伴们，包括米妮、唐老鸭、黛丝、高飞和布鲁托。

“米奇大街”有许多美丽的马赛克拼瓷。这幅精美的米奇和唐老鸭马赛克拼瓷便是其中之一，描绘了四季中的迪士尼明星。

图 4-1-1　大钟塔效果图

餐饮也是上海迪士尼乐园沉浸式体验的一部分。在这里，游客可以体验迪士尼元素的美食、主题餐厅和甜点，例如“甜心糖果”供应的米奇造型棉花糖。

二、明日世界

“明日世界”是个展现未来无尽可能的园区，希望、想象和创意无处不在。刺激互动的游乐项目，创新的科技和标志性的演出舞台使每一段在此游玩的旅程独特而难忘。

“明日世界”以动感的建筑设计、惊险又互动的游乐项目吸引游客。无论是青少年还是年轻人，所有年龄段的游客都可以在这个园区体验冲破地心引力的游乐项目，例如“喷气背包飞行器”。

踏上“创极速光轮”的两轮摩托，使游客进入一个虚拟数字世界的极速争霸赛。这也是特别为上海迪士尼乐园打造、全球迪士尼乐园中最快的过山车项目。

在“巴斯光年星际营救”中，游客们响应迪士尼·皮克斯《玩具总动员》英雄巴斯光年的号召，与索克天王带领的机器人战斗。游客将在“巴斯光年星际营救”中使用载有实时反馈内置音响的新型瞄准系统。

“星露台餐厅”是上海迪士尼乐园内最大的餐厅，为游客提供各式汉堡，例如川味鸡肉汉堡。坐在室内或室外的就餐空间，透过宽敞明亮的落地窗，游客可饱览乐园美景。

三、奇想花园

这片主题园区赞颂大自然的奇妙和想象力带来的快乐。游客与亲朋好友齐聚于此，徜徉在奇幻花园和苍翠绿林中，漫步在小桥和蹊径间，观赏园区中的多项标志性娱乐演出，包括“米奇童话专列”巡游和“奇幻童话城堡”上的“点亮奇梦：夜光幻影秀”等等。

色彩鲜艳的气球和三角旗营造出欢快的节日氛围，游客可以乘着“小飞象”在空中尽情翱翔，同时还能欣赏到“奇想花园”和“奇幻童话城堡”的壮丽美景。

“幻想曲旋转木马”是根据迪士尼经典动画片《幻想曲》设计而成，62 匹跳跃的飞马是由中国艺术家们专为上海迪士尼乐园设计创造。

“十二朋友园”是上海迪士尼乐园的全球首发的景点，迪士尼和迪士尼·皮克斯的动画明星们重新演绎中国十二生肖。以猴年为例，由迪士尼影片《阿拉丁》中的阿布生动演绎生肖“猴”。

“漫月轩”是上海迪士尼乐园中充满传统特色的中式餐厅，供应烧卖等特色菜品。餐厅的建筑设计展现了中国不同的地貌景观，包括山川、海洋、沙漠、森林和河流。

四、探险岛

上海迪士尼乐园中独有的“探险岛”仿佛令游客们走入新发现的远古部落中。这里充满了神秘的色彩、极具创意的故事和迪士尼的想象力。游客可以探索传说中古老巍峨的“雷鸣山”，在“古迹探索营”一测技巧高低，乘坐“翱翔·飞越地平线”鸟瞰包括上海和中国的著名景点，如长城。“雷鸣山”是“探险岛”最显眼的地标，山体雄伟，时而还会传出令人战栗的轰隆声。

想要鸟瞰世界或翱翔天际的游客可以在精彩绝伦的“翱翔·飞越地平线”美梦成真，展开前所未见的环球飞行之旅。它会带领游客们俯瞰世界最具代表性的各处地标，包括中国长城和上海天际线。游客们会感到清风拂面，从树丛上呼啸而过。

在“雷鸣山漂流”中，游客们会乘坐圆形筏艇体验仅由重力和水流推动的刺激漂流旅程——深入“探险岛”腹地。在这里，他们将邂逅体型如巴士般庞大的神秘爬行巨兽。

在“故事舞台”上演的“人猿泰山：丛林的呼唤”，其中融合了极具张力的舞台表现和视觉效果，吸引观众沉浸于扣人心弦的经典故事中。激动人心的杂技表演将这个故事推向了全新的高度。

在“部落丰盛堂”，游客能一边欣赏现场烹饪并品尝特色烤肉，一边沉浸在“探险岛”的故事中。餐厅将提供一系列混搭菜肴，例如五香烤鸡配烤甜薯、宫保鸡丁和黑椒牛柳。

五、宝藏湾

“宝藏湾”是全球迪士尼乐园首个以海盗为主题的园区。来这里探险的游客可以身临其境地感受精彩的海盗故事。这里有一群随性的海盗，他们总是在肆意追逐欢笑、冒险和刺激。在那景色壮丽的海湾里停靠着的巨型海盗船——“探秘海妖复仇号”，它将欢迎游客来到这个充满战斗、冒险和幽默的主题园区。

“加勒比海盗——沉落宝藏之战”带领游客扬帆起航，开启一场精彩绝伦的海上传奇之旅。游客会潜入深海，搜寻戴维·琼斯船长藏匿在海底的战利品。

在上海迪士尼乐园进行首秀的“风暴来临——杰克船长之惊天特技大冒险”是一场充满特技、刀剑相交、气势非凡、旋风般惊心动魄的表演。

“巴波萨烧烤”内有展示厨房，供应烤肉、烤鱼和其他烧烤美食。各类餐具也装饰着骷髅、骨头、指南针等图案，令探险家们胃口大开。

六、梦幻世界

“梦幻世界”的灵感来源于迪士尼的动画影片，是上海迪士尼乐园中最大的主题园区，也是矗立于整个乐园中心、宏伟壮丽的“奇幻童话城堡”之所在。步入这座梦幻仙境，游客们可以沉浸于白雪公主和七个小矮人、小飞侠、小熊维尼和其他深受喜爱的迪士尼朋友们的神奇故事中。

在“梦幻世界”中，全家人都可以找到各自的快乐，比如这座全球最大、最高、最具互动性的迪士尼城堡。游客踏上“漫游童话时光”之旅后，会与动画版的白雪公主互动，漫步于她的故事世界。

“奇幻童话城堡”是全球迪士尼乐园中第一座聚集所有迪士尼公主的城堡。城堡主体上拥有着象征公主们故事的标志。沿着城堡内阶梯蜿蜒而上，游客可以探寻到每一个迪士尼公主。

在“晶彩奇航”这个充满奇幻色彩的游乐项目中，游客可以探索最受欢迎的迪士尼故事，例如《花木兰》。当航程深入洞穴，游客还将发现包括《花木兰》《阿拉丁》《美女与野兽》和《小美人鱼》等迪士尼童话中的角色，在音乐、灯光和神奇魔法中栩栩如生。

惊险刺激的“七个小矮人矿山车”是适合阖家体验的过山车项目，它行驶在起伏的山峦中，穿过瀑布来到宝石光芒闪耀的隧道。

充满树篱、巨花及各种奇幻雕塑的“爱丽丝梦游仙境迷宫”是上海迪士尼乐园内以蒂姆·伯顿的《爱丽丝梦游仙境》电影为灵感专门打造的游乐项目。

乘坐“旋转疯蜜罐”，全家老小都会沉浸在小熊维尼和百亩森林的故事中，感受欢声笑语。

在“小飞侠天空奇遇”中乘上“飞”船，游客们可以身临其境地参与这场通向“梦幻岛”的冒险旅程。

“皮诺丘乡村厨房”带领游客走进迷人的迪士尼童话——《木偶奇遇记》。这里提供品种丰富多元的美食，无论是比萨、西式面点还是亚洲米饭，都能在这里找到。

图 4-1-2　明日世界全景效果图

TRON

图 4-1-3　奇想花园效果图

图 4-1-4 雷鸣山漂流效果图

图 4-1-5 “加勒比海盗——沉落宝藏之战”效果图

图 4-1-6 奇幻童话城堡效果图

图 4-1-7　奇幻童话城堡实景图

图 4-1-8 “晶彩奇航”效果图

第二节　迪士尼小镇与主题酒店

一、迪士尼小镇

购物餐饮娱乐区是全球迪士尼度假区的重要特色之一，与世界级的主题乐园和酒店一起为游客提供全方位的度假体验。

迪士尼小镇是紧邻上海迪士尼乐园的国际化购物餐饮娱乐区。它是占地超过 46 000 平方米并面向公众开放的步行街区，提供丰富美食、购物选择以及世界级娱乐演出。这里无需门票，游客们可以在此与朋友、家人相聚，在每一个角落感受令人耳目一新的休闲娱乐体验。

该区域为游客提供了高质量的多元化购物选择以及和亲朋好友相聚的各类优质餐厅。这些租户分布在迪士尼小镇上各具特色的五个区域——小镇湖畔、小镇市集、百食香街、百老汇大道和百老汇广场。迪士尼小镇为造访上海迪士尼度假区的游客带来世界级的购物和餐饮体验。

迪士尼小镇为游客呈现丰富多样的购物选择，包括迪士尼世界商店、小镇市集的特色商店及甜蜜满勺糖果店。其中，占地 3 000 平方米的迪士尼世界商店以其可观的规模、独特的设计和琳琅的商品而独树一帜。它呈现数千种以上海迪士尼度假区元素为设计灵感的商品，包括迪士尼服装、玩具、文具、收藏品、礼品等，其中不少商品专为中国游客特别设计。迪士尼世界商店除了会成为购物爱好者的必访之地外，也为游客提供全球最具技术含量的迪士尼购物体验之一。迪士尼世界商店坐落于复古的“铁路机车库”风格建筑中，向华特·迪士尼先生的火车情结致敬——华特·迪士尼在规划第一座迪士尼乐园时曾设计了环绕当时的乐园行驶的迪士尼乐园铁路。

与上海迪士尼度假区的整体设计理念一样，迪士尼小镇也淋漓尽致地展现“经典迪士尼，精彩中国风”的特色。迪士尼小镇的设计团队集齐来自全球各地的迪士尼创意人才，将迪士尼传统与经典中式设计及海派文化元素完美融合。传统的海派石库门建筑风格被充分运用于迪士尼小镇，代表了迪士尼对上海这一独特传承的敬意。创意团队对中国文化做了充分而广泛的研究，不论是颜色选择还是标识设计，在各个细节上都为中国游客悉心打造。

迪士尼小镇的每一个角落都会为游客带来有趣、独特的中国元素，从壁画、故事主题绘画、标识到建筑装饰的设计，随处可见或经典或现代的中国风味和上海元素。

迪士尼小镇湖畔的自然风光为游客们提供了旖旎的湖光水色、壮观日落美景以及高品质的湖畔美食。位于迪士尼小镇中心的小镇市集适合全家同游，游客们可以在栉比鳞次的迪士尼精选特色商店购物，也可在随处可见的休憩区域放松身心并有机会享受街边音乐娱乐表演。

穿过小镇市集便来到了熙来攘往的、充满国际气息的百食香街，这里结合了丰富多样的亚洲美食和令人倍感惬意又浪漫的环境，而露天餐饮设计让这里成为与好友午餐或是正式约会的完美去处。美食过后，游客可以在私密的小道和令人愉悦的灯光下踱步至经典的百老汇大道，这条典雅的“时尚大街”以好莱坞比弗利山庄的购物街道为设计灵感，其高端时尚的购物氛围和潮流品牌吸引着游客在此优雅流连。

以世界级水准打造、百老汇风格的华特迪士尼大剧院坐落在百老汇广场，《狮子王》——这部创纽约百老汇演出史上最高票房纪录的剧目，在这座艺术装饰风格(Art Deco)的剧院呈现了全球首个普通话版本。该演出是迪士尼小镇的核心亮点，让游客们的休闲度假体验更丰富多元。普通话版《狮子王》音乐剧恢宏上演，绚烂夺目的光效在夜空中绽放，活力四射的乐团现场演奏，所有游客一起舞动，在乐园洒遍幸福快乐的魔法。

华特迪士尼大剧院位于其中，上演全球首个普通话版本的百老汇热门音乐剧《狮子王》。极富创意的“迪士尼世界商店”同样不容错过，它会提供种类丰富的迪士尼系列商品，其中有许多特别为上海迪士尼度假区设计定制。

二、迪士尼主题酒店

夕阳西下，在上海迪士尼乐园畅玩整日的孩子们开始打着盹进入梦乡，近在咫尺的迪士尼主题酒店为渴望继续神奇之旅的人们提供了绝佳去处。上海迪士尼乐园酒店和玩具总动员酒店为探访上海迪士尼度假区的游客提供不止一日的游玩体验，和亲朋好友共享更多乐趣和魔力。两座酒店分别设有 420 间和 800 间客房，结合了迪士尼故事讲述的主题设计及温馨的迎宾服务，提供了丰富多样的娱乐活动、美食飨宴、购物体验及其他休闲选择，在蕴含中国魅力和特色的同时为宾客带来“唯有在迪士尼”的独特体验。

作为上海迪士尼度假区的标志性酒店，上海迪士尼乐园酒店以高雅的“新艺术主义”为设计风格，并充满迪士尼的神奇和想象力，从装饰、墙面、窗帘到家具，到处都呈现着迪士尼的奇思妙想；而玩具总动员酒店则提供另一种富有趣味的体验，将游客带入迪士尼·皮克斯系列电影《玩具总动员》中的玩具世界。不论下榻其中哪一间酒店，每位宾客都可以享受到全方位的迪士尼体验，与挚爱亲朋共同创造最美妙的回忆。

从抵达酒店起，宾客们便进入了无与伦比的迪士尼故事讲述之中。酒店精心设计的神奇时刻可以让宾客感受到浓浓的欢迎之意。无论是经过上海迪士尼乐园酒店门廊处栩栩如生的米奇和米妮铜像，或是穿过玩具总动员酒店的胡迪牛仔苑和巴斯光年苑这两个庭院，宾客的迪士尼神奇体验遍布酒店的每个角落。信步上海迪士尼乐园酒店之中，宾客们还有机会巧遇《小美人鱼》《美女与野兽》《灰姑娘》和《狮子王》等经典动画中的迪士尼明星。

两家酒店的餐饮服务更将迪士尼主题故事带入美食体验中。宾客们可以在上海迪士尼乐园酒店的卢米亚厨房自助餐厅与迪士尼明星们共同进餐，也可以在绚景楼一边享用正餐，一边欣赏上海迪士尼度假区的壮丽景色；移步玩具总动员酒店，宾客在阳光食汇品尝美食的同时，还会惊喜地发现在头顶上飘扬着以玩具总动员动画明星为主题的中式风筝。这些风筝的灵感源于中国著名风筝之乡——山东潍坊的传统风筝制作工艺。

而在各式各样的主题酒店设施中，迪士尼的故事讲述同样无处不在，包括米奇儿童游乐室、“哈库拉玛塔塔”乐苑、川顿王游泳池等。迪士尼人物主题的房卡、洗漱用品、明信片和文具等可以让宾客完全置身于迪士尼的世界之中。两家酒店内的礼品店更提供了琳琅满目的迪士尼精选商品，他们会和旅程中难忘的点点滴滴一起被宾客们珍藏。

秉持全球迪士尼酒店的世界级标准，这两座酒店同样以热情贴心的服务和一丝不苟的精神服务于每一位宾客。得益于与上海迪士尼乐园以及星愿湖比邻的优势，酒店提供迪士尼独特的宾客服务，包括商品领取服务、行李寄存、迪士尼度假区穿梭巴士和轮渡等。

商品领取服务：宾客在乐园内购买的商品，可以免费递送至其下榻的两家迪士尼主题酒店。

行李寄存：酒店宾客的行李可寄存于上海迪士尼乐园主入口或两家酒店内。

上海迪士尼度假区穿梭巴士：度假区内设有免费穿梭巴士，来往于上海迪士尼乐园和玩具总动员酒店。

上海迪士尼度假区轮渡：度假区内设有免费轮渡服务，来往于上海迪士尼乐园和上海迪士尼乐园酒店。

在上海迪士尼度假区尽情玩乐或是用餐之余，父母可以带着孩子们前往酒店内的家庭活动中心，参与各种以迪士尼或迪士尼·皮克斯为特色的互动活动、手工制作、儿童游戏以及讲故事时间。在迪士尼独有的热情款待中，宾客们的神奇旅程时时刻刻都丰富多彩。

为了满足中国宾客的需求，这两座迪士尼主题酒店还将中国的文化习俗融入迪士尼独一无二的妙趣之中。在上海迪士尼乐园酒店的喷泉中央，有一件别具中国特色的作品：一件独特的大型琉璃牡丹雕塑，雕塑周围环绕着经典迪士尼精灵们。这朵在上海制作的中国传统名花——牡丹是中国最大的琉璃花卉雕塑之一。

图 4-2-1　迪士尼小镇“百食香街”效果图

图 4-2-2　迪士尼小镇“百老汇广场”效果图

图 4-2-3　上海迪士尼乐园酒店全景手绘效果图

图 4-2-4　于迪士尼小镇“华特迪士尼大剧院”上演的《狮子王》剧照

图 4-2-5　迪士尼乐园酒店实景图

图 4-2-6 玩具总动员酒店全景效果图

第三节　奕欧来上海购物村

一、项目概况

奕欧来购物村位于上海国际旅游度假区核心区内，占地 144 535 平方米，建筑面积 56 874 平方米，由英国唯泰集团（Value Retail）与上海申迪（集团）有限公司联合打造。

该项目是唯泰集团在全球的第 11 个精品购物村，2014 年 4 月开工，2016 年 5 月 19 日开业，成为唯泰的旗舰型购物村，超越传统购物村，给每一个到访的游客带来购物、美食、休闲、娱乐的多重盛宴。

二、建筑特点

购物村由 25 栋立面形式各异的建筑构成，购物村中每一条街道都以一位艺术装饰主义领袖的名字命名，全部采用了国际高标准建造，汇聚了来自纽约、巴黎、米兰、维也纳、上海等最具国际代表性的“装饰艺术”建筑元素。购物村布局以星愿湖为焦点呈放射性布置，拥有三环、四纵共计七个各有主题的景观街道，最佳的建筑空间比例配以主题水景、文化走廊、艺术廊架及绿化小品，营造出海派经典与西方文化交相辉映的心动美景。

三、功能定位

（一）购物

购物村拥有 202 间精品商铺，其中一期商铺 114 个，二期商铺 88 个，购物村单间商铺的规则布置与商铺 7 米的层高给予了入驻品牌充分的灵活性，让品牌绽放华美的异彩。

（二）餐饮

购物村在沿滨湖大道共设有 12 间，合计 3 500 平方米的各式餐饮商铺，精致的景观与餐点将令每一个到访游客食指大动。

（三）休闲

购物村共拥有三环、四纵共 7 个外景走廊，配以星愿湖、10 个主题水景、文化走廊与无数的景观及绿化小品，营造出海派经典与西方文化相结合的心动美景。

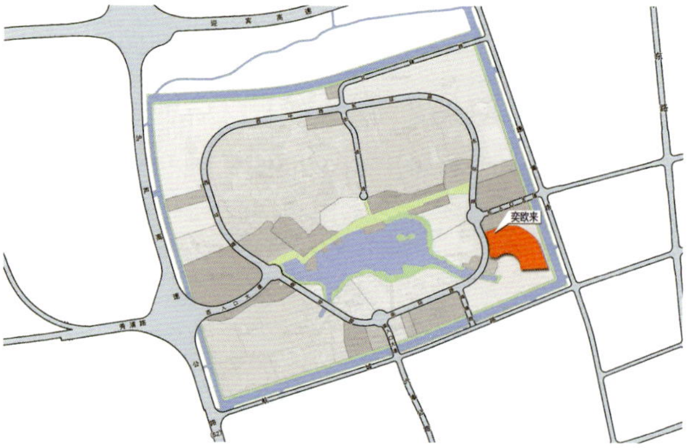

图 4-3-1　奕欧来上海购物村区位图

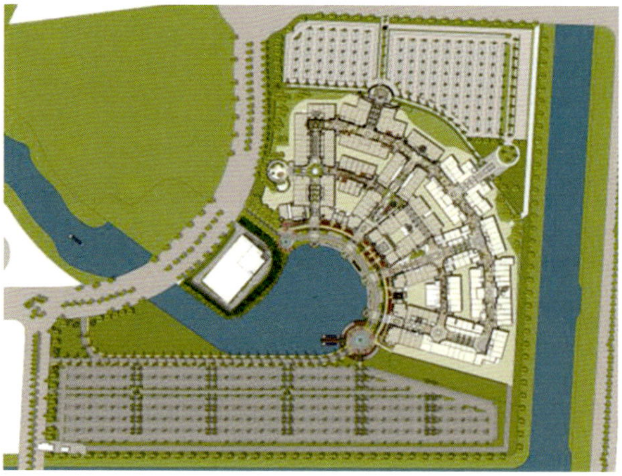

图 4-3-2　奕欧来上海购物村平面图

图 4-3-3　奕欧来上海购物村效果图

图 4-3-4　奕欧来上海购物村实景图

图 4-3-5　奕欧来上海购物村实景图

第四节 特色公园

一、 星愿公园

星愿公园位于上海国际旅游度假区核心区内，总占地面积约 11 万平方米，其中绿化面积为 8 万平方米，整个公园是带状环星愿湖的综合休闲公园。其中有栈桥、码头、服务中心等土建工程，共 12 座建筑物，总占地面积 2 199 平方米，还包含道路、雨污水管网，地下综合管线等市政工程，约 8 万平方米的绿化种植工程以及 12 万立方米的土方置换工程。星愿湖水面面积约为 31 万平方米，公园北侧与地铁站相连，南侧酒店也与公园相通。

（一）设计说明

星愿公园旨在创造一个风景如画的场所，为迪士尼乐园配套一片怡人的森林和湖泊。充分利用星愿湖宽阔的水面效果，建造了八个亲水木栈道平台及码头，每个木栈道周边都种植各种杉类、水生植物，星愿湖最低水位 3.15 米，最高水位 3.6 米，形成一个自然湿地的效果。为了防止今后湖水倒灌，在整个沿湖还设置了一条约 3.5 千米的防渗坝。此外人行道（铺装路面）贯通整个公园。

图 4-4-1 星愿公园位置图

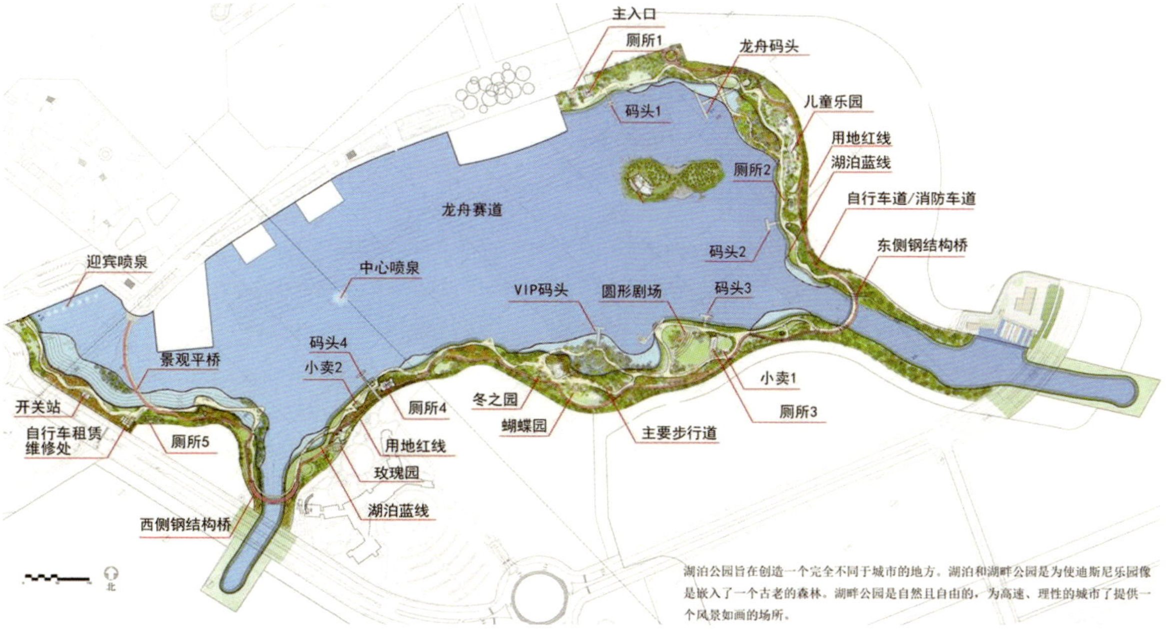

图 4-4-2 星愿公园总平面布局

图 4-4-3　星愿公园设计效果图

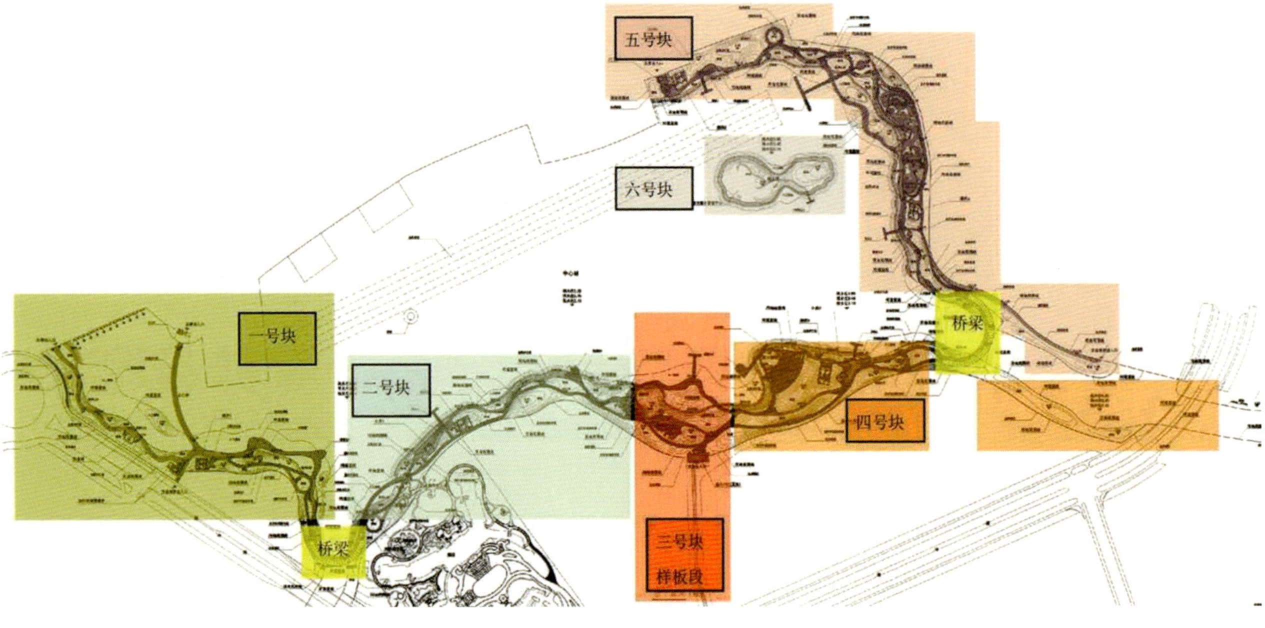

图 4-4-4　星愿公园主要分区

星愿公园共有 7 个入口，其中包括 3 个主要人行入口、2 个次要人行入口及 2 个车行入口。公园道路系统大致可分为步行道、自行车道及消防车道、木栈道等 3 个道路体系。各体系互不干扰，并通过道路的收放形成一个个广场空间。用地范围内共有 12 座建筑物，总计占地面积 2 199 平方米。除此之外，还分布有瞭望亭、排队等候区、码头等构筑物。

图 4-4-5 星愿公园出入口示意图

（二）项目亮点——空间曲梁单边悬索景观桥

连通星愿公园东南区域的空间曲梁单边悬索景观桥，位于星愿公园内，由上海申迪项目管理有限公司承担项目建设任务。该景观桥由主辅桥拼合而成，主桥宽 6 米、辅桥宽 3 米，桥体只通过中间部位通过踏步进行拼合连接，主桥宽度上超过了目前所有同类桥梁，成为世界同类桥型中的第一。

该悬索桥的设计与施工涉及三维空间的复杂模拟与分析，整个建设过程中采用 BIM 技术进行辅助建造，通过视觉模型的场景模拟，解决了桥型选择与环境配合问题，提高了决策效率；通过 TEKLA 软件建模，分析每个细部构造的合理性、与其他部件配合的合理性及方法的研究；由于桥台钢筋为空间曲线，无法采用 CAD 平面图纸表达，故应用 BIM 模型并辅助于钢筋算量表在现场直接进行电脑辅助钢筋放样；同时通过管理协同平台实现了参建各方的施工信息可视化共享目标。

图 4-4-6 单边悬索景观桥效果图

图 4-4-7　单边悬索景观桥模型图

图 4-4-8　单边悬索景观桥实景图

图 4-4-9　单边悬索景观桥实景图

二、生态园

位于上海国际旅游度假区核心区内，主要功能为二期备用地过渡开发及一期乐园游客分流，占地面积 59.9 万平方米，其中游客服务中心建筑占地 4 340 平方米，建筑共三层，总体建筑面积 8 600 平方米。

（一）设计原则

在功能与景观形象上与迪士尼乐园建设紧密衔接，协调互补。充分考虑过渡性方案的可操作性，尊重自然特色，与地形地貌紧密结合，在项目布局上集中式和分散式相结合，降低过渡期建设基础设施建设工程量，强调功能性、经济性和景观性的平衡。以人为本，项目设置上与乐园消费人群结构和特征相契合，满足游人需要。沿用生态园原有资源，利用原有地标、设施营造景观，形成景观的延续性。突出项目的自身特色、原创性、可读性及趣味性。

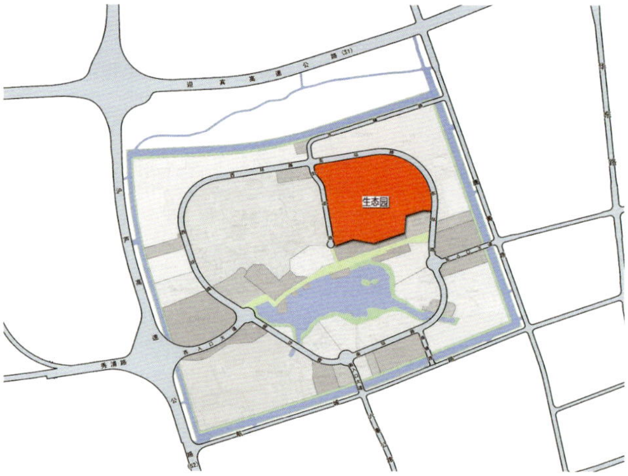

图 4-4-10　生态园位置图

（二）功能定位

接国际之轨：项目位于迪士尼备用地场地，园区的各项标准均以迪士尼的建设标准为参照，对提升上海本土的景观绿化建设具有积极意义。

继乡土之灵：项目位于川沙镇旁，一方面可为社区发展营造良好的社区环境，提供周边居民可日常承受的活动场地，同时也是一处优质的文化展示平台。

开生态之源：以改造的形式造园，以柔和的手法处理现场景观，保护当地优质资源，融合设计思路形成良好的自然生态型景观。

系绿色之环：相应上海市加强生态园建设的号召，如同为上海的城市绿环嵌上一颗绿珍珠。

（三）基本布局

取川沙“川”字与“三”交错，形成三纵三横的九宫格布局，映射至方正的场地上。结合地域的特色营造自然风情，一种野趣渔耕的印象浮现出来。以诗句串联园区的景致，使项目更添一丝文脉，品味这一处毗邻迪士尼的故事。

图 4-4-11 生态园过渡性建设方案平面图

图 4-4-12　生态园主入口效果图

图 4-4-13　生态园入口实景图

三、香草园

香草园占地面积 10 万平方米，主体建筑分布于南北两端。北端建筑占地 1 375 平方米，建筑面积 3 500 平方米，结合香草园北部入口设计，为二层框架结构，是紧贴东公共交通连接段的重要游客服务及配套功能建筑。南侧规划建设建筑面积约 1 万平方米小镇式建筑群。

香草园旨在建设一种美景不间断、花开四季的美丽香草七彩花田景观。主要包含薰衣草花田、七彩花田 / 四季草花、玫瑰园等，营造大地艺术景观效果。除延伸视野效果外，也考虑到观光旅游、人潮分流缓解功能，融入贴心的游客服务概念，并在主题创意上，设立上海香草历史故事往事馆，增添景区人文内涵。对接上海海派文化演绎，设置策划系列主题文创配套展览，另设计美丽独特的大地景观以及科普教育等多元化设施，同步达到补充衬托性与拆迁机动性的特殊要求，打造一处属于上海的美丽后花园。

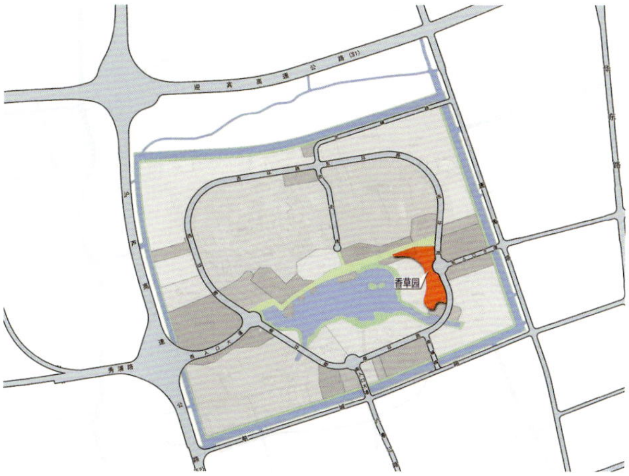

图 4-4-14　香草园位置图

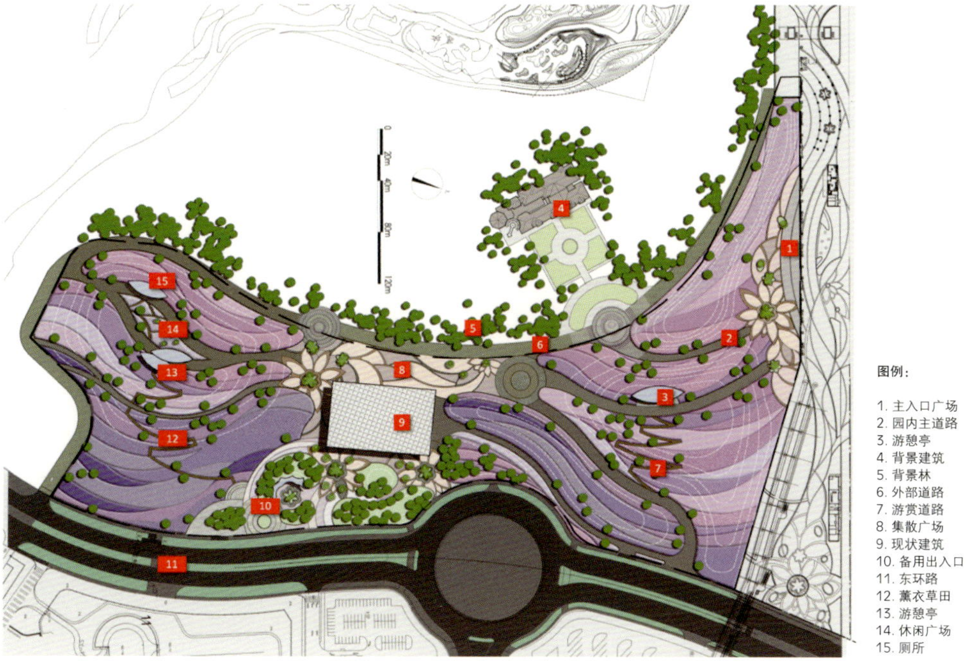

图 4-4-15　香草园景观方案平面布置图

图 4-4-16　香草园主入口效果图

图 4-4-17 香草园实景图

四、大通广场

Maxus 大通广场位于度假区核心区内，东、北临星愿湖，南接南环路，西邻备用地，面湖临路。占地约 10.5 万平方米，种植区面积约 6.4 万平方米，建筑面积 1 万平方米，停车场占地 1 741 平方米，共有 103 个停车位。

项目主要功能为三期备用地过渡开发及一期乐园游客分流。主要设施有用于举办大型室外演出等的露天音乐剧场，还设有分舞台及配套服务功能。

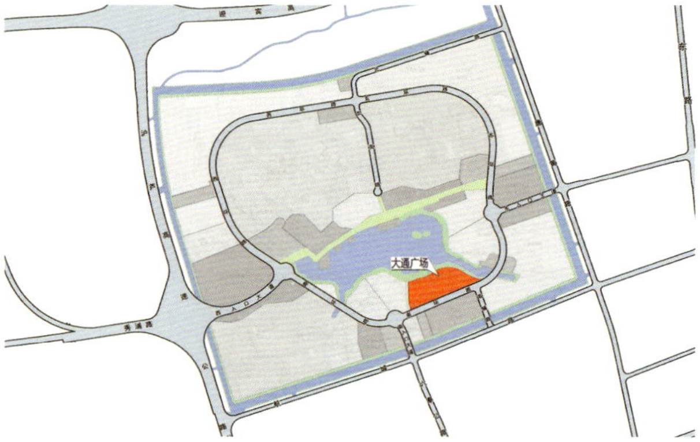

图 4-4-18　大通广场位置图

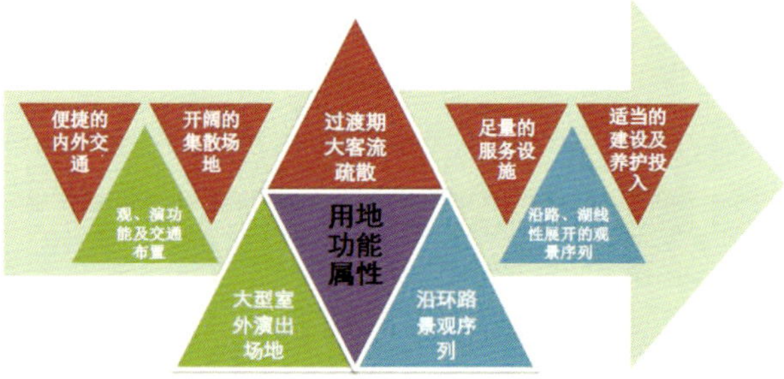

图 4-4-19　大通广场功能定位

图 4-4-20　大通广场总体布置规划图

图 4-4-21 大通广场实景图

第五节 申迪文化中心

一、项目概况

申迪文化中心位于上海国际旅游度假区核心区南部，占地面积约 22 590 平方米，总建筑面积约 94 847 平方米，兼具综合办公、会议展览、商业餐饮等功能，将为周边地区的居民、商务人群、园区游客提供全方位服务。项目南侧为南围场河；北侧为南环路和迪士尼酒店；东侧为市政设施、创意园区和奕欧来购物村；西侧为南入口大道、南入口公共交通枢纽以及市政综合服务用房。

二、设计理念

（一）总体设计

整个建筑包括地上 10 层、地下 3 层，由与下沉广场融为一体的塔楼和悬浮于裙房屋顶之上的主楼构成。管理中心主楼位于基地南侧，主楼呈立方体，设有中庭。建筑从主楼 3 层布置开放的平台空间，使使用者可以通过建筑北侧高处地区，眺望到裙房的立体绿化屋面以及远处的迪士尼园区。主楼高层部分为办公功能、中层部分为会议功能。为打造山丘形态裙房，使建筑与自然景观相融合，在屋顶布置开放的绿化公园，从下沉广场到 3 层平台形成立体而连续的结构。

裙房内部设有多功能展厅、管理中心、配套商业等功能。在基地北侧布置与下沉广场连为一体的广场，将公共性较强的功能沿下沉广场西侧布局，创造出合理的空间布局。

（二）绿化景观

项目的景观系统主要由北侧的开放式地面广场和与之相连的通往地下二层的下沉广场绿化景观组成。

同时，利用山丘状裙房屋顶，打造通往3层高的开放式屋顶绿化空间。

建筑南侧紧邻南围场河，总体设计精心打造水景，利用水景和屋顶绿化，形成丰富的立体绿化。由于基地周围拥有大片的景观绿化带，为与周围自然景观相融合，将建筑周边道路沿线设计成了由乔木组成的绿化空间，为缔造城市景观、美化城市环境作出贡献。

秉持建筑与周边自然环境相结合和打造自然生态建筑的理念，下沉广场的裙房墙面采用了垂直绿化系统，兼顾视觉效应与环保效应，主楼裙房亦采用了绿化平台，设计上与主楼的立方体形状形成鲜明对比。

图 4-5-1　申迪文化中心鸟瞰图

图 4-5-2 申迪文化中心西南鸟瞰图

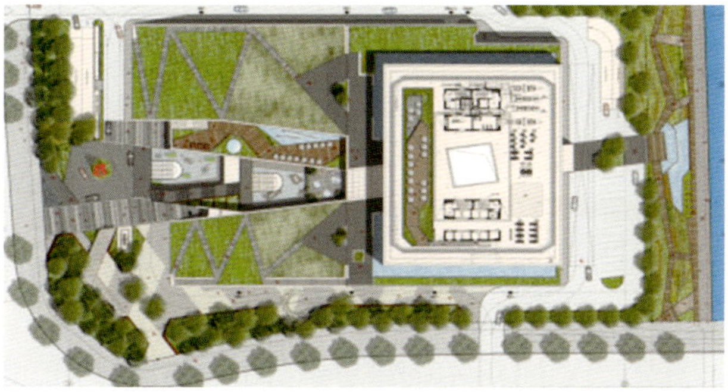

图 4-5-3 申迪文化中心绿化景观总平面图及屋顶绿化景观效果图

图 4-5-4　申迪文化中心南侧绿化景观效果图

三、施工特点

作为度假区内目前最大最深的基坑工程，为保护环境，减少浪费，倡导绿色施工理念，工程主体采用了先进的“逆作法”上下同步施工技术，即在地下室顶板施工完成之后，向下逐层进行地下室结构施工，并同时向上逐层进行施工上部结构的方法。该施工工艺的最大技术难点：在基础底板尚未完成情况下，有效解决上下同步施工过程中各层结构所有荷载的承载传递问题。

此外，本项目还采用了多项较高难度的施工控制技术：一是工程采用逆作法施工，立柱钢管内水下混凝土需要在底板标高精确地由 C35 转换为 C60，转换控制工艺及结构柱混凝土质量保证难度较大。二是工程逆作法施工中超深立柱桩的垂直度要求小于 1/500，立柱桩定位及垂直度控制难度较大。三是工程的三层超深结构处于高地下水位地质条件，逆作法施工过程中必须有效防止地下室渗漏，对施工缝、温度缝、收缩缝等处理要求较高。四是工程地下室与裙房拥有多个内部大空间结构，大截面和大跨度结构高支模的数量较多且情况复杂，需要选用既经济又安全的支模方案。五是工程地下室有高压配电间、消防泵房、冷冻机房等功能区，主楼和裙房屋面有冷却塔、热泵机组、VRV 精密空调外机等设备，需充分考虑合理布局；楼层吊顶内各专业管线交叉、错综复杂，对综合管线排列的要求较高。

四、项目管理

考虑到工程在施工技术与管理上的复杂性，在工程开工伊始，就引进了 SimWay 管理咨询团队并采用

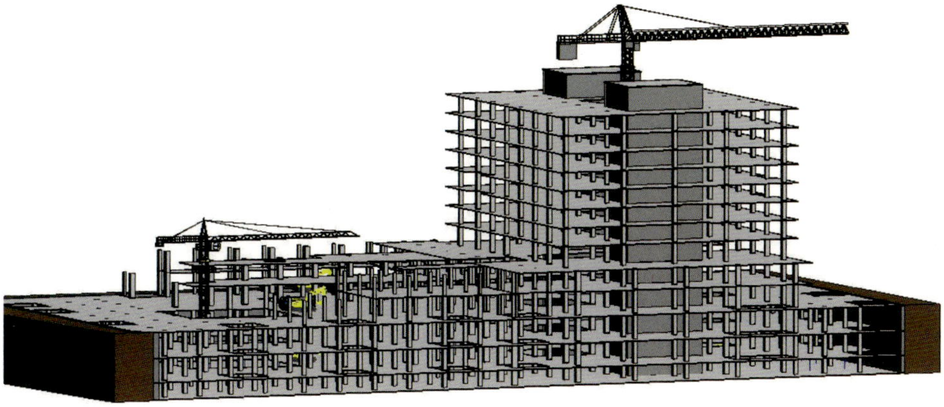

图 4-5-5 申迪文化中心“逆作法”工况模拟模型图

先进的 3C 技术对本工程施工组织的流程进行可行性分析，诊断组织流程问题，梳理脉络。通过现实化模型（As-is）、优化模型（To-Be），分析模拟施工组织的整个流程，提早发现施工风险点，合理设置管理岗位，有效提高了实际施工过程中的风险防范。

在施工信息化方面，采用了申迪自主开发的项目管理平台，实现了项目远程管理，通过 LubanBE 和 LubanMC 快速传达现场施工情况信息，使项目各参建方能及时对项目出现的各类问题进行有效判断，把握现场施工进度，实现对工程投入的动态分析。

五、BIM 技术应用

申迪文化中心建设全面应用 BIM 技术，申迪项管公司负责制订 BIM 应用总体方案和应用范围，明确了 BIM 应用深度、目标，实现了设计、监理、施工（含总承包）、材料供应商、运维等多单位的协同参与。通过招投标合同条文对参建方的 BIM 能力及实施进行约束，通过建立管理平台、添加管理成员、分配管理权限来实现项目图档管理、轻量化模型浏览、文件管理、流程管理等多方协作，达到项目高效管理的目的。

对各参建单位无法通过项目交流平台解决的问题，通过召开项目例会，统筹协调项目中的各类分歧，保证 BIM 相关工作进度满足项目开发计划要求。

BIM 技术在申迪文化中心的建设中发挥了巨大作用，通过方案及性能分析，实现了决策可控；通过三维协调，实现了设计可控，减少了设计变更；通过建筑信息模型及管理平台，创建虚拟沟通路径，实现了不同专业间的协同，提高了工程设计协调、施工管理和预算成本的控制能力；通过应用三维建筑模型的建筑信息和运维信息，提高了项目运维管理水平。

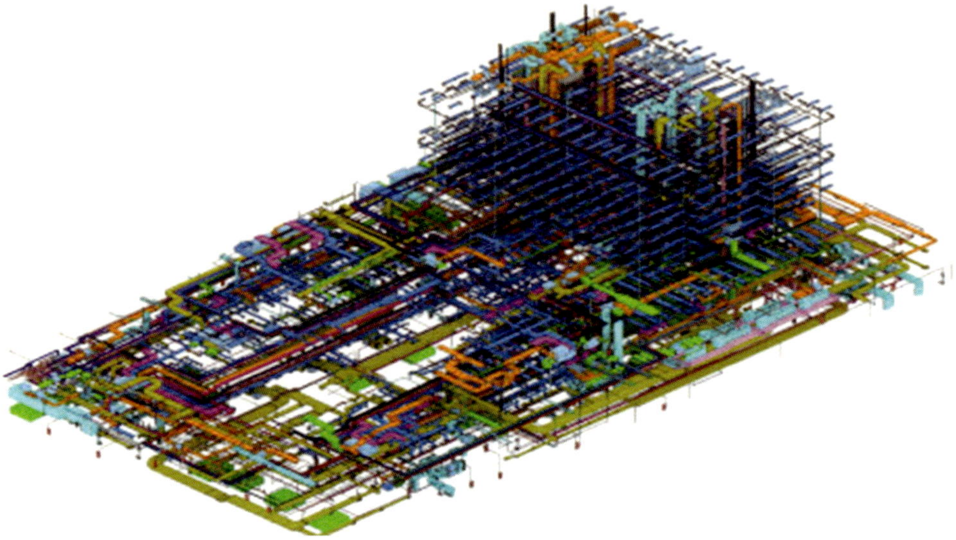

图 4-5-6　申迪文化中心 BIM 模型（1）

图 4-5-7　申迪文化中心 BIM 模型（2）

第五章 市政基础设施工程
Chapter 5 Municipal Infrastructure Projects

本章共四节。场地形成工程是大规模、高标准的地基处理工程，采用真空预压法，使场地标高、地基强度、沉降控制等方面达到一定控制标准，以满足后续建造期间和使用期间有足够的安全度。

交通设施包括一期市政道路、公交枢纽、停车场、地铁站等，建设规模充分考虑了园区的功能定位，在设计方面融入了园区整体景观，使各类交通设施与园区环境相协调。

水系工程通过治理形成新的水系格局，增强了河道的引排和调蓄能力，减少水灾造成的经济损失，改善区域环境。其他市政基础设施项目包括高标准的防汛排涝、统筹安排的水处理综合利用和灌溉系统、能源中心的建设等，体现了高标准的建设水平。

This chapter has four sections. Site formation project is a large-scale, high-standard ground foundation treatment project, by using vacuum surcharging method, the site elevation, the intensity of foundation, the control of sedimentation and other parameters have all reached certain controlled standards so as to satisfy safety requirements in future construction and operation phase.

Transportation facilities include phase one municipal roads, public transportation hub, parking lots, subway stations etc. The construction scale has fully considered the function positioning of Resorts Zone so that all kinds of transport facilities are aligned with resort environment by integrating the overall resort landscape into design.

Water system has created a new water system network through treatment. The drainage and storage capacities of rivers have been enhanced, economic loss potentially caused by floods have been reduced and the regional environment has been improved.

Other municipal infrastructure projects include high-standard flood prevention and flood control, holistic water treatment and irrigation system, construction of CCHP, all displaying high construction level.

第一节 场地形成工程

一、场地调查和研究

本次场地形成工程的建设面积为 174 万平方米，需要进行预压处理的面积为 145 万平方米，如此大规模高标准的地基处理工程在上海地区尚属首次。

二、地基处理

预压法指的是为提高软弱地基的承载力和减少构造物建成后的工后沉降，预先在拟建构造物的地基上施加一定静荷载，使地基土压实后再将荷载卸除的压实方法。对软土地基预先加压，使大部分沉降在预压过程中完成，相应地提高了地基承载力和减少工后沉降。

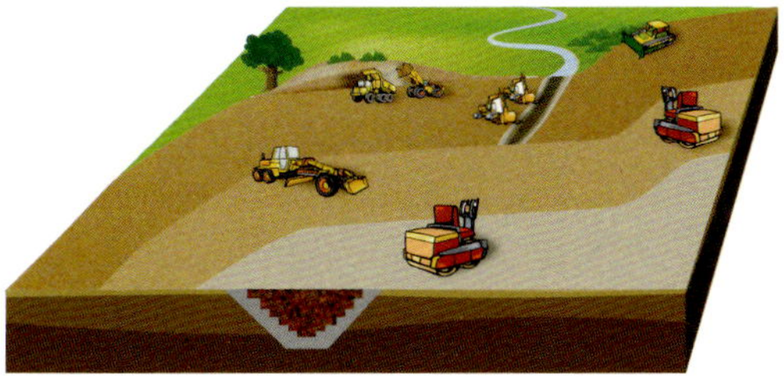

图 5-1-1 场地形成示意图

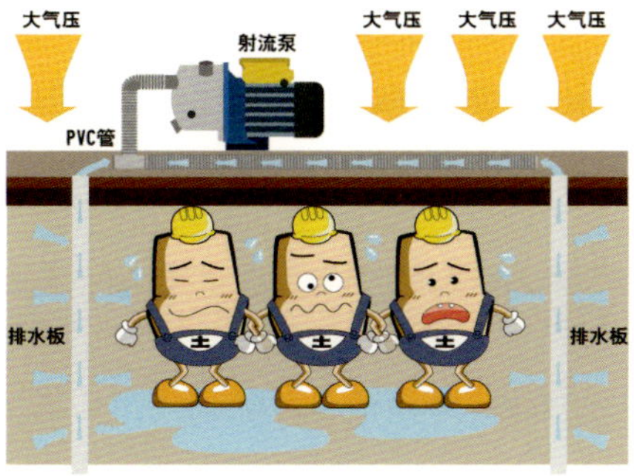

图 5-1-2 真空预压技术示意图

三、预压方法

本工程采用真空预压和堆载预压两种方法进行处理。真空预压法是一种新兴的地基处理方法，在如此大的范围内采用真空预压法进行地基处理在上海地区尚属首例。

四、大面积平整

场地形成工程大面积平整是指以压实度为质量控制指标，以业主公司提供的等高线为设计依据，对地基处理后的场地进行分层碾压填筑，以达到设计等高线和压实度的要求。

五、工作创新

1. 结合国际工程建设经验和标准，首次提出“场地形成”概念

根据场地既有地质条件和环境条件及拟建工程对场地用途的要求，采用合理的土方调配和处理方法对场地及地基进行预处理，使其在场地标高、地基强度、沉降控制等方面达到一定控制标准，以满足拟建建(构)筑物及场地其余部分在后续建造期间和使用期间有足够的安全度。

2. 基于现场观测资料和试验结果分析大面积真空预压加固过程中地基变形规律并评价加固效果

超大面积真空预压场地的固结与荷载、时间关系

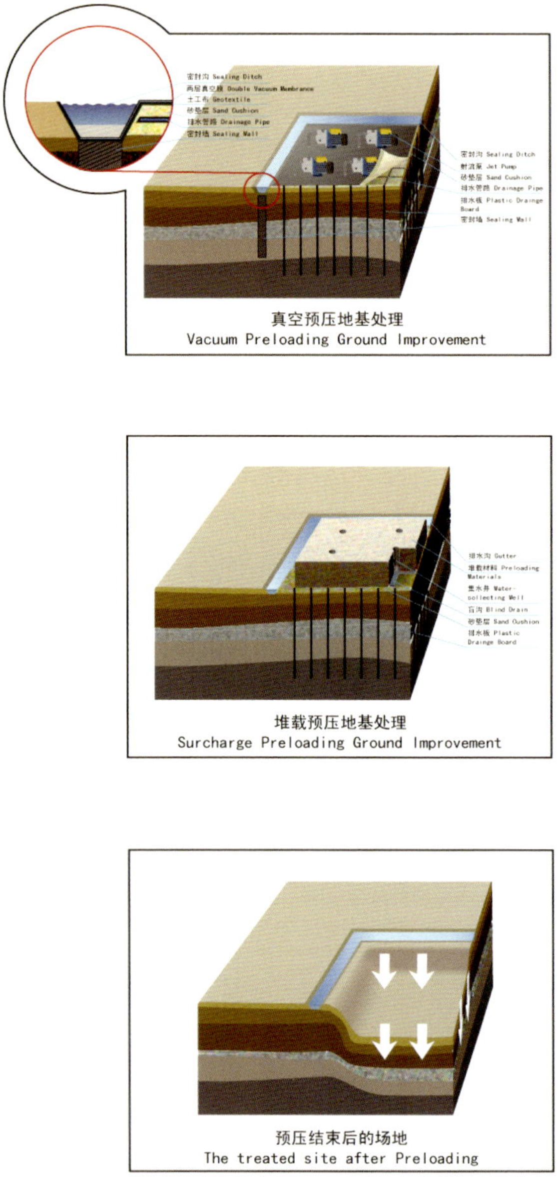

图 5-1-3 真空预压地基处理示意图

密切，总体上地表沉降呈指数或双曲线形式增长，地表沉降速率是一个渐变收敛过程。真空预压工艺成功应用的关键在于保持场区真空度的稳定，应尽量避免出现停电和真空膜漏气等状况。真空度在沿竖向排水体向深部土体的传递过程中，塑料排水体和土体的阻力使得真空度有衰减，真空预压对深部土体的加固效果不如浅部土体明显，所以对深部土体的加固效果有限。各区块加固前后含水量、孔隙比均有较大的变化。

3. 建立超大面积荷载作用下深厚软基沉降的合理计算理论体系和预测方法

建立了依据实测沉降 - 时间曲线的一种新的最终沉降预测方法。该方法通过对沉降量 - 沉降速率数据进行线性拟合预测地基土最终沉降，具有较高的精度和工程实用性。该方法物理意义明确，拟合得到的最终沉降量和卸载时实测平均沉降较为接近。

4. 通过现场试验分析并建立真空预压三维有限元数值计算方法，对比分析超大面积真空预压对周边环境的影响

现场试验揭示了真空度在水平方向上的传递规律及加固区外围的地基变形规律，而三维数值模型的分析结果较好地模拟了大面积抽真空预压稳定后的固结过程，在地表沉降、分层沉降以及分层孔压数据的发展规律上与现场实测结果较为近似，为大面积真空预压处理对周边环境影响的研究提供有力的支撑和依据。

第二节 交通设施

一、市政道路

（一）度假区核心区一期市政道路工程

1. 项目概况

核心区道路工程总共包含 4 条规划道路，分别为：西（南）环路、南入口大道、北辅路、北支路。道路建设总长度为 6 205.618 米。工程范围内桥梁共有 4 座跨河桥梁，分别为：南入口大道围场河桥、北辅路围场河桥、南环路（西侧）星愿湖桥、南环路（东侧）星愿湖桥。

2. 设计原则

（1）服从上海市城市总体规划、度假区总体规划和核心区控制性详细规划，妥善处理好地块与外界、地块内部各主要区域之间的关系。

（2）合理确定建设标准和规模，满足区域功能和交通需求，适应度假区核心区建设的可持续发展战略，有利于土地的滚动开发，并为二三期开发适当预留条件。

（3）考虑主题乐园项目顺利运行和游客观感，适当提高设计标准，尽可能考虑采用最优方案。

（4）因场地建设需求，道路分期建设，合理安排各阶段建设时间、内容，做好衔接过渡工作。

（5）道路建设规模根据交通流量预测结果进行定性和定量分析，满足近远期交通流量分析结果，并为远期交通量的增长和极端高峰日等不确定因素预留空间。

（6）道路横断面设计在规划布置和建设规模分析的基础上，合理确定每个组成部分的尺寸，综合考虑人、车、道路、环境的总体协调，配合园区道路的建筑景观布置，并考虑场地形成期间，需作为施工通道的结合，

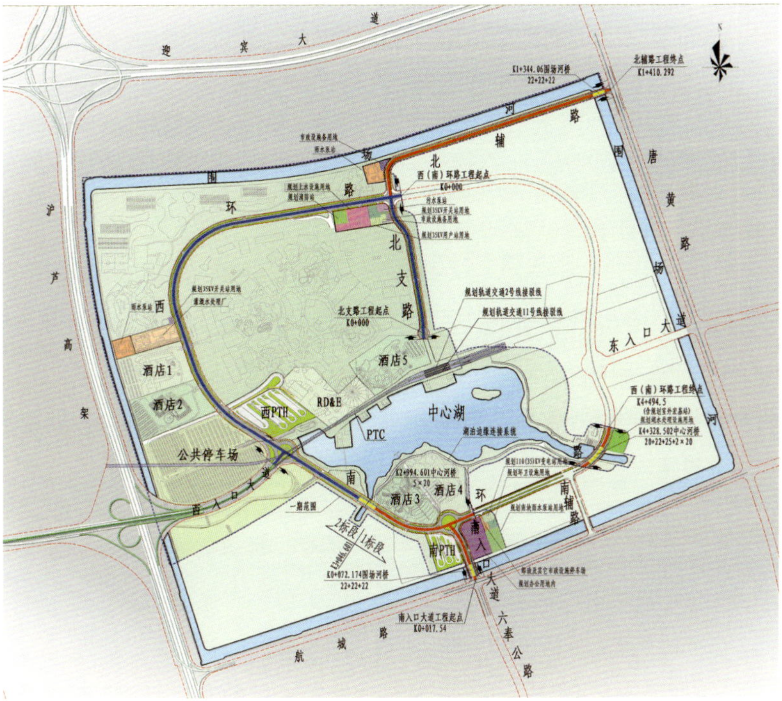

图 5-2-1 核心区一期市政道路示意图

与管线综合方案和园区总体工期安排协调。

（7）路基路面采用永久道路和施工便道相结合的实施方案，综合比较分析各种材料和施工方案在已实施工程中的应用效果，尽量应用天然材料，避免污染。

（8）采用新技术、新工艺、新材料，遵循合理选材、方便施工、有利养护的原则，建立“科技领先、生态和谐”的园区道路系统。

（9）协调市政工程建设项目与场地形成、湖泊开挖和河道填埋等其他单体项目之间的关系，合理安排工期满足建设时间节点要求。

3. 项目特点

核心区一期市政道路项目在规划设计和建设过程中，充分考虑了度假区周边市政道路的现实情况和长远发展需求，项目亮点主要体现在以下四方面：

（1）功能完善、规模恰当、环境和谐的道路系统。核心区一期市政道路工程以园区规划和乐园建成后的流量预测分析结论为依托，一期市政道路建设规模充分考虑了园区控详规和各条道路的功能定位，在合理确定道路系统的建设规模的基础上，在道路设计方面融入了园区整体景观，使市政道路与园区环境相协调。

（2）注重“以人为本”的设计理念，尊重道路使用者的感受，建立安全、人性化的无障碍系统。无障碍设计近年来越来越受到重视，核心区一期市政道路采用国际化视角，除了满足上海本地残疾人保护规范外，还参考美国残疾人法案 ADA 的规定要求，布置了行人过街设施、盲道、缘石坡道等无障碍设施。

（3）慎重选择建筑材料，建立生态保护、零污染的道路系统。核心区一期市政道路设计倡导无污染，生态环保的设计理念，对道路选用的建筑材料要求严格，尤其是道路系统的路基填料，以及路面结构材料、环保节能、无污染的材料。

（4）采用新型材料和新工艺，体现领先的道路建设水平。为适应园区高标准、高质量的建设要求，核心区一期市政道路在环路的两座环岛机动车道采用了彩色沥青铺面。同时，针对园区内道路环境优美、管理有序的特点，道路施工还采用了排水降噪路面以及全路幅的综合排水体系等多种新材料和新工艺，体现了度假区道路建设水平。

（二）核心区生态园路工程

1. 项目概况

核心区生态园路工程，位于过渡开发 1-2 和 1-4 地块内，西接北支路环岛，东至东环路，位于生态园主入口南侧，东 PTC 红线以北。

2. 总体方案

（1）设计标准。道路等级：城市支路；设计速度：V=20 千米／小时；道路净高：机动车道满足 4.5 米；路面荷载：BZZ-100 标准轴载。

（2）设计范围和内容。生态园路西起奇妙路环岛，东至申迪东路，道路分东西、南北两段，全长共 968.346 米。

3. 工程特色

（1）人性化的道路设计。生态园路为连接巴士停靠站与东环路的重要道路。为双向三车道规模，一般路段每条机动车道宽度为 3.5 米，机动车路面总宽为 11 米，具体布置如下：

3.0 米（人行道）+1.0~1.5 米（绿化分隔带）+11.0 米（车行道）= 15~15.5 米（道路宽度）。

（2）预防管道不均匀沉降。为保证排水管道建成后的安全运行，市政道路建设时采用了一系列的工程技术措施力求度假区内的道路不出现不均匀沉降。这些措施包括：选择质量好、接口密封性能优良的管材、选择合理的管道基础、地基处理、施工时确保质量并严格执行验收规范等。

图 5-2-2 核心区西入口环岛效果图

图 5-2-3 核心区西入口环岛实景图

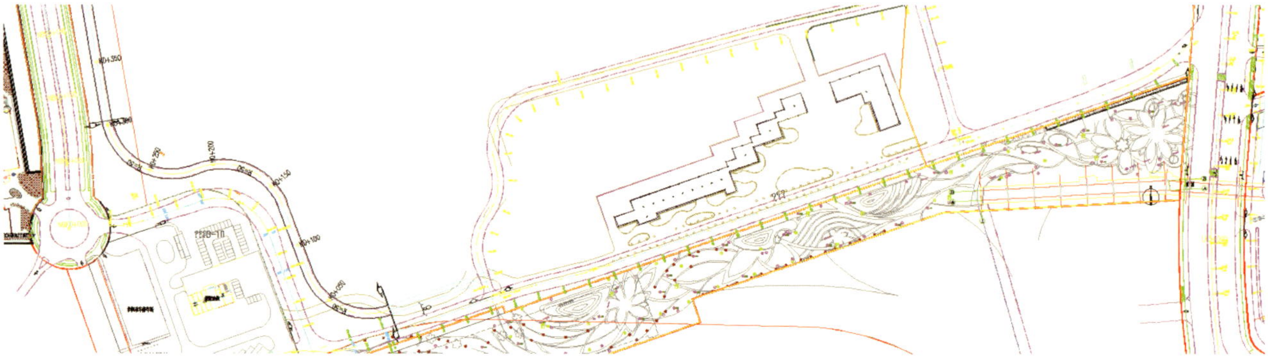

图 5-2-4　核心区生态园路工程区位图

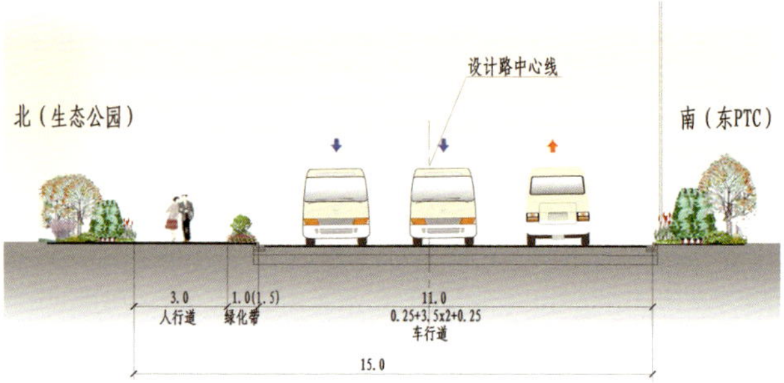

图 5-2-5　核心区生态园路标准横断面

图 5-2-6　核心区生态园路实景图

二、公交枢纽与停车场

（一）西公交枢纽

为满足上海迪士尼乐园的建设需要，解决开园后部分游客的公共交通使用需求，在核心区一期范围内建设西公共交通枢纽（以下简称西 PTH）。

西 PTH 项目临近迪士尼大道和一期乐园，规划面积为 77 492 平方米。近期将承担一期乐园所有专线巴士、出租及穿梭巴士的客流，也是整个乐园远期结合“1 主 2 次”出入口设置的 3 个公交枢纽中的主入口公交枢纽，包括 15 条公交车线路，出租车停靠站及蓄车场（300 辆蓄车位、12 辆下客位、6 辆上客位），穿梭巴士站（9 辆下客位）、人行广场及零售餐饮娱乐区进入专用地道等。

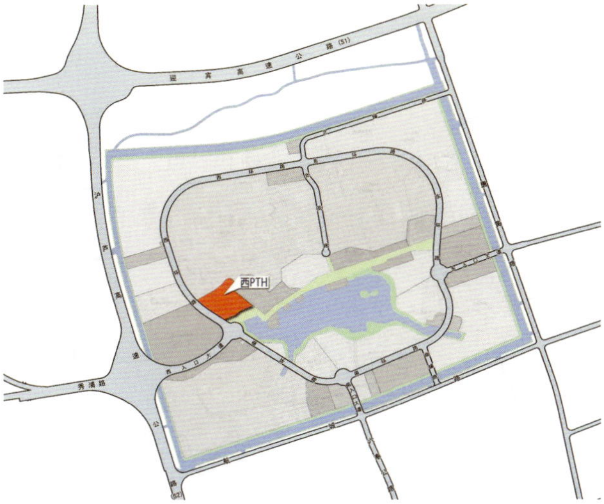

图 5-2-7 西公交枢纽区位图

图 5-2-8 西公交枢纽效果图

1. 设计原则

（1）以人为本的设计原则。优先考虑集约化交通的客流到达和离开主题园区的便捷，实现步行距离最短；关注行人安全、实现人车分离，创造高效、有序、便捷的换乘环境；保证专线巴士、穿梭巴士、出租车、零售餐饮娱乐区进入车辆分区明确，上下客点分离，让使用不同交通方式的人流之间不产生冲突；确保在枢纽内部的人流、车流流线简捷合理，尽可能实行单向交通组织，部分重要节点通过交通管理、工程措施解决、消除冲突点；合理设置与整合内外衔接出入口，减少枢纽交通对外围路网产生的影响。

（2）交通功能与景观环境协调的原则。具有可识别性、可适应性，布置舒适畅通的人流疏散场地，满足出行者通行、候车、驻足对空间和环境的多重需求；满足景观的设计要求，考虑迪士尼特色，实现交通功能和乐园景观环境的融合和统一；建筑风格符合乐园总体风格，但考虑其配套建筑的定位，有一定区分，整体力求与乐园环境协调。

（3）经济适用的设计原则。布局合理紧凑，功能连续，方便管理，充分考虑远期高峰日的客流需求，近远结合，实现土地使用集约和高效利用；确保交通设施服务能力满足需求，附属设施齐备完善、设计经济合理。

2. 建筑特点

（1）建筑形式以欧美简洁风格为主，结合周边其他公共服务项目建筑风格，做到与乐园环境协调。

（2）具有可识别性、可适应性，布置舒适畅通的人流疏散场地，满足出行者通行、候车、驻足对空间和环境的多重需求。

（3）满足景观的设计要求，考虑迪士尼特色，实现交通功能和乐园景观环境的融合和统一。

（4）在人行路面铺装设计上主要采用简洁大方的设计风格，以直线为主要形式，配合不同色彩的铺地砖。

（5）作为服务于游客的一整套完整的信息系统，标识系统向游客提供信息指引、明确方位、引导行程的服务，整体服务功能完整严密并指导整套系统的设计。

（6）集中调度系统的利用有利于办公集约化，便于对整个交通枢纽中各个系统的统一管理。

（二）核心区配套停车场

1. 项目概况

根据度假区交通规划，在核心区配套建设 P1～P6 六个停车场。此外，为应对极端大客流的特殊需要，在核心区外的东侧和南侧分别各建设一个临时停车场。

2. 设计原则

（1）整体性原则。停车场的设计纳入度假区整体设计布局之中，从外围到内部，从个体到区域对交通进行整体分析，从整体的角度对配套停车场进行布局设计。

（2）关联性原则。将停车场设计与其他项目进行联动设计，突破地块界限，充分分析周边项目对停车场的需求与影响，从功能划分、交通组织、开口布局、景观塑造等多层面与周边项目建立设计的关联性，保证整体区域的良好布局。

（3）匹配性原则。在项目设计时，充分考虑周边道路的承载力，在车流与人流组织、停车位规模选择等方面与周边道路通行能力相匹配，充分考虑极端大客流情况下的应急需求。

（4）流畅性原则。在红绿灯设置、场地开口、区内交通组织、交通诱导等方面力求达到交通流线组织合理流畅，停车有序，步行可达。

3. 项目特点

（1）简单疏朗的绿化布置，停车场内部绿化力求简单、疏朗，强调可视性，避免游客产生迷乱感。在

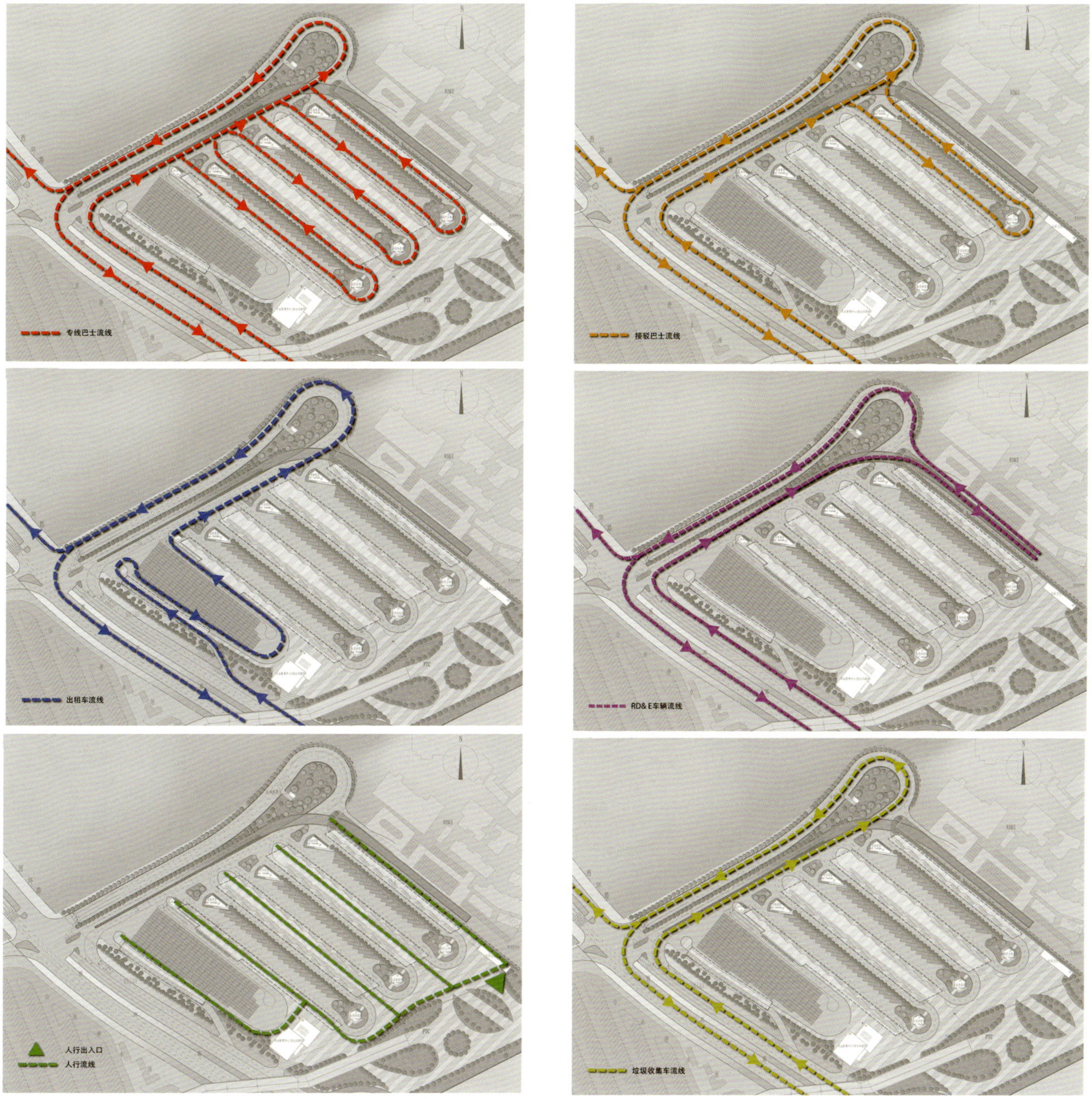

图 5-2-9　西公交枢纽功能路线图

停车场附近的人行通道及公共服务设施周边的绿化则相对精致，凸显整体品质，在绿化选种方面，以本地生长势良好的香樟、黄杨、石楠等为主，适当点缀较具观赏特色的树种。

（2）人性化的道路标识系统。为保证地块内部人流、车流的顺畅、高效运行，停车场标识指示系统的配置以简约、高效为原则，通过具有标示性的地面铺装色彩提升道路引导性。

（3）智能化的保障系统。为保障使用舒适度，停车场均配置了具备照明及雨水收集排放系统，并将根据需求逐步增配智能监控管理系统，以满足安全管理、车位调度等的需求，实现园区车辆停放总体统筹。

三、地铁迪士尼站

（一）设计理念

11 号线迪士尼站是目前上海国际旅游度假区内唯一一座地铁车站，车站总建筑面积约 4 万平方米，结合场地原有的两米高差，巧妙的设计成一个浅埋式的、屋顶全绿化覆盖的建筑形象。室内装饰通过参数化

图 5-2-10　迪士尼地铁站鸟瞰

图 5-2-11 迪士尼地铁站航拍实景图

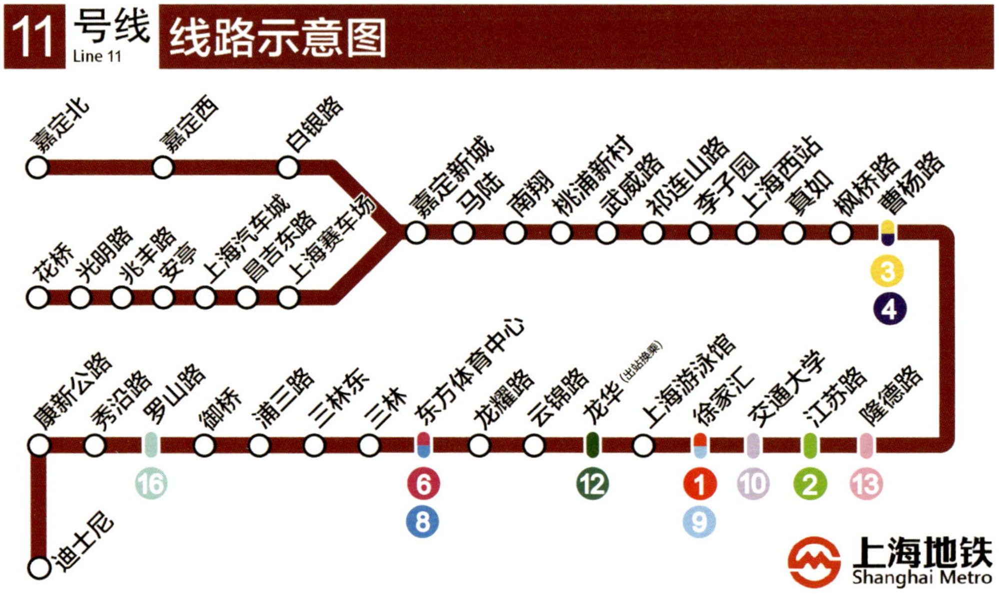

图 5-2-12 11 号线站点图

设计将自然元素的几何化，塑造出林荫大道、树影婆娑的独特空间形象。公共区在满足主照明的前提下，夜间设置 LED 氛围照明，为车站增添梦幻气息。

“原汁原味迪士尼，别具一格中国风”是 11 号线迪士尼站的设计理念。从安全屏蔽门、站台到站厅，处处体现着中西合璧、兼而有之的趣味。一下地铁，便能看到站名背景墙融合了中国祥云图案和英文迪士尼元素。安全屏蔽门上是东方明珠、金茂大厦、环球金融中心、上海中心大厦的剪影，米老鼠、唐老鸭们踏着上海的天际线而来，引领着人们来到站厅。站厅中央，是两座高约 3 米的米奇、米妮雕塑，一蓝一红，以欢迎姿势站立，迎接八方来客，这两座雕塑以中国传统剪纸艺术为灵感，融合了喜鹊、蝴蝶等经典图案。

（二）设计细节

外墙墙钉设计方案以墙钉为装饰特征，墙钉为中国传统装饰元素之一。墙钉的可触感，同时融入民族文化韵味，亦庄亦谐，两者兼得。

垛口设计增加符合迪士尼站建筑设计城堡寓意，与迪士尼主题乐园建筑风格遥相呼应。

墙钉基础段、半墙钉墙面段与女儿墙垛口为三段式设计，呈时代风尚特征。

上海地铁首次在迪士尼站出入口设置可调节通道

门，可根据车站客流情况调整为全部开启、全部关闭、部分开启部分关闭，做到既能快速疏散客流又可节能减排。

车站站厅层中部设计由 8 米（宽）× 120 米（长）的大天窗，除了起到采光功能，在火灾情况下，还可以自动开启，起到自然排烟的功能。大天窗的设计，在白天，可以将自然光引入地下空间，乘客即使身处地下，可以充分沐浴阳光。夜晚 LED 点亮后的炫彩灯光效果，给人以梦幻的感受。

在室内的灯光处理上，白天主照明开启，给到站的乘客简洁宽敞、时尚大气的感受。夜晚主照明结合氛围照明，强化返程乘客的梦幻旅程感受与科技体验，同时也为快乐的度假区之旅拉下帷幕。

图 5-2-13　站台屏蔽门实景图

图 5-2-14　米奇米妮雕塑

图 5-2-15　迪士尼站外墙

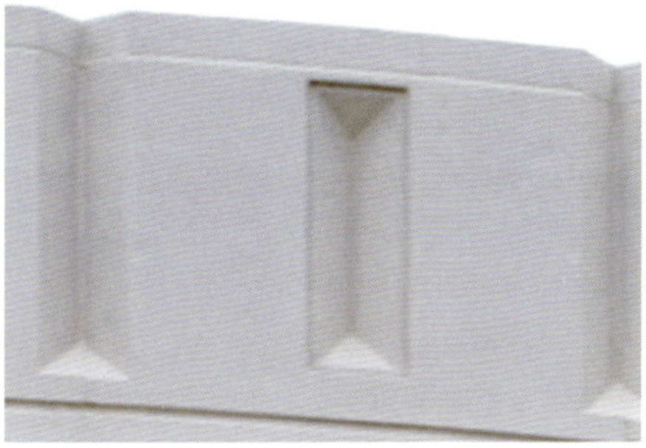

图 5-2-16　垛口设计

图 5-2-17　三段式设计

图 5-2-18　迪士尼站出站口实景图

图 5-2-19 迪士尼站站厅实景图

图 5-2-20 车站站台

图 5-2-21 导航标识

第三节 水系工程

一、星愿湖

星愿湖位于度假区核心区中偏南部，是重要的地表水景之一，主要用途是为度假区的游客提供美景和游客的船只交通，于 2013 年完成建设。湖泊面积为 0.39 平方千米，周长约 5.5 千米，呈东西向长，南北向短的不规则形状，其东西向最长距离约 1 千米，南北向最长距离近 560 米。湖区东北部有一小岛，小岛面积约为 7 000 平方米，周长为 314 米。根据规划，湖区北部以商业娱乐、游憩集会广场和公共交通设施为主，东部和南部以酒店业为主，而西部主要为园区道路。并且，除了北部，其余湖区周边都布置了绿化景观带。湖区中还分布了几处水上巴士站点，用于游客的船只交通。

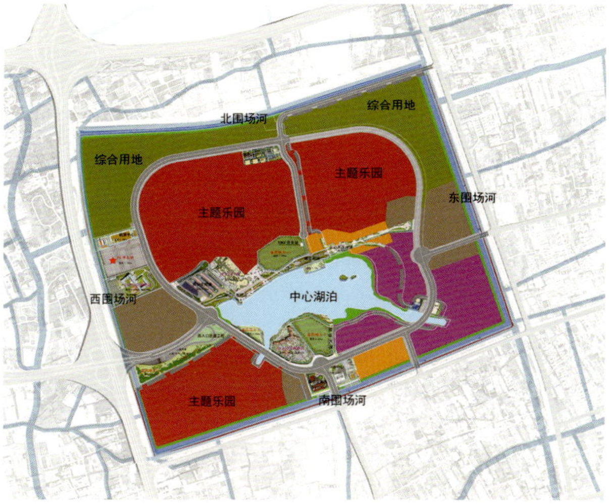

图 5-3-1 围场河示意图

二、围场河

围场河是上海迪士尼项目的重要组成部分及先行工程，河道全长约10千米，东、南、北围场河口宽60米，西围场河河口宽35米，于2016年完成建设。作为迪士尼项目规划区域内水面积补偿和核心区雨水排水出口，工程实施是整个迪士尼项目规划区域防洪排涝安全的需要；同时，围场河工程的建设不仅能起到核心区与外界地块边界划分及空间缓冲作用，还是迪士尼项目星愿湖水资源调度的需要，有利于改善区域水环境质量。

围场河是核心区内部星愿湖的引水水源及排水通道，引水时通过水处理厂泵站引水进入水处理厂，经处理后进入湖泊；星愿湖水位过高时通过泵闸排水进入围场河。围场河建成后改变了区域水系布局，且核心区现状河道填埋后，水面积及调蓄容积的损失需在外围进行补偿，使得外围水系的防洪排涝压力增大，因此，为保证大区域的排涝安全，需要实施外围配套水系，使围场河与外部大水体沟通，形成调水换水通道，提高上海迪士尼项目及周边区域的水安全。

水系河网建设为度假区开发建设创造了良好的环境，保障安全，减少水灾，优化配置水资源，治理水污染，美化水环境，促进“安全、资源、环境、景观”协调发展。通过治理形成新的水系格局，增强了河道的引排和调蓄能力，减少水灾造成的经济损失。使河湖布局与地块功能开发布局有机协调，使土地得到较好的利用，提高了土地利用率，有利于土地高效开发。同时河道治理改善了区域环境，提升了投资基础，从而提高了土地的使用价值。

第四节　其他基础设施项目

一、分布式能源中心

与传统意义上的能源中心不同，上海国际旅游度假区内的能源中心作为天然气分布式能源项目，可同时为园区提供冷、热媒水、压缩空气和电4种能源，满足园区内娱乐设施、公共建筑和酒店等的基本需求。园区西北面矗立的工作楼看上去并不显眼，却是整个度假区正常运营的能源中枢。如果按照传统模式，这四种能源产品需要分门别类建设不同的能源供给站，而四联供分布式能源站就是一个“综合供能中心”，可以一站式满足园区的能源供应需求。

（一）背景与概况

该项目是迪士尼公司在世界范围内投资建设的乐园中，首次由第三方负责投资建设和运营管理并采用四联供的方式向园区提供能源供应的示范项目，是度假区范围内首个功能性配套项目，是国际高标准与本地最佳实践相结合的典型案例，符合度假区高效节能、绿色低碳的园区环保理念。2014年6月，在第五届中美能效论坛上该项目被确定为中美能效合作示范项目。

项目占地约2万平方米，建设8台4.4兆瓦燃气内燃机，设计总装机容量约35.2兆瓦，并留有一定的扩建条件。项目主要向园区内所有娱乐设施、公共建筑和酒店等用能设施提供冷、热（包括生活热水）、电及压缩空气四种能源产品。该项目是全国首次采用以冷热定电、余电上网的原则规划设计，最大限度利用发电余热制冷、制热，充分实现能源梯级利用，设计能源综合利用效率82.4 %。根据迪士尼公司提供的冷热负荷需求逐年增长的需要，该项目分两

图 5-4-1 核心区天然气分布式能源中心效果图

期实施，一期建成所有公用系统和设施并安装5台、二期再安装3台，并留有2台扩建条件。项目完建后，预计年上网电量约为1.7亿千瓦时，可节约标准煤2万余吨/年，减排二氧化硫1 000吨/年、烟尘160吨/年、二氧化碳约6万吨/年。通过该项目实施，大大降低了主题乐园的开发和运营成本，将园区的能源利用效率大大提高，同时减少温室气体排放60%，对于保护地区生态环境、发展低碳经济具有重大意义。

（二）技术特点

1. 高效率实现能源梯级利用

该系统将燃气内燃发电机组发电后约370℃的余热烟气及95℃的高温缸套水通过烟气热水型溴化锂机组制成6℃的空调冷媒水，或通过板式换热器制成90℃的空调热媒水，经过综合利用的约100℃的烟气排向大气，实现将一次能源高效利用，最大限度的实现能源梯级利用，综合能源利用效率可达80%以上。传统发电能源利用率最高在40%左右，而园区内的四联供分布式能源中心能源利用率提高了整整一倍，达到80%以上，主要做法：一是使用国际一流的设备和技术。能源中心选用了亚洲首例且国际先进、环保、高效的天然气内燃发电机组与国内单机容量最大的余热回收设备（烟气溴化锂制冷制热机组），辅以高度自动化的自动控制技术和“N+1”的备用冷热源机组设计，不仅提高了整体的能源利用率，也更好地确保全年不间断安全、高效、环保向核心区供应优质能源产品。二是采用了能源梯度使用模式。传统发电系统产生的热气、热水通常排出，造成能源浪费，能源中心则引入了溴化锂机组，二次利用发电产生的余热等能量，并转化为冷、热、气等能量，实现了能源梯度使用，最大限度地利用了能源。三是设置了蓄热罐、蓄冷罐、储气罐等多个蓄能装置，可以存储冷、热、压缩空气等多种形式的能量，这也是能源中心的首创。比如，园区的冷气需求只要2.5台内燃机工作即可满足，事实上只能开启3台内燃机，那么多生产的能量如果不储存起来，就要排放出去，导致能源浪费，蓄能罐很好地解决了这一问题。正是这些周到而细致的考虑，才使能源中心的能源利用率远高于一般分布式能源站。

2. 采用多系统集成控制技术

分布式能源的关键在于根据用户的冷、热需求定电，要能精准地预测用户需求，并能够快速反应、满足需求。为了突破这些技术难点，能源中心以DCS系统集中管控各子系统，采用iDOS系统记录、分析、累积、推算各子系统数据，从而智能化指导系统运行。能源站集中控制系统与用户侧能源管理系统有效集成，保证站内各系统始终处于高效节能运行状态。一是建立统一的协调、控制系统。将能源中心的所有设备，包括内燃发电机组、溴化锂机组、空气压缩机等主机设备，以及蓄热罐、蓄冷罐、储气罐的协调控制功能集中整合到DCS系统。这样一方面可以实现数据的集中采集和监控；另一方面可以协调、控制多种设备联合运行，更快更好地响应园区能源需求变化。二是系统总管网设置温度传感器和压力传感器。当总管网水温发生变化时（冷水温度低于6.7℃说明冷能供应不足，热水温度低于87.8℃时说明热能供应不足），温度传感器和压力传感器会立即启动，将相关数据及时发送到DCS系统。三是利用大数据测算能源中心运行方案。结合系统采集的实时数据（包括系统的供能、蓄能及能量使用情况）等信息，准确地分析和预测园区的能源需求，针对不同的负荷情况，给出各主要设备的运行方案并及时协调、启动设备运行，实现按需产能。

3. 采用大温差制冷技术和水蓄冷技术

空调冷热媒水进出口温度可实现9.9℃的大温差，从而降低冷热负荷流量和系统整体输送能耗；同时通过水蓄冷技术收集低谷时多余能量，并在高峰时释放，进一步提高了整个系统的能源利用效率。

4. 保障区域电网安全运行

以高效、环保、节能的方式集中向园区供能，既有效增强了“削峰填谷”能力，保护了区域电网的安全运行，还可在区域电网故障时，以黑启动方式孤网运行，保证区域内用户的用能安全，避免过分依赖区域外的能源供应，并在关键时对区域电网起到支撑作用。

5. 应用降噪技术建设绿色园区

分布式能源中心建在园区内，系统全部开启运行将产生100多分贝的声音，为了减少噪音对园区环境的影响，能源中心建设之初就制定了降噪方案，引入最先进的降噪技术。首先，从源头上减少噪声污染。能源中心根据各种设备的声源类型、外部尺寸、通风散热等要求，选择并加装消声隔音罩，尽可能减弱设备运行时发出的声音。比如，给内燃机组装上内衬吸音板的隔音罩壳；比如，选择吊架型式的能源输送管道，降低气流、水流及振动的噪音。其次，能源中心的内部及外围建设均使用降噪材料。能源中心的内外

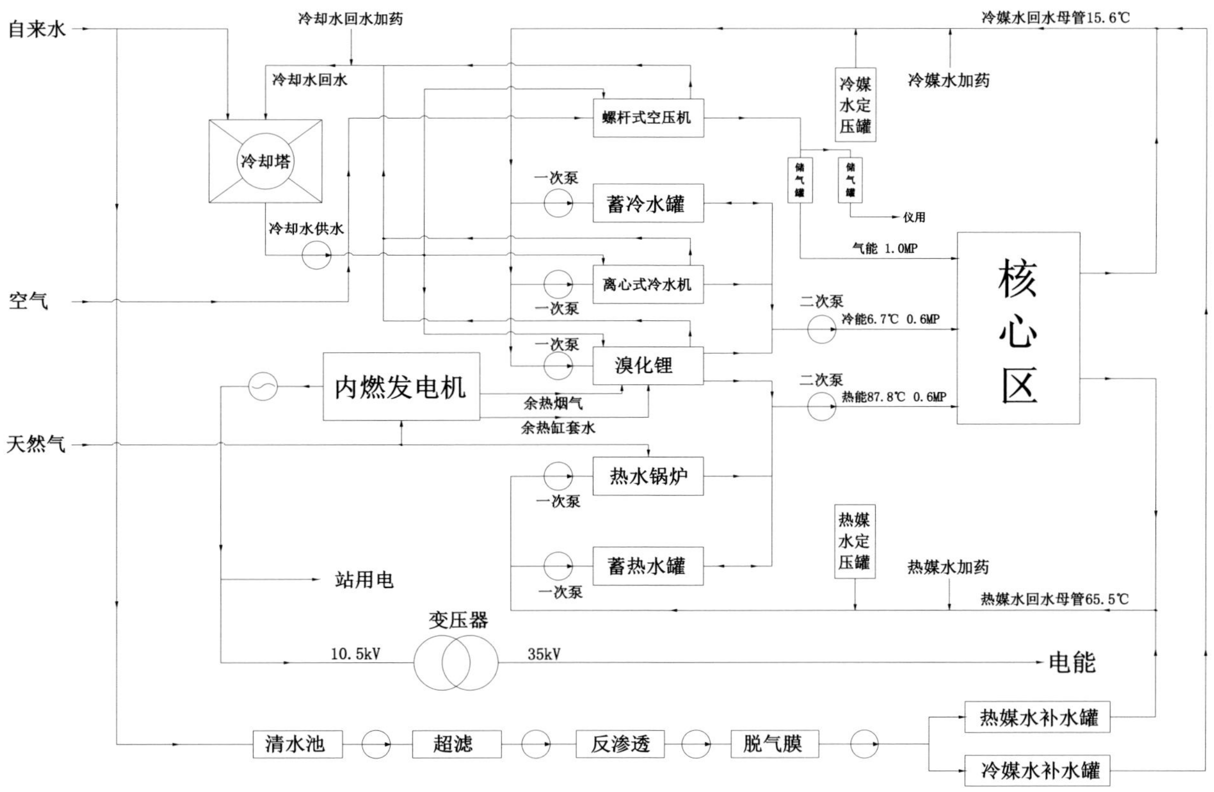

图 5-4-2 核心区天然气分布式能源中心工艺流程图

墙和屋顶都加装了吸声、隔声层，使用隔音窗、隔音门，实现全方位的隔音降噪效果。通过这些努力，能源中心的运行声音实际降低了 50 %，控制在 50 分贝左右，真正实现了绿色环保。

天然气分布式能源是新兴的“朝阳产业”，作为度假区核心区内的能源中心，肩负着园区的供能重任，最大限度的能源利用效率充分体现了“将上海国际旅游度假区建成一个国内低碳节能、绿色生态的典范”的规划理念，实现绿色低碳园区的建设目标，树立度假区资源节约型和环境友好性的社会公共形象，也为分布式能源在上海的发展提供了有力引导和示范效应。

二、给排水

（一）供水

按照核心区控规和过渡开发方案完成了供水管网和水库泵站的建设。为了确保供水安全，上位供水水源双路保障，一路由东侧唐黄路供水干管引入，一路由 S1 迎宾大道供水干管引入。供水干管按远期规模 5.24 万立方米 / 天一次建成，满足一期范围建设项目和二期范围过渡开发项目用水和消防的供水需求，共敷设供水干管约 18 千米。水库泵站方面，工程土建按远期规模建成，设备已结合永久项目和过渡开发项目配置到位，远期只需扩建一座清水池并增加供水设备即可达到规划远期供水规模。

（二）防汛排涝

度假区沿市政道路雨水管道方面，道路下雨水干管总长约 19 千米，已建成项目均根据“排水管理单位纳管证明”接入雨水管道。度假区雨水通过强排方式排入围场河，共计建设四座雨水泵站。排水管道及雨水泵站均按照重点地区暴雨重现期 5 年的标准设计、施工，泵站近期排水能力 66.05 立方米 / 秒，同时预留远期 8 台水泵安装条件，排水能力可达到 100.3 立方米 / 秒。核心区防汛墙按 50 年一遇防汛标准建设，防汛标高 5.3 米，总长约 10 千米。

（三）水排放

设有污水泵站一座，总配泵数量为 2 用 2 备，满足近期最高日污水量 2.3 万立方米 / 天，峰值污水量 392 升 / 秒的需求；预留增加 2 台水泵的条件，满足远期最高日污水量 5.3 万立方米 / 天，峰值污水量 873 升 / 秒的需求。

（四）景观水及灌溉水

结合已投入使用的围场河取水泵站、星愿湖进水泵房，可实现湖水内循环处理规模 1.2 万立方米 / 天，灌溉水及湖水补充规模 1.2 万立方米 / 天，合计 2.4 万立方米 / 天水处理设计能力（灌溉水直接抽取星愿湖湖水，因此在干旱情况下，湖水补充规模 1.2 万立方米 / 天仍大于灌溉需求）。综合水处理厂具有水系统的平衡、调配、星愿湖水质维护功能，并为核心区一期提供灌溉用水。综合水处理厂超滤系统为纯物理过滤，主要处理超标有机磷酸盐和溶解性聚合磷，因现状河、湖水总磷指标达标，基本不影响星愿湖水循环处理及湖水补充处理。

三、供电

除分布式能源中心外，核心区内已建设电力设施供电能力为 200 兆瓦。具有两路上级电源的 110 千伏电业站近期安装两套 80 兆瓦变压器，配电容量达 160 兆瓦，已建成投运并远期预留增加一套变电设备，配电容量达 240 兆瓦，为今后二三期乐园按规划建设提供了电源保障。除市政电站外，业主公司还为一期乐园建设 35 千伏用户站，已建成投运。

四、供气

核心区天然气管线气源接自浦东新区南片 0.4 兆帕中压天然气管网，近期由南入口、西入口双路供给，供气能力达到 1 570 万立方米 / 年；远期再增加东入口的一路燃气管供给保障，供气能力可达到 4 000 万立方米 / 年。分布式能源中心用气由 0.8 兆帕次高压天然气专线提供保障，专线管道上级气源由新场高一次高调压站供应，供应能力完全满足能源中心 5 280.6 万立方米 / 年的天然气消耗量。

五、通讯

核心区通信保障设施包括南北区域机房、通信管线、无线宏基站等，建成后将为核心区提供优良的通信服务和支撑。运营商在园区 7 平方公里内共规划建设 15 个宏基站，实现核心区 3G、4G 服务功能。15 个宏基站对园区室外能做到高质量无缝覆盖。网络配置容量为22.6万人，额外考虑了39 %的业务不均衡性，实际网络容量可以满足31.4万人通信需求。主题乐园、购物村、生态园、南 PTH 等各话务热点区域的峰值业务均在网络可控能力内。确保网络具有较大的弹性，也对未来业务特别是数据业务发展做好了准备。

六、垃圾处理

核心区内目前设置了一处生活垃圾转运站，提供生活垃圾的压缩转运、分类垃圾存储场和分类可回收物资的打包服务。根据环境卫生专业规划，核心区垃圾近期产生量为 60~80 吨 / 日，考虑高峰影响因素，近期生活垃圾转运站处理能力为 100 吨 / 日，其中压缩中转垃圾量 80 吨 / 日，压缩打包可回收量为 20 吨 / 日，均达到远期总设计能力的 50 %。目前已实施的土建工程及转运站压缩中转主体工艺设备已按远期 160 吨 / 日配置，其中运输车和容器按照近期规模 80 吨 / 日配置。

第六章　环境和绿化工程
Chapter 6 Environment and Greenery Projects

本章共五节。场地环境治理打造与国际先进理念和技术接轨的土地开发标准化示范项目，使国际技术结合上海的实际落地生根，兼顾经济、社会和生态效益，为上海乃至全国创建“环境友好型、资源节约型”的城市化生态文明建设提供典范。

水的利用与处理开展区域防洪、雨水综合利用、水环境保障等方面的技术研究，保障度假区水处理安全及资源利用，并提出因地制宜、技术可行、经济合理的防汛标准提高技术体系。绿化技术全面应用于度假区建设过程中，严格、先进的技术理念为安全、美观、环保、智能等各方面目标的实现奠定了基础。

餐厨垃圾与绿化废弃物处理实现两类垃圾高效低碳、绿色环保的资源化处置与利用，突破传统餐厨垃圾处置瓶颈，实现就地收运与处置，为传统餐厨垃圾处理存在的问题提供了新的解决途径。
环境景观提升工程是为缩小度假区核心区内外环境面貌的落差而推进的“迎迪士尼乐园开园 365 天市容环境整治行动”相关工程，实现度假区核心区周边环境整洁有序、设施完好规范、绿化面貌显著提升。

This chapter has five sections. Site environment treatment becomes the demo project that applies land development standardization which meets international advanced concepts and technologies, enabling localized international technologies to take roots, taking into account the economic, societal and ecological benefits, providing examples of “eco-friendly and resources-conservative” urbanized ecological civilization endeavor for Shanghai and China.

Water utilization and treatment project involves technology research on regional flood prevention, comprehensive utilization of storm water, safeguarding water environment, which ensures the safe treatment of water and resources utilization and introduces flood prevention technology system which suits the local features, feasible and economically reasonable.Greenery technology has been extensively applied during the construction phase. Rigorous and advanced technology concepts have laid foundation for the realization of such goals as safety, aesthetics, environmental protection, and smartness etc.

Kitchen waste and greenery waste treatment have realized highly efficient, low-carbon, eco-friendly resources treatment and utilization, breaking the traditional bottleneck of kitchen waste treatment by localizing collection, transport and treatment, providing a new solution for kitchen waste treatment challenges.
Landscape improvement project includes such projects as “ 365 days Countdown to Disneyland Opening: Landscape Improvement” which aims to narrow the gap in landscape appearance between inside and outside of the core area of Resorts Zone and has actually created a clean, orderly surrounding area where the facilities are complete and standardized and greenery has been improved remarkably.

第一节　场地环境治理

针对城镇化过程中土壤资源流失、退化和污染严重并导致城市生态承载力下降的现象，借助中美合作开发上海迪士尼项目平台，引进消化国际上在土地开发和土壤质量管理上的先进理念和高标准技术要求，结合本地现场施工规范表土现场踏勘、检测评价、剥离、堆放、再利用过程中的技术要领并制定相关标准，使参建各方能严格按照技术标准要求进行现场施工，达到高标准要求。本项目打造了与国际先进理念和技术接轨的土地开发标准化示范项目，并使国际技术结合上海的实际落地生根，总结现场表土保护的核心技术和示范经验，并将其上升为上海市地方标准和林业行业标准，《上海迪士尼农田表土保护》获得 2014 年上海市标准化科技进步二等奖，取得可观的经济、社会和生态效益，为上海乃至全国创建“环境友好型、资源节约型”的城市化生态文明建设提供了典范。

一、表土现场调查

采用美国先进技术和应用软件，使用上海 VRS 网络，进行精确、高效、科学的取土工作以及地块位置和边界的确定，其水平定位精度可达 8 毫米，高程精度可达 15 毫米。并根据现场定位结果，绘制表土分布图。

二、表土的质量评价

（一）土壤样品室内分析检测

根据中美双方检测标准存在的差异，编制了中美双方认可的上海迪士尼表土检测方法标准。

（二）土壤分类

根据土壤铜含量超标是上海迪士尼农田表土的主要障碍因子之一，以土壤有效铜含量为标准将表土划分为第 Ⅰ 类、第 Ⅱ 类和第 Ⅲ 类三种土壤类型。

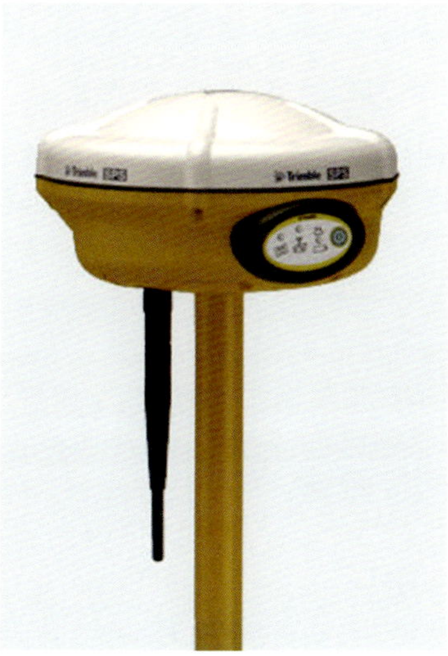

图 6-1-1　定位仪

图 6-1-2　农田表土分布图

（三）划定土壤收集区域

遵循经济性和可操作性原则，根据土壤的质量分类，明确表土有效分布范围和厚度，制定表土收集分布图。

图 6-1-3　表土收集分布图（其中红色部分为废弃地块）

三、表土收集方法

（一）科学化、标准化

施工前，对各负责人及现场操作人员进行企业标准的宣贯，确保整个表土收集的科学化、标准化。

（二）制定收集路线

以最大限度减少对表土碾压破坏为原则，进行就近收集，而且充分利用已建成道路，尽量做到一个地块只有一条碾压表土的通道，有条件的则在道路上铺设钢板，以减少机械的直接碾压。

图 6-1-4　现场土壤剥离

（三）表土清表

在表土进行剥离收集前，利用人工或者割草机等清除表土中可视杂物或其他不可再利用的物体。

（四）表土剥离

根据现场调查情况，同时兼顾土方平衡，表土剥离分为 30 厘米和 50 厘米两种深度。

图 6-1-5　收集表土的堆放

（五）表土运输

表土运输所用车辆或者机械工具先清洗干净，防止油污、建筑垃圾等杂物污染表土；尽量缩短运输距离，防止表土被过度振动而压实板结；运输时对表土质量类型做好记录，防止堆放混乱；必要时在运输路线上盖板，减少对土壤碾压和土壤振动。

四、表土堆放处置

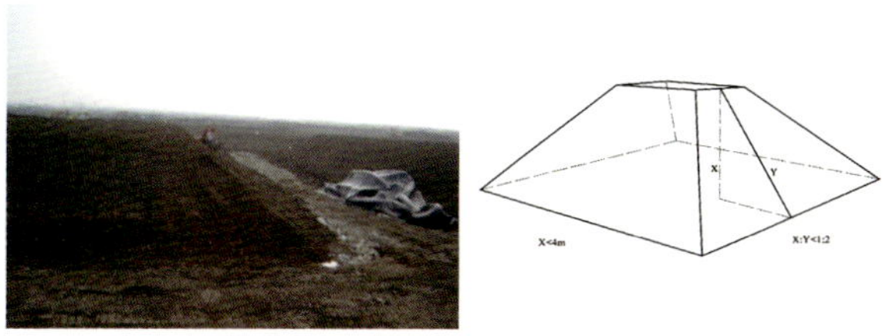

图 6-1-6 土壤堆放高度（左为现场实际堆高，右为示意图）

（一）堆场建设

首先规划建设好进出通道、堆放区、排水沟，便于现场操作，再采用圬工材料进行场地加固处理，防止堆场在使用过程中发生严重沉降甚至破坏。

（二）分类堆放

根据实际的调查测定结果，严格按照既定的表土堆放方案，将表土进行分类堆放。

此外，表土经车辆运输到达堆放区，卸载时采用挖掘机或装载机卸车进行堆高，或采用缓慢自卸防止冲击压实表土。且堆放高度小于 4 米，最大坡度不得超过 1:2（竖向 : 水平）。

图 6-1-7 已收集表土的保护措施

（三）土堆保护

为防止表土在堆放过程中退化，采用土工布对现场收集的表土进行了覆盖，布接缝采用重叠搭接法或插入少量竹签连接好，土堆下部用石块或土块等重物压实避免风吹，避免受到污染物、杂草侵入或雨水冲刷。

图 6-1-8 已收集土壤现场标牌

（四）现场维护

整个土堆堆放过程中设有醒目的标识，以防止其他人员对其破坏。

五、表土再利用

图 6-1-9 现场土壤再利用之前的晾晒、粉碎和归堆

（一）表土晾晒和粉碎

在即将利用已收集表土前，在天气晴好时去除堆放表土上的覆盖层，让表土进行自然风干晾晒后粉碎。

（二）表土改良

根据改良目标及土壤主要障碍因子，进行不同配比的配方试验并进行植物栽培试验，确立了满足 31 项控制指标要求的技术配方。

图 6-1-10　各种配方栽培试验的植物长势

（三）制定各种改良材料的控制标准

根据配方需要针对各种原材料，将美方米 DA 对改良材料 21 项控制指标设置为全指标，在全指标检测符合要求的情况下，原材料引进仅按抽样频率要求对主控指标进行检测，在保证原材料质量同时，提高了工作的效率。确立只有符合技术标准要求的改良材料才能进入生产现场。

图 6-1-11　生产车间

（四）机械化生产

1. 建立生产车间

建造防风防雨并有硬地面的生产大棚，其噪声、粉尘、排水、电器安装等应符合相关工业生产车间要求。

2. 机械化生产

建立精准量化日产量为 1 500 吨的绿化种植土壤生产流水线。

3. 成品堆放与验收

建立堆放场地，防止产品在堆放过程中被污染或退化。或者直接用于施工现场，同时也注意对土壤保护。

该项目打破了传统的土地开发和土壤质量管理模式，实现了跨国公司标准本土化、国内土地开发和园林建设公司国际化、表土现场施工数字化、表土保护工程化、土壤改良修复工厂化和表土保护和绿化种植土生产专业化。实现了四个国内“首次”：在国内首次实现表土数字化现场施工；在国内首次实现表土剥离、运输、堆放和再利用整个流程的工程化、机械化操作；建立国内第一条精准计量的土壤生产流水线；在国内首次形成表土保护的技术标准。

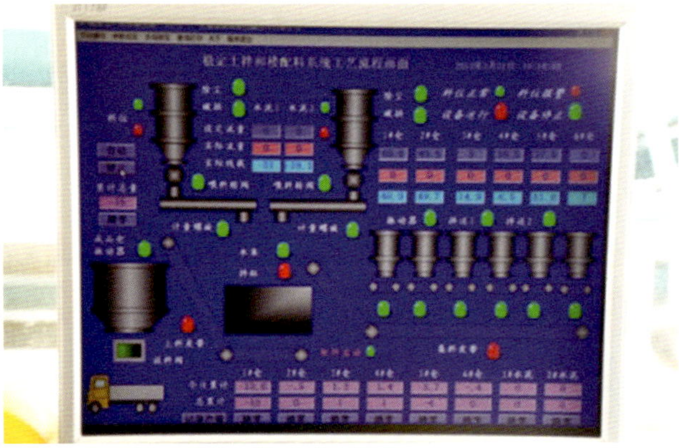
图 6-1-12　生产设备流水线控制程序

通过该标准化项目的实施，一方面使宝贵肥沃的土壤资源得到了保护，另一方面结合有机肥的改良，实现了废弃物的循环利用，积极响应国家“节约资源、废弃物循环利用”的号召，取得了经济、生态和社会效益三者共赢。

图 6-1-13 种植土储备

第二节 水的利用与处理

针对度假区高标准、可持续、生态化的特点，从水安全、水资源、水环境的角度，开展区域防洪、雨水综合利用、水环境保障等方面的技术研究，保障度假区水处理安全及资源利用。

从防汛排涝安全出发，重点突破了提高区域防汛排涝能力的关键技术，提出因地制宜、技术可行、经济合理的防汛标准提高技术体系，为园区及周边地区排水、排涝设施的设计和运行提供技术支持。同时，结合度假区核心区用水条件与特点，开展了雨水综合利用技术研究，提高园区水资源利用效率和水平，改善区域水资源结构，推动水资源可持续发展。通过多种工程措施及非工程措施相结合，使得湖泊各项水质指标达到园区要求，并保证湖泊水体清澈透明、优美的景观需求并能有效防止湖泊富营养化。

图 6-2-1 星愿湖效果图

一、技术创新点

1. 在外界水系水质不理想的前提条件下，实现高标准、大容量湖泊的水质保持目标

本工程是迄今为止国内标准高、具有创新性的水环境保护和水资源综合利用项目。

星愿湖为超大容量封闭的人工湖泊水体，而现状外围河道水质较差，作为星愿湖每日的补充水源，面

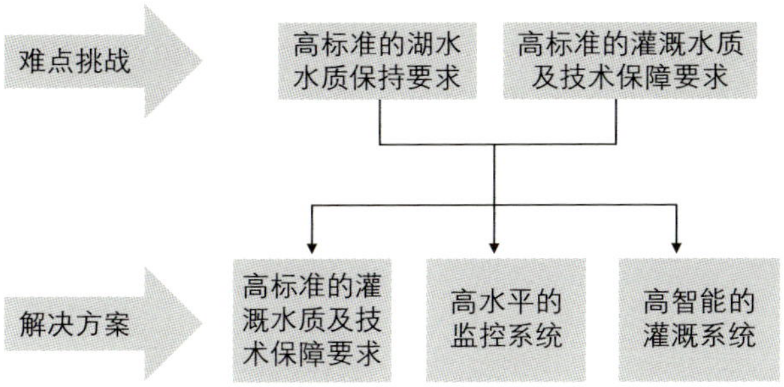

图 6-2-2 难点与解决方案

临富营养化及藻类滋生的威胁。在中美双方的技术协议中，对星愿湖水质提出了相当高的要求，创造了国内人工景观湖泊水体标准之最。灌溉水水质标准同样达到国内领先水平，部分指标填补了国内相关标准的指标体系空白。

星愿湖的水质标准中，氨氮控制标准在 0.5 米 g/L 以下，而一般水景水质要求为 5 米 g/L 以下；总磷控制在 0.01~0.02 米 g/L（相当 1~2 类湖泊），比一般水景的水质（0.5 米 g/L）要求更加严格。

2. 以星愿湖为主体的循环和综合利用系统，大大提高水体利用效率

整个水处理工艺流程以湖水循环处理作为主体处理流程。湖水循环处理的目的，一方面由于星愿湖与外围水系不连通，因此通过一定量的循环处理，使湖水维持适当的内循环周期，保证湖水高标准水质；另一方面，通过循环处理，去除常规污染物如 SS 等。

在规划阶段，经过专家论证和方案反复比较，将原本处于两处的湖水处理设施和灌溉水处理设施“两厂合一”成为综合水厂，充分发挥现有自来水处理厂处理设施的工程效能，提高了水的利用率，年利用再生水量达 230 万吨。当园区进入灌溉时段，水处理厂的增压泵房直接从星愿湖泊取水，此时湖水水质中氨氮等主要指标已能满足灌溉水的要求，故只需经过滤器过滤及消毒后，经增压泵将灌溉水打入园区环路上的灌溉水总管。

该系统将湖水与灌溉水处理流程作了有机的统一整合，利用星愿湖巨大的调蓄体积，灌溉水抽自湖水，既可取消为处理后的灌溉水单独设置的调蓄水池，又减小了湖水“独立”循环处理规模。同时，对湖水而言，因灌溉水从湖体中抽走，新鲜河道补充水经处理后注入，可避免湖水中某些物质如硝酸盐和药剂的富集，有利于湖水水质保持。

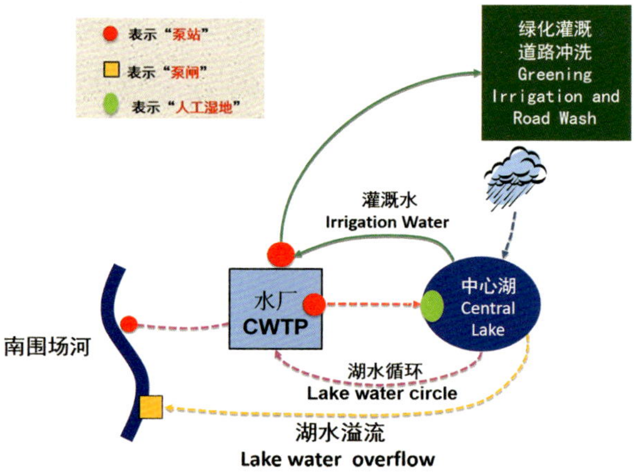

图 6-2-3　星愿湖水循环图

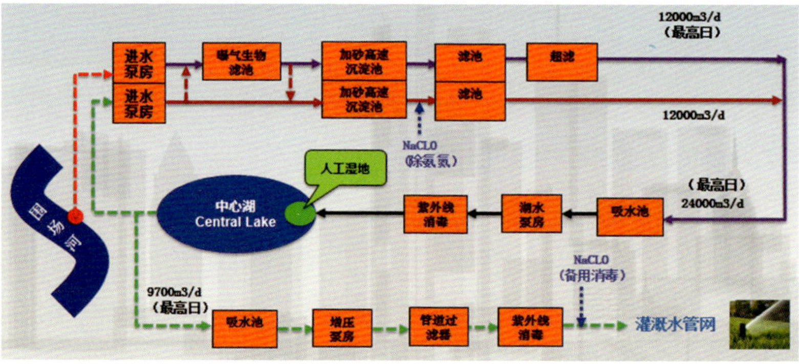

图 6-2-4　高标准水体处理工艺方案

3. 通过排水、调蓄、城市水系的协同，有效且经济地提高防洪能力

度假区核心区的防洪排涝体系由低影响开发、排水系统、地表涝水通道、调蓄设施（存蓄河道）、雨水泵站和围场河组成。其中，主题乐园后勤区外围的雨水存蓄河道对于将乐园防洪标准提高到 50 年一遇起到了重要的调蓄作用。雨天时，来自乐园的雨水径流流入存蓄河道中，对雨水峰值径流的调蓄—即“削峰蓄洪”，确保乐园区域实际能抵御暴雨重现期达 50 年的雨水径流，保证了人流高度密集区域重要地块的防汛安全；同时由于存蓄河道的调蓄功能，大大地节省存蓄河道下游的雨水管道和雨水泵站的规模，控制了工程投资。

度假区核心区在排水和水处理方面体现了迪士尼全球高标准和本土技术实践的良好结合，通过内外一体化设计的排蓄系统和综合水处理系统，在核心区形成了高标准的防汛体系和高品质的水体环境，并通过各类水体和处理设施的综合利用实现了水资源的集约使用。

图 6-2-5　雨水综合利用示意图

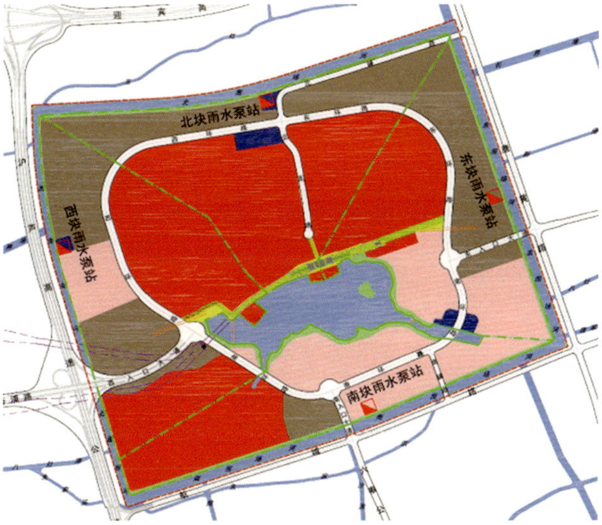

图 6-2-6　度假区核心区雨水排水系统划分图

二、利用 BIM 技术的综合水厂建设

建设综合水处理厂的基本目的：通过雨水、河道水等的再生利用，满足园区绿化灌溉需求，节约水资源；通过湖水的循环处理，保证园区重要水景—星愿湖的景观及状况达到既定的、较高的水质标准。2012 年初，经过项目中美双方的共同研究决定：为提高土地利用率，同时也为兼容整合水处理工艺，提高后期运维效率，将原先的灌溉水处理厂与湖水处理厂二厂合建，其合建厂位于原湖水处理厂地块。

综合水厂作为迪士尼项目重要的配套工程，对于保持星愿湖水质并提供整个园区公共绿地的灌溉水具有重要的意义，且该项目工期紧、涉及的工艺复杂，对综合水厂工程建设提出了很高要求。为更好地开展项目管理，达到安全、质量、工期、投资等各项管理目标，在策划阶段、设计阶段、施工阶段的全过程推行 BIM 技术，通过 3D 建模、管线碰撞、功能化分析等 BIM 应用，以数字化、信息化和可视化的方式提升项目建设水平，

做到精细化设计。综合水厂 BIM 实施的目标可概述为：在建设的各阶段完成 BI 米的相应应用，按时保质完成综合水厂的建设工作，实现精细化的设计。

通过 BIM 技术的应用，建立了综合水处理厂的 BIM 模型，达到 L3 深度；进行了全专业（建筑、结构、机电）三维建模。基于综合水厂的 BIM 模型进行了设计碰撞检测；将施工图设计全专业（建筑、结构、机电）模型放到统一平台，在三维空间中发现平面设计的错漏碰缺，并处理完成。基于综合水厂的 BIM 模型进行了风场、日照采光、声环境、能耗的模拟分析，提出对水厂设计的优化方案。基于 Navisworks 的 ocx 控件，将综合水厂的 BIM 模型导入应急平台系统，实现综合水厂的应急可视化管理。

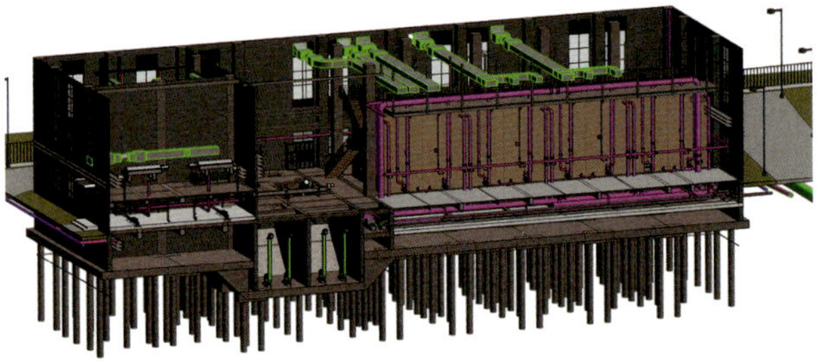

图 6-2-7　结构模型

图 6-2-8　建筑模型

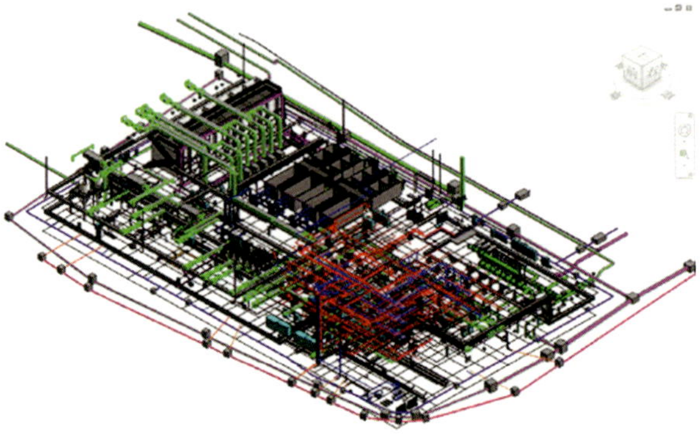

图 6-2-9　管线模型

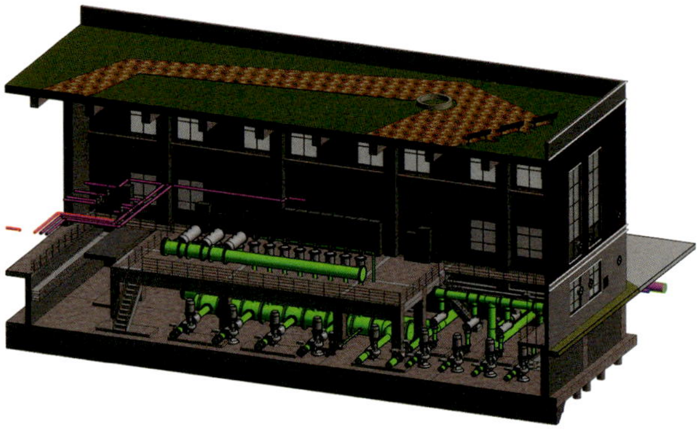

图 6-2-10　模型整合

第三节 绿化技术

在上海国际旅游度假区建设过程中，对绿化技术有更严格更先进的技术理念，主要体现在以下四个方面。

一、种植土

按照以往迪士尼建园经验，由于主题乐园及配套设施对于种植土的要求相对严格，需满足 31 项种植土标准，通过对上海本地表土的测试，其中 11 项标准均为不可能超标或缺乏的指标，因此最终确定了满足 A 类的 20 项指标，并根据上海地方实际，酌情修改了指标的阈值。在中试基础上，控制原材料质量，结合生产方案，建立生产优质种植土的工艺流程，生产 75 万立方米优质的种植土并按要求供应给种植需求。

（一）种植土生产工艺流程

采用连续性自动搅拌生产线方式：建立 1 条生产流水线，按照配方实现自动化生产，该生产线的能力为 150 立方米 / 小时，每天 1 条生产线的生产能力不低于 1 500 立方米。

经前期原土破碎试验、搅拌生产试验及原土筛分试验后，基本确定种植土生产整体工艺流程如图所示。

（二）生产设备信息控制流程设计

各类原材料经送料入仓后，按当天各项原材料比重，测定相应重量比配方，通过调节各条皮带机速率，控制下料重量，做到按配方精确混合搅拌。

（三）成品种植土生产

成品种植土生产由自动流水化搅拌设备完成，通过各料仓皮带机传送至主皮带机，经过主皮带机传送至 3 米长的连续式搅拌笼，由主皮带机传送至成品储料仓，最后由自卸式卡车驳运至待检测区域。

二、容器苗

上海迪士尼项目对苗木供应提出了很高的要求。容器化育苗具有育苗时间短、苗木整齐健壮，不伤根、运输方便、造林后无缓苗期、移栽不受季节限制等特点，不仅能在施工中缩短施工时间、一年四季均可施工，且苗木无须修剪，绿化景观成型迅速。控根容器侧壁为凹凸相间形状，外侧顶端有小孔，内壁涂有一层特殊薄膜，此结构既可扩大侧壁表面积，又为侧根“气剪”（空气修剪）提供了条件。当种苗根系向外向下生长接触到空气（侧壁上的小孔）或内壁的任何部位时，根尖则停止生长，接着在根尖后部萌发出 3 个新根继续向外向下生长，当接触到空气（侧壁上的小孔）或内壁的任何部位时，又停止生长并又在根尖后部长出 3 个新根。这样，根的数量以 3 的级数递增，极大地增加了短而粗的侧根数量，根的总量较常规的大田育苗提高 20~30 倍。因此上海迪士尼项目要求所有乔灌木均为容器苗，并对土球大小有严格规定。迪士尼对种植的所有苗木要求十分严格，进场的每株苗木均会全数检查，保证不会有不合格苗木。在树形、分叉、损伤程度、伤口处理等方面有着严苛的标准，每个细节均有详细规定。

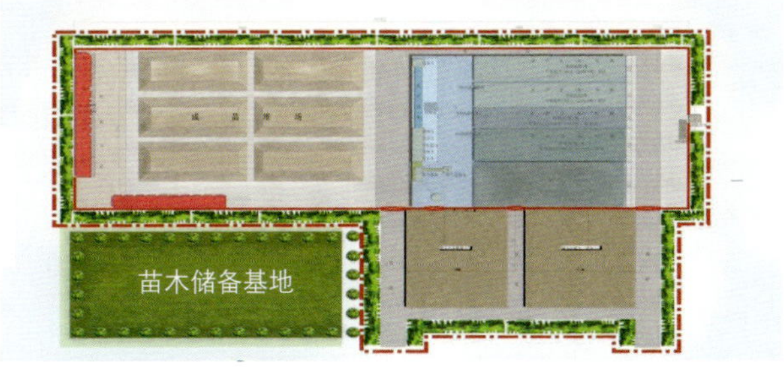

图 6-3-1 种植土厂平面布置

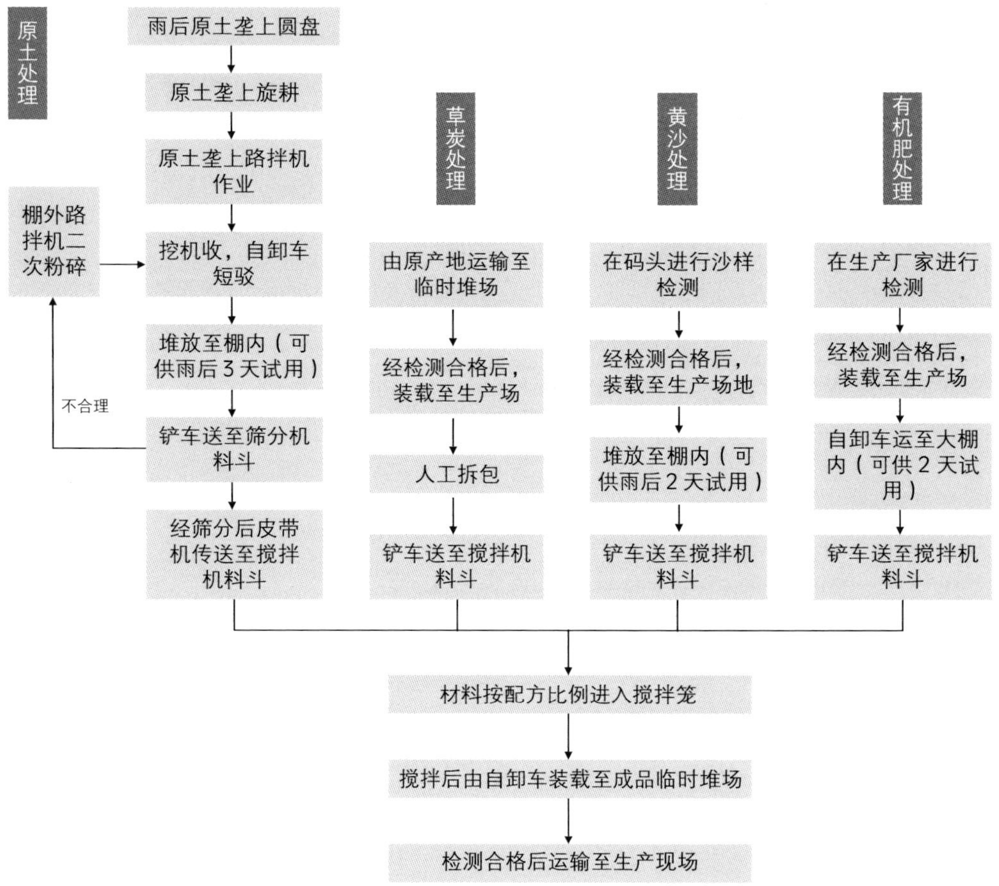

图 6-3-2　种植土生产整体工艺流程图

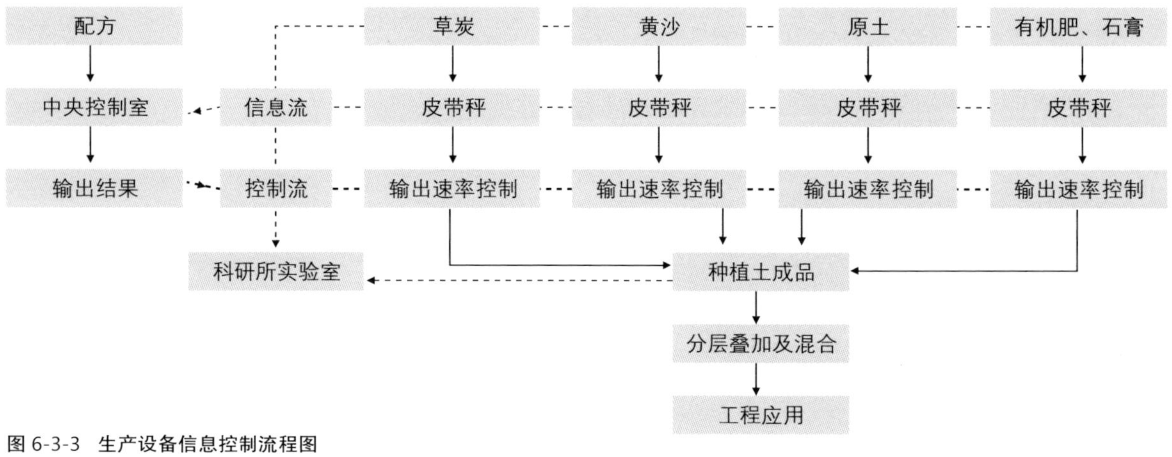

图 6-3-3　生产设备信息控制流程图

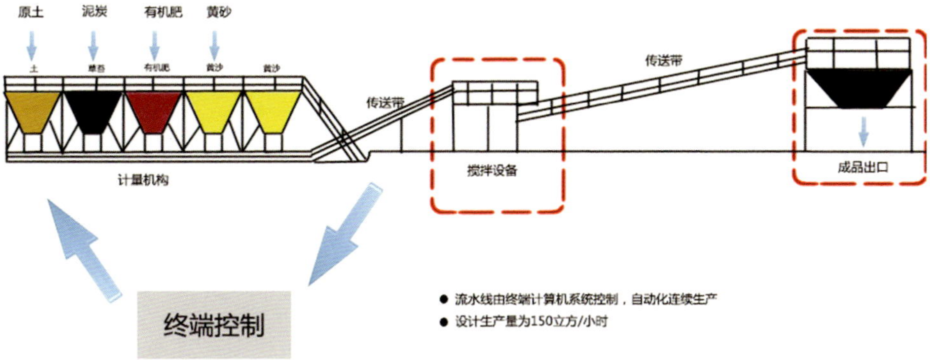

图 6-3-4 成品生产操作流程

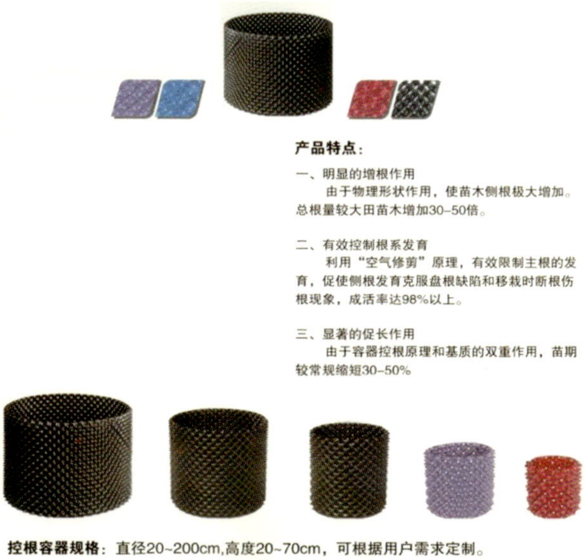

图 6-3-5 控根容器

（一）苗木选择标准

1. 乔木及棕榈类要求

所选苗木均为容器苗，植株应健壮，不得在交付前对植物进行修剪，并需满足以下条件：①检查叶片应没有害虫或疾病（无当地重点检疫性虫害痕迹）。②树冠形态饱满、健康，无明显受风力、虫害等因素造成的损害，无修剪或最低限度的修剪；叶片的大小、颜色和外观为同一年生长，叶片无发育不良、畸形、变色等；新梢生长，是典型该品种树龄大小，没有死、病、断裂、扭曲或其他严重的损伤；主干必须顺直，垂直和无伤口（除正确修剪削减），无裂缝、刻划区，无虫害、虫瘿、溃疡等病变迹象；根部无生物的伤害（昆虫，病原体等）和非生物剂伤害（除草剂的毒性、盐害、灌溉过剩等）；树木高度、胸径、冠幅比例匀称，适度，适应相应的容器规格。③苗木土球无附带建筑杂物，熟土土球要求均匀完整，原则上土球大小不低于苗木胸径 8 倍，厚度不低于土球直径 60 %，最大限度的保留植物须根脉络。对于个别品种土球的尺寸根据需要可能还会进一步放大。土球外围用钢丝网包扎，保证未松散、不开裂，再生根系要多保留，断根处要进行防腐促愈合处理。

图 6-3-6　苗木选择标准示意图

图 6-3-7 合格苗木（左）及不合格苗木（右）样例

2. 灌木选择标准

地栽灌木要求种植于较好的容器中，在运送至项目前需在备用苗圃养护适应一段时间。裸根苗和新挖的地栽苗都会被拒收。灌木要求呈现自然形态，除特殊要求外，均要求自然修剪整形。株型浓密，基部枝条茂盛。

3. 草皮质量标准

要求草皮的须根系统强壮，不带石头、枯斑或秃斑；每100 平方米所含野草不超过5株。最小草龄18个月，根系发育可支持自身重量，当抓住上方两角垂直悬吊时不会撕裂。

（二）容器苗储备场地的要求

为了保证容器苗的生产储备管理质量，同时确保苗木出圃使用周转效率，充分利用过渡性开发用地，在主题乐园周边建立了西南、西北、东北三个容器苗储备场地，场地要达到以下要求：

1. 总体布局

确保苗木良好生长的株行距，根据树木的大小（胸径大于等于 15 厘米），每排树木的间距应当在 5~6 米之间。

图 6-3-8 合格苗木（下）及不合格苗木（上左及上右）样例

图 6-3-9 苗圃布局

便于苗圃中苗木的吊运，按照每条道路之间区块布置 4~6 列乔木的原则进行设置。典型布局如图 6 所示，在道路沿线布置两排以 6 米为间距的树并在中间布置两排 5 米为间距的树。

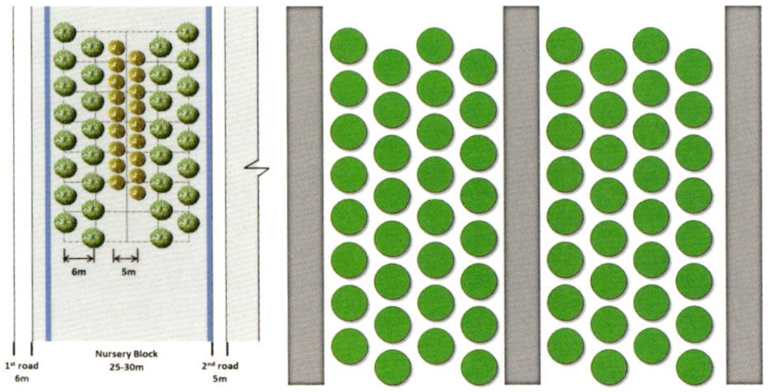

图 6-3-10　苗圃种植典型布局

图 6-3-11　苗圃道路

2. 道路系统

苗圃的道路系统应当满足吊车、起重设备以及卡车在区域范围内的自由通行。并且在种植、装载以及运输过程不得对苗木资源产生任何的破坏。

其中，主要通行道路（1 级园路）宽 6 米，次级道路（2 级园路）宽 5 米，要求道路承载力能满足起重机械、运输车辆重载通行，承载力不低于 50 吨。典型路基结构为 600 毫米的紧实路基上覆盖 150 毫米的碎石层。

苗木栽植场地区域需要在紧实地基上铺设地膜，用以防止杂草和植物根系向下生长至原地坪。为满足场地承载，如有必要，紧实地基上与地膜间还可加铺 150 毫米的碎石层。

3. 灌溉系统

所有在苗圃养护的苗木资源都需要供水、过滤、控制、分送以及滴灌系统。其中，滴灌采用滴箭形式，每株乔木根据体量布设 4~8 个滴头。

水的质量应当符合规定的灌溉质量要求。根据年份和具体品种的特殊要求，可能对水质还有额外要求。

灌溉系统典型布设如图 6-3-13 所示。

图 6-3-12　苗木栽植区域

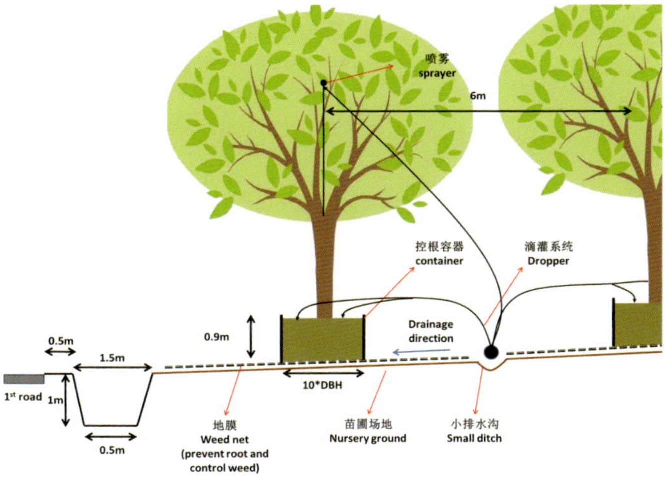

图 6-3-13　典型灌溉系统布设

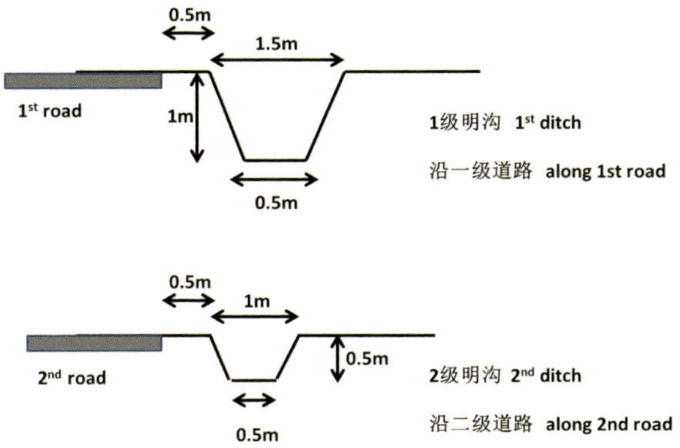

图 6-3-14　典型排水沟断面

4. 排水系统

苗圃区块必须有良好的排水系统，整个苗圃区域排水沟渠形成网络，能够快速地将水流引导排出苗圃，典型排水沟断面示意图如图 6-3-14 所示。

排水沟要安排定期的巡视与维护，防止水土流失阻塞排水沟渠。此外，整体排水系统排水应汇至市政管网或经处理后在排入场外河道，避免由于施肥、打药等作业的残留水污染外围环境。

三、垂直绿化

为使度假区更具特色与吸引力，在生态园和香草园广场区域规划建设了上海最长垂直绿化景观墙，希望通过该景观绿墙的建设，打造具有标志性的特色景观和别样的度假区体验。

如此大面积垂直绿化景观墙的建设，对植物的筛选、组合以及不同朝向植物的搭配具有很高的要求。通过大量的研究筛选，该垂直绿化景观墙的植物品种选择如表 6-1 所示。

图 6-3-15　苗圃排水沟实景

表 6-1 垂直绿化景观墙的植物品种选择

序号	品种（别名）	色彩	习性	面积m²	备注
1	金线蒲	浅黄	常绿	33.1	花期 5-6 月，果 7-8 月
2	彩叶络石（花叶络石）	浅红 + 绿	常绿 / 抗寒一般	92	
3	金边黄杨	黄绿	常绿 / 抗寒	276	
4	火焰南天竹（南天竹、红耙子）	火红	常绿 / 耐阴 / 耐寒	148.1	
5	扶芳藤（爬山火儿）	绿色	常绿 / 耐阴 / 较耐寒	85.6	
6	金森女贞（哈娃蒂女贞）	黄绿	常绿 / 耐热 / 耐寒	93.6	
7	金禾女贞	黄绿	常绿	73.5	小叶女贞的变种
8	红花继木（红继木）	紫红	常绿 / 耐热 / 耐寒	82.3	
9	栀子花（栀子）	绿色	常绿 / 较耐寒 / 耐半阴	109.3	怕积水
10	杜鹃（毛娟）	绿色	常绿 / 耐寒	79.2	怕热
11	小叶黄杨（瓜子黄杨）	绿色	常绿 / 耐寒	82.5	
12	亮叶忍冬（铁渣子）	绿色	常绿	164.6	忌酸性土壤
13	小蜡（水黄杨）	绿色	常绿 / 稍耐阴耐寒	188.6	
14	海桐	绿色	常绿 / 耐寒	106.3	花期 3 至 5 月
15	千叶兰（千叶吊兰、铁线兰）	绿色	常绿 / 耐寒	32.1	
16	桃叶珊瑚	绿 + 黄	常绿 / 耐寒	113.9	
	总计			1760.7	

通过垂直绿化景观墙的建设，为度假区核心区过渡性开发建设增添了浓墨重彩的一笔，也使生态园的主入口建筑别具特色。

四、智能灌溉

绿化是度假区建设的重要组成部分，绿化灌溉水的设计根据全范围覆盖和绿化平均需水量的要求进行。从节约用水、保护环境和节约成本角度出发，度假区采用了 Maxicom 智能灌溉系统。

（一）系统原理

Maxicom 灌溉系统设计原理是通过中央控制器对各站点采集数据进行处理后，对各站点控制绿化区域发出是否灌溉指令。Maxicom 的通讯方式有电话、无线电、移动电话、电缆或光缆等多种通讯方式，从一地点控制和监测无数个站点和气象资料采集点。上海迪士尼项目根据不同情况采用光缆和无限 wifi 相结合的方式来控制各片区的绿化灌溉。

Maxicom 智能灌溉系统是通过自动气象站的雨量传感器和湿度传感器或用户提供的 ET 值，将与植物需水相关的气象参量如温度、相对湿度、降雨量、风力等传送到中央计算机，中央计算机通过相应的软件确定出所需的灌溉时间及灌溉水量，电磁阀自动开启，通过主管道和支管道为喷头输水，喷头以各自的旋转角度自动旋转，灌溉结束时电磁阀自动关闭。为了避免离水源远的喷头不能被供给足够的压力，电磁阀开启数量始终控制在主管压力满足条件的情况下，保证每个喷头的水压满足设定的喷灌射程，避免发生因为水压不足，喷头射程减少的现象。整个灌溉系统相互协调工作，实现对绿化灌溉的智能控制达到高度的自动化。工作原理及控制流程如图所示。

整个系统由多组集群控制单元组成，每组集群控制单元管理一片区域，每一片区由多台控制器、电磁阀、传感器组成。因此系统可以根据需求，方便快速地组建智能灌溉系统。本系统可适用于小到私人别墅的自动灌溉，大到整个公园绿化灌溉，包括农作物的自动灌溉。并且系统容量越大，平均投资成本越低，生产效率也越高。

（二）设计原则

（1）系统模块化、层次化设计，提高效率，增加可维护性，以便扩展；

（2）灵活的硬件配置，用户可以任意升级、更换

图 6-3-16　墙体植物搭配设计

图 6-3-17　垂直绿化实景照片

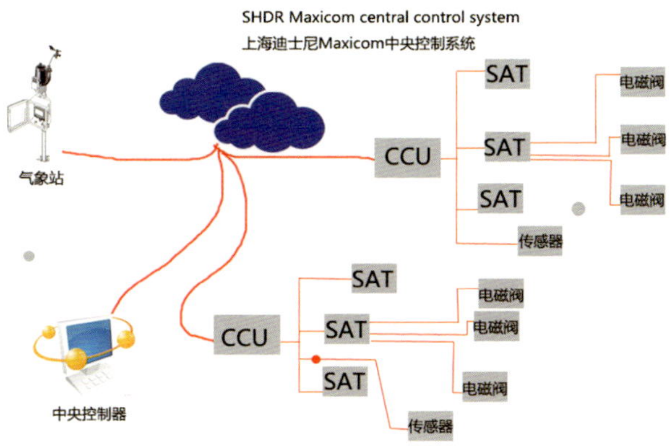

图 6-3-18　工作原理及控制流程图

被控硬件设备，而不需要更换软件；

（3）故障自动检测功能，提高系统的能力，使系统更加人性化和具备可操作性；

（4）抗电磁干扰的能力强，保证系统在野外强电磁干扰的恶劣环境下能可靠地运行；

（5）实现灌溉过程的无人值守，减少人员的工作强度，提高灌溉效率。

（三）关键技术

交互式中央计算机控制系统通过与自动控制器的连接实施对灌溉现场的集约控制。目前，基于 Windows 的中控软件能实现多种功能。

（1）现场模拟功能。支持 GPS 定位系统及 AutoCAD 图形系统的中控软件能精确再现现场的灌溉情况，并能将现场运行情况的各种数据以图表的形式反映在电脑显示屏上。通过交互式的友好界面能随时访问各工作站的部件如电磁阀、喷头等的技术参数及运行情况。

（2）编程功能。通过综合考虑气象、土壤、植物以及电磁阀的参数等因素，系统能自动编制灌溉程序。也可以通过人为输入参数编定灌溉程序实现简单快速的灌溉。

（3）监控功能。对灌溉现场的运行情况实时监控，报告流量、压力、电磁阀电流、控制器电源、开关等的状态，并对反馈信息进行处理，调整灌水程序。

（4）数据资料储存功能。软件能现场记录并储存当天的各种灌水参数并能核查近期的灌水情况。相关数据库还能包含地形情况如坡度，土壤资料如土壤种类、板结参数，作物参数等信息，方便进行管理。

（5）流量管理功能。通过流量管理工具，系统对灌水量进行监控并能以图表的形式将流量直观反映于电脑。通过对系统流量的合理分配，实现系统流量最大化应用，减少水量的浪费。

（6）打印功能。系统能根据用户定义，打印程序清单、灌溉程序以及各工作序列的详细数据。

此外，软件系统还能实现图形模块选择、图层定制、安全密码保护等其他功能。目前，国外的一些灌溉公司都有相关的软件系统。随着计算机软件的不断发展和完善，中控软件也将朝更科学化、人性化的方向发展，实现友好方便的信息交流和灌溉管理。

通过上述先进绿化技术的全面应用，为度假区在绿色、安全、美观、环保、智能等方面奠定了重要的绿色技术支持。

第四节　餐厨垃圾与绿化废弃物处理

上海国际旅游度假区废弃物，主要包括绿化废弃物、游客携带垃圾以及厨余垃圾三大类。随着度假区的绿化建设和养护以及游客的增多，绿化废弃物以及餐厨垃圾的数量越来越多，在总垃圾量中占有很大比例，同时垃圾的分类收运与处置也已成为垃圾减量化、无害化与资源化的主要前提。因此，为实现这两类垃圾高效低碳、绿色环保的资源化处置与利用，申迪园林公司与其合作单位共同研制开发了突破传统餐厨垃圾处置瓶颈的高效低耗餐厨垃圾与绿化废弃物混合资源化处置技术与设备，该技术的研发不仅实现了度假区餐厨垃圾及绿化废弃物的就地收运与处置，也为传统餐厨垃圾处理存在的问题提供了一个新的解决途径。

一、工艺介绍

将绿化废弃物粉碎后作为调理剂和辅料，与餐厨垃圾混合进行高温好氧发酵处置，同时针对传统高温好氧发酵工艺高温加热耗能的弊端，采用板状重力热管技术，充分利用热管的传导原理与相变介质的快速热传递性质，以及热管优良的等温性和恒温特性，实现利用低品位能，即可满足系统的供热要求，同时可以使热源系统的热效率达到 80 % 以上。

低品位热能来源广泛，从太阳能、空气能、风能、地热能等新能源，生物质能、工业、生活余热等均可获得，可以使餐厨垃圾等有机废弃物在 60 ℃ 以上的高温条件下，得到无害化、资源化的完善处理。热管技术的利用使餐厨垃圾等有机废弃物的高温生物处理突破了能耗大的瓶颈。

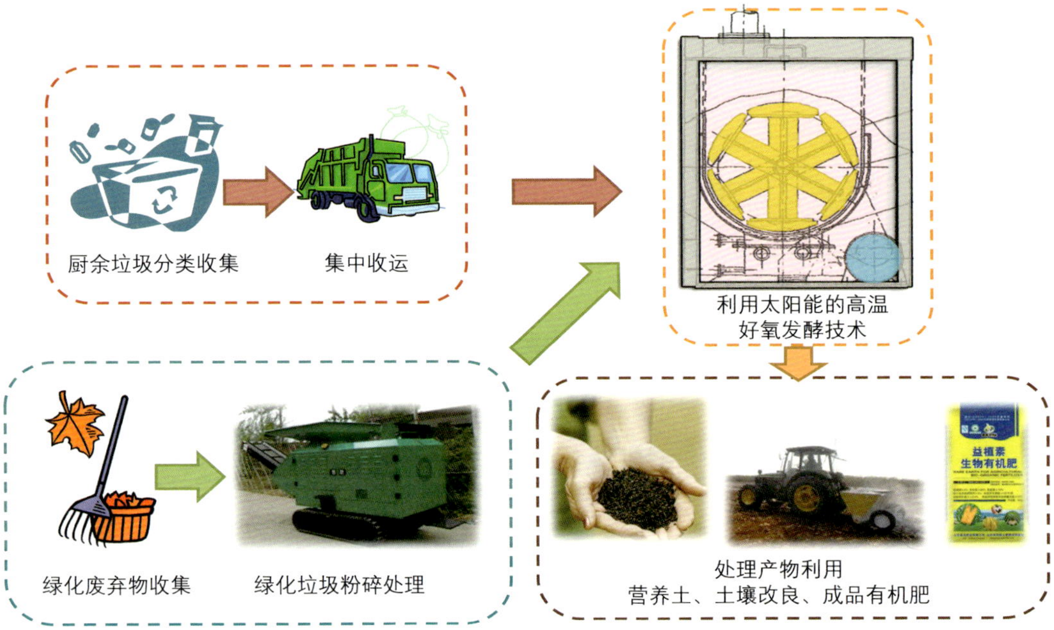

图 6-4-1　工艺流程图

同时，绿化废弃物作为高碳有机化合物，和餐厨废弃物有机结合，作为处置过程中的调理剂，不仅为餐厨垃圾处置增加了空隙率，降低了含水率，满足了最佳的碳氮比需求，同时通过高温好氧发酵生物技术，为两大类有机废弃物的资源化处置提供了出路。此外，对于树叶及小树枝等可直接作为辅料协同餐厨垃圾共同处置，对于较大的树枝等，还可加工为生物质燃料，补充反应系统所需的热能。

采用嗜热好氧微生物进行高温发酵，将餐厨垃圾结合绿化废弃物混合处置，将其中不稳定的有机质转变为较稳定的腐殖质，达到快速降解腐熟。同时高温过程可杀灭餐厨垃圾中的病原菌、虫卵等，反应原料中一部分有机物直接被微生物分解矿化，另外一部分形成腐殖质中的部分成分，包括胡敏酸和富里酸等化合物，发酵产物可加工制成有机肥料。

二、技术特点

（1）反应设备应用了超导传热的热管技术，热管具有超导热性，具有理想的等温性，同时热管还具有工作温度的可控性及热流密度的可调性；其中重力热管还有传热方向的不可逆性等优点。使餐厨垃圾等有机废弃物的高温生物处理突破了能耗大的瓶颈口，使之采用低品位热能，就能满足处理工艺要求的温度。

（2）热管式太阳能餐厨垃圾等有机废弃物高温生物处理机是将处理设备的筒体制成板状重力热管。当外界高温水通过进水口进入供热水箱，处于热管加热端内的工质吸收汽化潜热，工质蒸发，蒸汽上升至热管放热端，即筒壁，通过筒壁向筒内物体释放汽化潜热，也即加热物料，释放汽化潜热后的冷凝液，依靠重力返回热管加热端，由此，组成不断吸热、放热的循环，供热水箱进来的高温水被吸热后，低温水从出水口排出，进出水口与外界的供热水箱组成循环供热，由此，组成了高效供热、传热系统。由于热管是抽成高真空的元件，管内工质以水为主体组成，水在大气压下沸点为 100 ℃，在高真空状态下水的沸点降为 50 ℃左右，因此，高温水立即能启动热管内的工质沸腾、蒸发，管内工质蒸发传热时其热阻值几乎等于零，所以热管被称为超导传热元件，能达到高速、高效的传热效果。

（3）太阳能有机废弃物生物处理机由于采用了超导传热的热管技术，使餐厨垃圾等有机废弃物的高温生物处理突破了能耗大的瓶颈口，使之采用低品位热能，就能满足处理工艺要求的温度。而低品位热能来源广泛，从太阳能、空气能、风能、地热能等新能源，生物质能、工业、生活余热等均可获得，将其单独或组合运用，提供 80 ℃以上的热水，就能使餐厨垃圾等有机废弃物在 60 ℃以上的高温条件下，得到无害化、资源化的完善处理。

（4）高温降解餐厨垃圾的微生物菌剂是由多种好氧耐高温菌种制成的 E 米复合微生物菌。主要由细菌、放线菌、光和菌、酵母和真菌等多种益生微生物菌，通过独特的培养技术，将这些菌种有机地整合在一起，形成各种微生物之间互相依存、协同作用的一个有机整体。复合菌种对人体、群体、环境无影响，无毒性，遗传稳定性好，同时，具有耐高温、繁殖快、活性高，对有机废物分解力强。复合菌种能有效地降解餐厨垃圾中的盐分、脂肪，动植物蛋白及淀粉等有机废弃物，产出高活菌、高蛋白、高能量的固体再生资源。

三、工艺设备

本工艺研发的设备采用多能源自动供热系统，应用超导传热的板状重力热管技术，快速实现高温等温加热，加热热管工质的热水主要来自于低品位能源利用及热泵的高效增温。对餐厨垃圾及绿化废弃物的混合物进行高温好氧发酵，反应温度为 55~85 ℃，有机质含量为 20%~90 %，反应物含水率≤ 80 %，反应 pH 值范围为 6~9，反应物中 C/N 为 25:1~35:1，C/P 为 75:1~150:1，鼓风量为 0.5~5 立方米 / 分钟，反应时间为 12~96 小时，微生物菌剂投加量为反应物总质量的 0.2%~2 %。反应后产出物含水率≤ 30 %，可用做肥料、土壤改良剂以及种植土原辅料。

四、技术优势

（1）采用多能源自动供热系统，可因地制宜选择最廉价的低品位能源（如光能、风能，地热能、生物质能、工厂余热等；采用直接制热模式，没有热能和电能互相转换的能量损耗；多种新能源的互补、优化、集成模式，极大地提高了供热系统的能效比。

（2）采用热管技术，内置真空，具有理想的等温性，降低反应体系中加热水沸点，且加热过程无热转换，无论是汽化段或是凝结段，蒸汽的状态都是饱和的，由汽化段产生的蒸汽流向凝结段的压降几乎为零，减少能量损耗。

图 6-4-2 餐厨垃圾及绿化废弃物高温好氧发酵资源化处置设备

（3）将绿化废弃物与餐厨垃圾混合处置，提高反应物孔隙率及反应体系中氧气传输速率，同时在餐厨垃圾中富含 N、P 元素的同时，通过加入绿化废弃物补充反应产物中 K 元素，并降低餐厨垃圾中含水率及盐度，弥补传统堆肥工艺营养不全面，含盐量高，容易形成土地盐碱化等不足。

（4）具有高效杀菌灭菌功效。高温杀菌：复合微生物菌种在 60℃以上的高温好氧条件下快速生长的同时，长时间高温将灭杀这些有机废弃物中的大肠杆菌、沙门氏菌、志贺氏菌等病原菌及蛔虫卵等；分泌物杀菌：复合微生物菌种在快速生长的同时，分泌的一些有机酸、抗生素等有效成分，可以抑制和杀灭有机废弃物中的致病菌和虫卵；生长竞争抑制杀菌灭虫：苍蝇和蛔虫等卵变成成虫的过程中，主要依靠幼虫摄入腐烂物质中的特定成分而产生的变态激素，由于高温发酵减少腐烂物质的生成，以及高温菌产生的高氧化物质，抑制幼虫产生变态激素，从而达到消灭虫蝇的效果。

（5）加热水可反复循环利用，反应产物可同时作为发酵菌剂，减少微生物菌剂投加量。处理周期短，产物无异味，处理过程环境污染性小。

（6）产出物既可以作为一种土壤增效剂，降解化肥、溶解土壤中被固化的营成分，增加土壤中有效养分的含量；还可作为土壤修复剂，抑制和杀死土壤中的病原菌，有效地控制和预防农作物病虫害的发生；同时由于产出物具有较高的腐殖质含量和肥效，还可以作为种植土原辅料代替其中泥炭及有机肥成分。

通过开发太阳能、空气能等（低品位能源）生物处理设备，创新一种高效益、低能耗工艺技术，从根本上解决餐厨垃圾及绿化废弃物等“有机废弃物处理难”的问题，为度假区餐厨垃圾及绿化废弃物等有机废弃物的资源化利用提供了高收益、低能耗的技术保证。

第五节 环境景观提升工程

随着上海迪士尼乐园及配套工程的顺利推进，度假区核心区面貌日新月异，而度假区周边区域的环境则相形见绌。主要表现在进入度假区核心区的主要道路行道树规格偏小、两侧绿化单薄、缺乏层次；部分市政设施局部缺损，建筑立面陈旧。为缩小度假区核心区内外环境面貌的巨大落差，避免游客产生“断崖式”体验，度假区推进实施了“迎迪士尼乐园开园 365 天市容环境整治行动”(以下简称“365 行动”)相关工程。推进重点道路绿化改造提升和沿线建筑立面整治等工作，实现度假区核心区周边环境整洁有序、设施完好规范、绿化面貌显著提升，整体达到“绿、洁、亮、畅、美”。从而促进区域环境面貌全面提升，促进内外协同发展、良性互动。

一、“365 行动”的实施内容

按照“保重点、分梯次，整体出形象”的要求，365 项目分为核心区、重点区、辐射区 3 类，整治项目 20 余项。核心区是指以迪士尼乐园为核心的 7 平方公里范围，重点区是指核心区周边覆盖进出度假区重要通道的区域，辐射区是指度假区附近各镇的中心区域。

核心区的唐黄路、航城路道路绿化和围场河绿带、S2 绿带等项目，通过提升行道树的规格、丰富绿地的群落结构、完善使用功能，营造高品质的环境景观空间。重点区的六奉公路、周邓公路、南六公路、秀浦路等进入核心区的主要道路，主要实施行道树规格提升、两侧绿化补植、建筑立面整新等措施。辐射区以改善民生为主，重点提升紧邻核心区相关镇域的市容景观和市政设施，包括川沙新镇地铁站沿线的环境整治、周浦镇瓦屑社区的污水改造等项目。

通过上述整治，力争达到“三化”(核心区景观亮化、重点区景观美化、辐射区景观优化)、“三满意”(百姓满意、开发主体满意、政府满意)。365 项目的实施主体为新区环保市容局、申迪建设、川沙新镇、康桥镇、周浦镇等单位。

二、“365 行动”的主要成果

2016 年 6 月，365 行动项目全部实施完成，顺利完成各类项目 27 项，景观改造提升面积达 111 万平方米。主要工作量包括：进土 48.6 万立方米，出土 29.2 万立方米；种植乔木 3.9 万株，其中行道树 5 811 株；种植大灌木 2.7 万株，球类植物 4736 株；片植小灌木 33 万平方米；种植绿篱 1.7 万米，地被 32.5 万平方米，草坪 24.4 万平方米；建设园路 3.1 万米，广场 2.2 万平方米，挡墙 6 170 米，景观置石 426 吨；建筑立面整新 22.9 万平方米，围墙粉刷 2.9 万平方米，店招店牌改造 1.2 万米。

三、“365 行动”的主要成效

通过“365 行动”的实施，度假区核心区及周边的市容环境面貌焕然一新，为迪士尼乐园正式开园打下了良好基础。

一是绿化面貌大幅提升。如唐黄路、航城路、六奉公路、周邓公路等度假区核心区周边道路属于公路，原有绿化标准较低。整治后行道树进行了更换，不但规格较原来大幅提高，而且每条道路的行道树均采用一个品种，唐黄路的香樟、航城路的黄山栾树、六奉公路的银杏、周邓公路的悬铃木，一路一特色，五排行道树树荫浓密、气势非凡，也非常有标识性，形成度假区道路绿化的鲜明特色。上述道路两侧的绿地也

图 6-5-1　唐黄路

图 6-5-2　航城路

图 6-5-3　移动花卉

进行了改造，绿量大幅增加，绿化层次更加丰富。

二是市容环境面貌大为改观。结合重要道路的景观改造提升，对道路周边环境进行了综合整治，清除遗留渣土，拆除违章搭建，整治违规户外广告和店招店牌，整新建筑立面，并对有条件的地块进行了绿化种植。川沙新镇对唐黄路、航城路沿线镇域范围内的地块进行了大量协调工作，最终实施了绿化种植，有效制止了部分地块上渣土违法倾倒的顽症。

三是服务功能进一步完善。度假区围场河区域通过增设健身步道、亲水平台、厕所、座椅、垃圾桶、路标等设施，满足了游客的休闲需求。同时，增设围栏、绿篱和监控等设施，提升了安全防护措施。以上措施完善了围场河的公共服务功能，为日后园区客流疏散创造了条件。对重点道路和地铁口周边进行了环境综合整治，提升了区域整体环境水平。周边社区通过截污纳管，生活污水统一排放到市政管网，不再直排到周边河道，得到了当地市民的高度认可。

环境综合整治工作没有终点，通过进一步加强城市管理，改善市容环境，落实长效管理机制，努力打造与度假区形象相适应、功能相匹配的环境景观新面貌。

图 6-5-4 唐黄路景观节点

第三部分　管理篇

PART III MANAGEMENT

上海迪士尼项目作为庞大的系统工程，不仅项目数量多、种类多，涉及的标准、规范也涵盖国际国内多个专业领域。在建设过程中，中外双方工程建设团队和运营管理团队通力合作，不断优化和提升管理科学化、信息化、规范化水平，并在上海国际旅游度假区探索建立多方参与、多学科融合的管理体系，有力保障度假区开发建设。

管委会立足政府职能，按照“放、管、服”相结合的理念，对区域建设监管、旅游服务、综合执法等事项研究制定管理体系和标准，并通过研发度假区基础地理信息平台以及环保、水务、客流管理应用平台，统筹协调公安、消防、市场监管、城管等条线部门，督促落实企业主体责任，从初期摸索情况、探索规律式的监管检查，逐步过渡到常态化、规范化管理。

建设主体也积极推进科学化、信息化管理。为协调推进适用于上海迪士尼项目的各种标准、要求和流程的执行，上海国际主题乐园管理公司提出“SHEILSS”管理标准，涵盖施工工程安全、健康、环境管理、国际劳工标准和安保方案。申迪集团以核心区道路工程为依托，构建了道路基础设施全信息化安全监控和运营管理体系。

Shanghai Disney Resort is a colossal system project, which includes huge number and diverse kinds of programs, whose standards also cover multiple professional fields both at home and abroad. During construction, Chinese and US development and operation teams had been working closely with each other, constantly improving and elevating the scientific, information and standardization level of management, and also exploring to establish a management system which involves multiple players and disciplines which guarantees the successful development of Resorts Zone.

Administrative Commission of Shanghai International Tourism and Resorts Zone, in the principle of combining “delegation, regulation and services”, has made research on and formulated administration system and standards on such items as regional construction supervision, tourism services, integrated law enforcement and so on, and through such platforms as GIS, environmental protection, water affairs, attendance management, has coordinated such authorities as Public Security, Fire Prevention, Market Supervision etc. to propel companies to take due responsibilities, gradually transitioning from initial exploration on regular supervision and inspection to a normal and standardized administration.

Construction entities have also advocated scientific and IT-enabled management. In order to promote the execution of all kinds of standards, requirements, procedures of Shanghai Disney Resort, Shanghai International Theme Park Management Company has come up with “SHEILSS” program, which covers safety, health, environment, international labor standards, and security. Shendi Group has created an IT-enabled road infrastructure security monitoring and operation system based on their roads construction programs within core area of the Resorts Zone.

第七章　科学化管理
Chapter 7 Scientific Management

上海迪士尼乐园项目是典型的按国际标准投资建设的大型项目，项目本身的特殊性、施工过程中标准的差异性不仅体现在“SHEILSS”管理标准，也包括普遍采用了 BIM 技术对游艺、建筑、室内、布景等进行一体化设计，并在项目实施中大量引入 FIDIC（国际咨询工程师联合会）合同条件，为此，各审批部门聚焦于迪士尼乐园项目建设过程，通过协同研究为项目量身定制建设工程安全质量监督体系以及竣工验收管理办法，实现项目监管程序合理、竣工验收难题解决、政府监管责任到位的要求，确保项目按计划竣工。

Shanghai Disney Resort is a typically large program invested and constructed in line with international standards. Its uniqueness and differences in standards applied during construction not only display in “SHEILSS” management standards, but also include the application of BIM (building information model) in the integrated design of rides, facilities, shows, and the extensive introduction of FIDIC contractual terms in execution. Therefore, when reviewing and approving authorities focus on the construction process of Shanghai Disney Resort, they have made a concerted research to customize safety quality supervision system and methods of completion and acceptance inspection, which meets the requirement of rational supervision procedures, resolution of completion and acceptance inspection challenges, and governmental supervision accountabilities, so as to ensure this project to be concluded on schedule.

[illegible]全[illegible]

一、管理体系

（一）概念与目标

“SHEILSS”（Safety, Health, Environment, International Labor Standards and Security Program）是上海迪士尼项目施工工程安全、健康、环境管理、国际劳工标准和安保方案，由上海国际主题乐园管理公司管理。该方案旨在协调和推进适用的各种标准、要求和流程的执行，目的是实现安全、健康、环境合规、雇佣和劳工实践以及安保方面的优秀表现。该方案适用于建筑施工、演出布景和游乐设备的制造和安装。承包商必须确保其分包商和供应商同样遵守这些要求。

针对工人待遇、雇佣和劳工标准，目标是“营造一个安全、多元化和相互尊重的工作环境”。针对工人的安全，目标是确保“没有人受伤；每个人都可以平平安安回家”。针对环境处理，目标是“最大限度地减少对环境的影响，防止有害物质的泄漏和排放”。

在追求上述愿景的基础上，赋予项目团队和工人干预的权利，若其发现不安全或不合适的做法，应遵循以下原则：如果发现问题，指出问题并解决问题；现场管理团队要记录存档并汇报。

（二）基本内容

“SHEILSS”制度包括基本要求、关键文件、工人的设施和服务、雇佣和劳工标准、管理计划和咨询机构，沟通、执行机制和奖惩，以及施工手册这 7 个部分。

1. 对于现场工作，承包商必须参照以下文件：

（1）施工现场安全手册和环境影响评估报告，文件中明确了对安全、健康和环境合规的要求。

（2）雇主要求，文件中明确了承包商在安全、健康、环境合规、国际劳工标准和安保方面的职责。承包商须编制雇主要求中规定的各个方案并提交获取批准。

2. 对于场外工作：

（1）迪士尼公司国际劳工标准方案范围内产品或材料的制作须与上海迪士尼项目国际劳工标准方案中的流程和要求一致。上海迪士尼项目国际劳工标准团队须协调所有承包商对国际劳工标准的管理。

（2）承包商须参照雇主要求文件中对非迪士尼品牌产品的制作要求。上海迪士尼度假区国际劳工标准团队须实施风险评估、开展尽职调查，并采用适当的管理方法。

3. 在福利服务、投诉政策和热线方面：

（1）雇主建立福利中心，由独立的福利咨询顾问负责配备人员和协调工作。

（2）雇主开通中文热线，作为整个投诉管理系统的一部分，可记录与工作相关的问题和不合规现象，尽可能以保密方式处理。由独立的福利咨询顾问管理。

（3）对所有报告进行调查并解决。在工人宿舍区设置意见箱，以收集工人关于工作条件和雇主管理流程的意见和评论。

（4）要求所有承包商参与投诉管理系统，并配合解决投诉和问题，并为施工人员提供合适的福利服务。

二、管理措施

（一）管理计划核心内容

1. 一套简单有效的安全、健康、环境和国际劳工标准程序，为便于沟通，采用图表和说明性的支持材料。

2. 一份全面的安全、健康、环境和国际劳工标准培训计划，培训面向演职人员、施工管理团队员工、监理各部门领导和总承包商。与承包商培训材料共享。

3. 基准评估，客观地量化目前当地建筑市场的表现，并以此为依据衡量未来的表现。

4. 季度评估，监控所有承包商的表现，了解其负责工程的现场条件、违规和风险及表现趋势，并与同行表现进行比较。评估结果与上海迪士尼度假区其他承包商分享，分析趋势并提出建议。

5. 承包商的安全、健康、环境和国际劳工标准程序应与上海迪士尼度假区的程序保持一致。

6. 对事件的根本原因重点分析，告知团队培训和教育的方向，并加强宣传及其他方面的工作。

（二）SHEILSS 指导委员会

为协助管理公司管理整体 SHEILSS 方案，成立咨询机构，即 SHEILSS 指导委员会，成员来自以下各方代表：

1. 管理公司

2. 指挥部和管委会

3. 第三方独立顾问，受委托完善现有程序，建立并开展必要培训，进行季度评估，汇报其发现并提出建议

4. 医疗服务提供方，受委托管理上海迪士尼度假区的医疗服务，并为首个诊所配备工作人员

5. 国际专家顾问，管理服务热线、福利体系及投诉管理系统

6. 保险提供方，协助管理公司接收并评估各方提供的信息

7. 环境监理，根据环境影响评估对施工环境的合规性进行监测

8. 工人宿舍的指定运营方

9. 申迪和管理公司的安保公司

10. 选定的总承包商、监理和施工管理公司

（三）工作组

指导委员会适时成立工作组，专门解决特定问题。职责为：

1. 工人宿舍工作组，由工人宿舍管理方和管理公司经理组成，监控上海迪士尼度假区范围内的住宿设施管理情况，并保持管理一致性。

2. 培训工作组，由顾问和管理公司代表组成，建立并执行培训方案。

（四）举行季度论坛

项目团队之间分享项目进展情况，特别是关于安全、健康、环境、国际劳工标准和安保方面的总体信息。

（五）应急响应计划

该计划涉及三个团队——高层执行团队、现场运作的应急管理团队及项目团队，由各总承包商、施工管理公司、监理和华特迪士尼幻想工程的代表组成。该计划规定了定期检查高风险区域、定期开展演练和培训，并明确定义了紧急情况下各方的不同职责。

第二节 基于 BIM 技术的审批与监管

为贯彻落实上海市推进建筑信息模型技术应用的指导意见，上海国际旅游度假区管委会秉持“集成融合、继承创新”理念，积极探索基于 BIM 技术的一站式设计并联审批模式，并依托迪士尼等企业积累的相关应用经验，2014 年起会同相关单位开展《上海国际旅游度假区 BIM 设计报审应用导则》《上海国际旅游度假区设计审批 BIM 联审平台》研究工作。

研究基于迪士尼试点项目，针对当前在建设项目设计审批遇到的不同阶段的审批部门不同、审批流程和技术要求不统一、审批时限不统一等问题，进行深入研究，2015 年完成度假区 BIM 设计报审导则编制和度假区 BIM 联审试验平台开发，为在新技术条件下进一步完善政府审批和监管模式提供有益探索和借鉴。

一、研究背景和必要性

（一）选用上海迪士尼乐园项目作为试点

迪士尼项目从创意开始，就采用游艺、建筑、室内、布景等各环节一体化设计的模式，因此，早在加州迪士尼就引入了协同设计的理念，经历全球五个迪士尼度假区的建设，已在上海迪士尼项目中普遍采用 BIM 技术。迪士尼经过长期的发展，已形成迪士尼特有的技术标准和体系，其 BIM 模型应用的深度和广度是其他项目无法比拟和复制的。研究迪士尼项目 BIM 设计报审模式，有利于将国外先进技术和成熟标准向国内转移，加快形成自有的 BIM 设计报审体系。

（二）国外 BIM 技术的发展

国外对 BIM 技术的研究和开发起步早、应用早。美国在 BIM 领域的研究与实践起步最早，时至今日美国大多大型建筑项目都已应用 BIM，市场驱动使设计和施工企业将 BIM 作为承接项目的必要能力。在政府的引导推动下，已形成各种 BIM 协会、BIM 标准。日本、新加坡及我国香港地区的 BIM 发展态势、应用水平也都达到一定高度，并各具特色。新加坡甚至已经将 BIM 模型列为强制性送审文件，使得依托 BIM 技术的设计审核标准成为建筑行业的必要条件。

（三）我国 BIM 技术现状及度假区试点 BIM 联审应用研究的必要性

随着科学技术发展，BIM 技术对于促进生产力和推动行业转型发展的重要性已得到国内业界充分认识，其研究和应用已在国内建筑业形成一股热潮，政府相关单位、各行业协会与专家、设计单位、施工企业、科研院校等也开始重视并推广 BIM；作为新兴技术，每年组织全国性的 BIM 设计大赛，以期这一前瞻技术得到业内更多的研究和支持；同时各地相关部门、行业协会和单位已开展设计标准研究，一些城市已形成初稿。

从国外 BIM 发展的历程可见，各国大约要用 3~5 年的研究才推出第一版 BIM 标准，而截至本课题启动之前，国内尚未形成一部统一的 BIM 标准。因此，上海已启动相应的 BIM 标准研究，并为后续监管工作奠定基础。度假区作为上海试点区域，进一步总结经验，借鉴国外经验，开展研究 BIM 设计报审应用导则，以在本市率先向应用 BIM 技术实施设计审批过渡。

二、研究内容和成果

（一）理论研究成果

1. 制定度假区内项目 BIM 设计统一的技术导则

和审批强制性、规范性和指导性分类指标体系，并梳理了方案和初步／总体设计阶段辅助 BIM 设计报审模型的资料清单。

2. 梳理 BIM 设计联审流程、模块设置和权限设置，协调软件公司，建立统一的技术联审试点平台，将不同阶段的设计内容、审批要求形成统一的数据提交标准，上传至平台，各联审部门直接从平台上调取数据，同步审核，在审批时限内出具审查意见，从而实现同步送审、同步审核。

3. 根据国家现行设计深度规范要求及在编的上海市建筑信息模型应用标准等标准规范，将 5 个专业的 58 项强制性审批要点分解到元素级别，定义模型深度等级，提供 BIM 设计审查图纸清单、专业代码表和管线颜色规定。

（二）规范编制成果

完成度假区 BIM 设计报审导则，内容较为全面，兼顾国内设计深度要求和上海市工程建设规范 - 建筑信息模型应用标准，并体现迪士尼项目的特殊性，成果简要汇总如下：

1. 总则和术语

对 BIM 设计报审的送审单位、牵头部门、联审部门和 BIM 设计报审协调工作、BIM 设计审批要点、BIM 设计报审辅助性文件等特殊名词，进行详细定义。

2. BIM 设计报审各参与方职责

对 BIM 设计报审的参与单位进行权限划分和定义，分为送审单位、审批部门、其他单位三类，涉及的责任方均进行详细定义，并编制工作职责分配表。

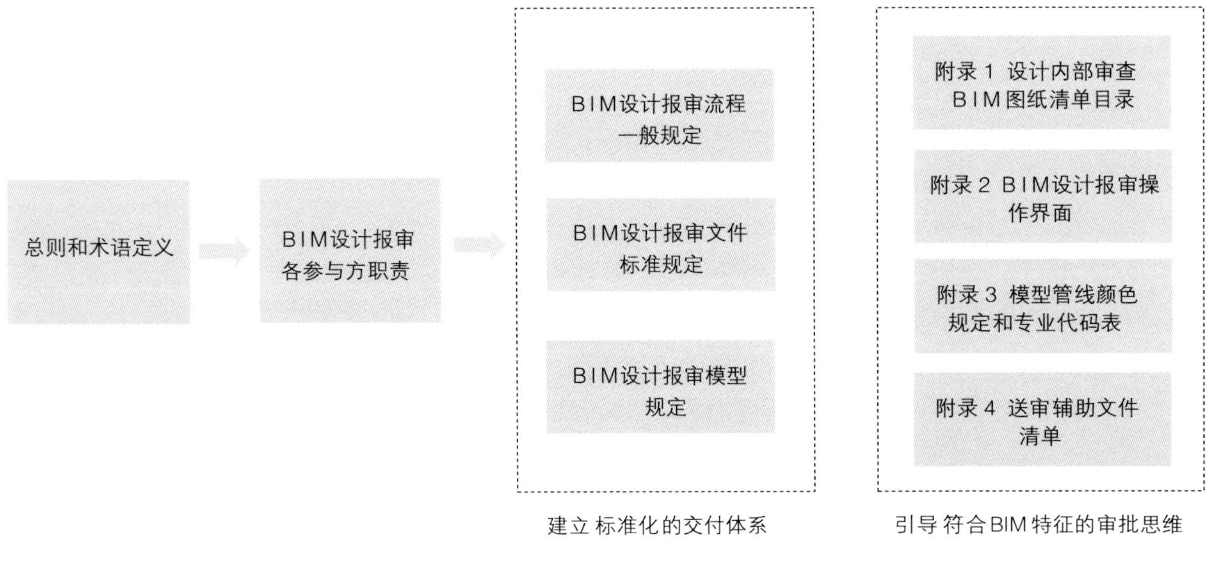

图 7-2-1 度假区 BIM 设计报审导则章节结构

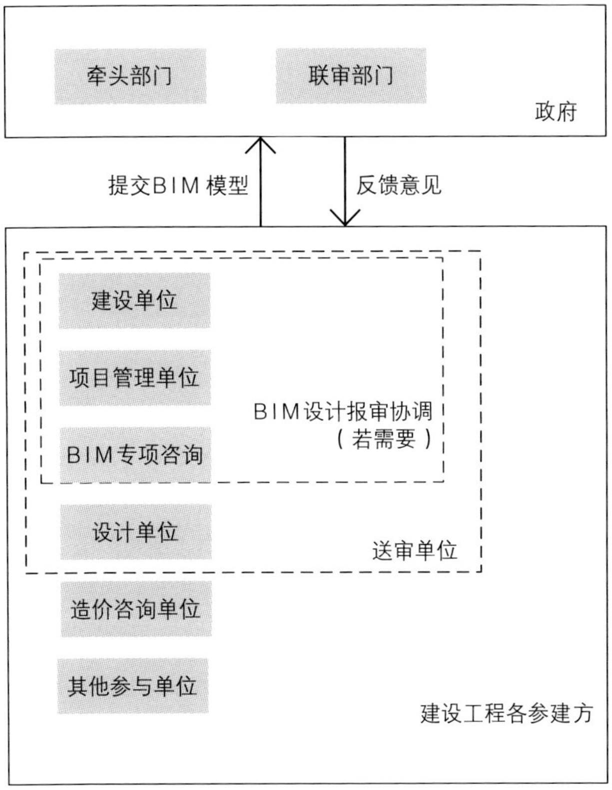

图 7-2-2 BIM 设计报审各参与方组织结构图

3. BIM 设计报审流程一般规定

对提交 BIM 设计报审的流程进行了规定，包括文件预审和流转、修改和提交、获取批文和归档等。

4. BIM 设计报审文件标准规定

对方案阶段和初步 / 总体设计阶段提交 BIM 设计报审的文件内容进行了规定，具体包括：

（1）模型命名规定

模型的文件名应符合格式：项目 IC 卡编号 _ 位置描述符 _ 阶段 _ 专业

链接模型的文件名应符合格式：L_ 位置描述符 _ 阶段 _ 专业 _ 描述

（2）模型视图命名规定

模型中的各视图命名应符合格式：类型 _ 区域位置名称 _ 补充描述

并且，应该满足《建筑工程设计文件编制深度规定》对方案和初步 / 总体设计阶段图纸内容的相关规定。

表 7-1 BIM 项目工作职责分配表

序号	工作内容	牵头部门	联审部门	建设单位	送审单位（建设单位指定）	设计单位	项目管理	造价咨询	BIM 专项咨询
1	各阶段各专业 BIM 模型设计			R	R	P	R		
2	BIM 联审平台设计报审提交			P	P	P/S	P/S	S	P/S
3	BIM 联审平台文件（模型和辅助文件）预审	P							
4	BIM 联审平台文件（模型和辅助文件）分发	P							
5	BIM 联审平台文件（模型和辅助文件）审核	S	P						
6	BIM 联审平台文件（模型和辅助文件）修改和重新提交			P	P	P/A	P/A	A	P/A
7	BIM 联审平台内正式批复	P	S						
8	BIM 联审平台数据维护	P	S						
9	BIM 设计报审培训组织	P	S						

标注：P- 执行主要责任，S- 协办次要责任，R- 审核，A- 需要时参与

（3）模型图纸命名规定

图纸命名应包括两部分：图纸编号和图纸名称。

模型功能分区和管线标识规定：

重要的构件、分区、管线等应使用不同的、醒目的和合适的颜色进行标注，在附录中，给出了管线标识的标准参考颜色。

（4）BIM 设计报审辅助性文件命名规定

BIM 设计报审辅助性文件，如各类前置评审意见、专项评估报告等，都应按照送审阶段 / 设计阶段排序，文件命名规则如下：阶段 _ 文件序号 _ 文件名称。

（5）上传文件格式规定

BIM 模型：应符合国标建筑工程信息模型应用统一标准和上海市工程建设规范 - 建筑信息模型应用标准规定，同时涵盖本导则包含的 BIM 设计审批要点。

二维图纸：DWF 或 DWG 格式，并应是基于 BIM 模型导出的。

BIM 设计报审辅助性文件：PDF 格式，附录中给出了参考的 BIM 报审辅助文件清单。

5. BIM 设计报审模型规定

对各阶段强制性审批要点进行了规定，并按照 BIM 元素级别的划分，对审批要点进行模型深度规定和分解。

（1）各阶段审批要点：提供了方案阶段和初步 / 总体设计阶段的部分专业审批要点，在实际审批时均包括但不限于如下要点。

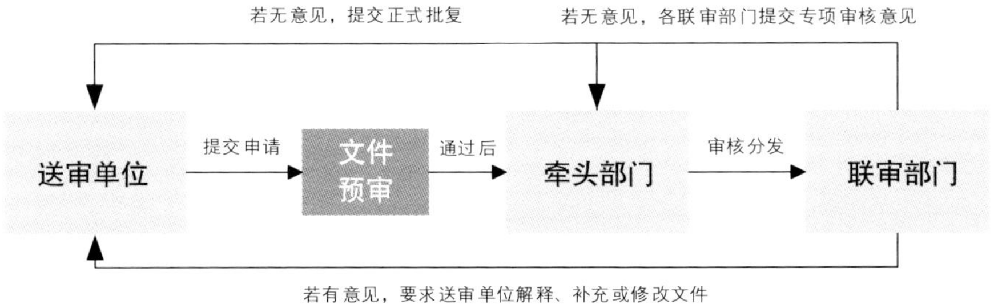

图 7-2-3　BIM 联审平台文件预审和流转流程图

表 7-2　审批要点表

序号	阶段		审批专业	审批要点
1	方案阶段	初步 / 总体设计阶段	牵头部门	项目可行性研究批复或备案、核准文件
2	—	初步 / 总体设计阶段	牵头部门	规划设计方案的批准文件
3	方案阶段	初步 / 总体设计阶段	牵头部门	项目方案阶段各联审部门意见
4	—	初步 / 总体设计阶段	牵头部门	项目初步 / 总体设计阶段各联审部门意见
5	方案阶段	初步 / 总体设计阶段	牵头部门	土地批准文件或土地出让合同
6	—	初步 / 总体设计阶段	牵头部门	初步 / 总体设计阶段概算
7		初步 / 总体设计阶段	牵头部门	各类需要的专项评审报告

续表

序号	阶段		审批专业	审批要点
8	方案阶段	初步／总体设计阶段	规划	基地范围、面积
9	方案阶段	初步／总体设计阶段	规划	容积率
10	方案阶段	初步／总体设计阶段	规划	建筑密度
11	方案阶段	初步／总体设计阶段	规划	建筑面积
12	方案阶段	初步／总体设计阶段	规划	建筑高度
13	方案阶段	初步／总体设计阶段	规划	建筑间距
14	方案阶段	初步／总体设计阶段	规划	建筑退界、后退道路红线、后退其他控制线
15	方案阶段	初步／总体设计阶段	消防	建设规模和项目组成
16	方案阶段	初步／总体设计阶段	消防	各单体建筑情况
17	方案阶段	初步／总体设计阶段	消防	各单体建筑消防技术指标
18	方案阶段	初步／总体设计阶段	消防	单体建筑具体使用功能及重要的设备用房布置
19	方案阶段	初步／总体设计阶段	消防	场地内、外建（构）筑物间距
20	方案阶段	初步／总体设计阶段	消防	消防车道出入口／基地消防车道出入口
21	方案阶段	初步／总体设计阶段	消防	消防车道路面宽度、路面类型和转弯半径
22	方案阶段	初步／总体设计阶段	消防	消防车道与建（构）筑物的间距
23	方案阶段	初步／总体设计阶段	消防	功能分区、竖向
24	方案阶段	初步／总体设计阶段	消防	防火分区
25	方案阶段	初步／总体设计阶段	消防	防烟分区
26	方案阶段	初步／总体设计阶段	消防	安全出口
27	方案阶段	初步／总体设计阶段	消防	疏散楼梯
28	方案阶段	初步／总体设计阶段	消防	前室
29	方案阶段	初步／总体设计阶段	消防	防火卷帘，防火门的选用、开启方向
30	方案阶段	初步／总体设计阶段	消防	灭火救援窗、灭火救援平台、消防登高面
31	方案阶段	初步／总体设计阶段	民防	民防配建要求
32	方案阶段	—	民防	工程性质
33	方案阶段		民防	项目可行性研究批复或备案、核准文件
34	方案阶段		民防	土地批准文件或土地出让合同
35	方案阶段		环保	规划选址意见／土地中标通知书／土地出让合同
36	方案阶段		环保	环境评价影响报告批文
37	方案阶段		环保	环境评价影响报告

续表

序号	阶段		审批专业	审批要点
38	—	初步 / 总体设计阶段	环保	油烟净化设施 / 除异味设施
39		初步 / 总体设计阶段	环保	油烟排放口
40		初步 / 总体设计阶段	环保	隔油设施
41		初步 / 总体设计阶段	环保	降噪隔声措施
42		初步 / 总体设计阶段	环保	危险废物贮存位置
43		初步 / 总体设计阶段	环保	光反射影响分析报告及专家评估审查意见
44		初步 / 总体设计阶段	水务	室外排水
45		初步 / 总体设计阶段	水务	格栅检测井
46	方案阶段	—	水务	排水设计暴雨重现期
47	方案阶段		绿化	规划选址意见 / 土地中标通知书 / 土地出让合同
48	—	初步 / 总体设计阶段	绿化	绿地范围、绿地面积与绿地率
49		初步 / 总体设计阶段	绿化	绿化种植面积
50		初步 / 总体设计阶段	绿化	地下空间顶板标高 周围道路地坪
51		初步 / 总体设计阶段	绿化	地下空间顶板上覆土高度
52		初步 / 总体设计阶段	绿化	构筑物、绿地内便道等面积
53		初步 / 总体设计阶段	绿化	集中绿地面积
54		初步 / 总体设计阶段	绿化	基地面积
55		初步 / 总体设计阶段	绿化	建筑高度
56		初步 / 总体设计阶段	绿化	覆土深度
57		初步 / 总体设计阶段	绿化	屋顶绿化总面积
58		初步 / 总体设计阶段	绿化	用地性质

表 7-3 BIM 元素深度等级

元素级别	元素几何信息深度描述
0 级元素（G0）	元素示意表达，代表一个对象的占位符号，没有比例。通常为电气符号、二维图元、CAD 样式等非三维对象。
1 级元素（G1）	元素概念表达，简单的三维占位图元，只包含少量的细节，粗略的尺寸，使用统一的材质，能够辨识即可。
2 级元素（G2）	元素设计定义表达，包含所有相关的元数据与技术信息，建模详细度足以辨别出元素的类型及组件材质。通常包含三维细节，用于生成一定比例的平面图。该级元素足以满足大多数项目设计表达要求。
3 级元素（G3）	用于施工进度安排和承包商采购；模型的位置、几何、属性应当满足生产加工、采购招标、施工管理和竣工验收的各项要求。

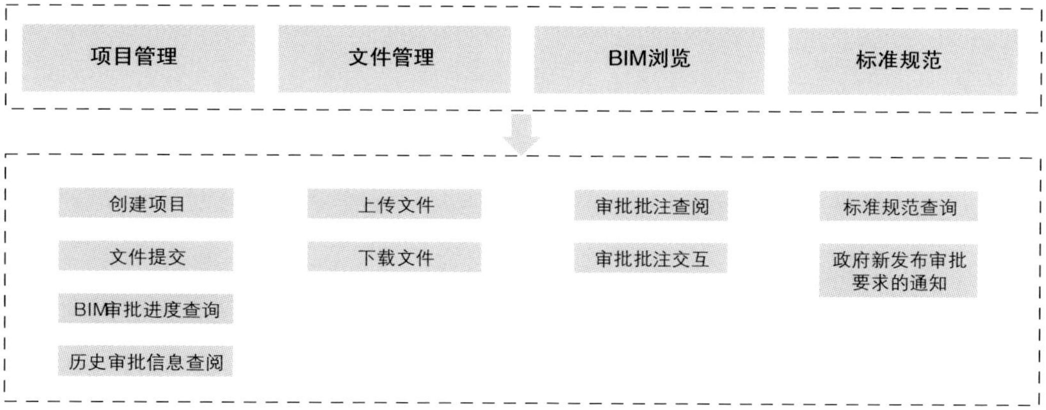

图 7-2-4 送审单位界面详细内容

（2）BIM 设计报审模型深度要求

本导则模型深度分类参照元素级别分类，BIM 设计报审上传的模型应由元素构建而成，而 BIM 元素与几何相关的信息按照工程项目发展阶段表达的需要，分为四个深度等级。根据梳理各专业审批要点表，将审批要点进行细化到元素深度级别的分类，用于指导设计报审建模。

6. 附录

对 BIM 报审模型审查的图纸清单、平台操作界面（包括报审时应填写的表格示例）、模型管线标准颜色参考和专业代码标准参考表、BIM 设计报审辅助性文件参考清单进行了规定。

（三）软件开发成果

协调软件开发单位，完成度假区 BIM 联审试验平台开发。平台界面划分为送审单位界面和审批部门界面。具体如下：

1. 送审单位界面包括：项目管理、文件管理、BIM 浏览、标准规范。

2. 审批部门界面包括：待批项目、在批项目、已批项目、BIM 审批。

三、研究特点

度假区 BIM 设计审批研究是上海在利用 BIM 技术进行政府审批方面的一次有效的、开拓性的探索，具有创新性和实用性。

1. 实施联审指标分类管理指导，对各审核部门要求进行分类，将联审指标分为强制性、规范性和指导性三类。

2. 制定了应用 BIM 技术设计审批标准导则，对相关数据标准、技术参数、模型拆分细度、数据格式等予以统一和规范。

3. 协调进行设计审批 BIM 应用联审平台的原型开发，进行国内首个应用 BIM 技术的设计审批平台试验。

4. 在同一设计审批阶段实现一次送审、并联审批，尝试简化审批流程，实现辅助审批。

该研究对打造公开、透明、高效的行政审批监管体系，提高政府行政效能，以及推动行业内 BIM 应用的推广起到积极推动作用。同时，为度假区通过 BIM 技术提高政府监管和服务的透明化，以及转变政府职能、促进建设行业诚信体系建设奠定良好基础。

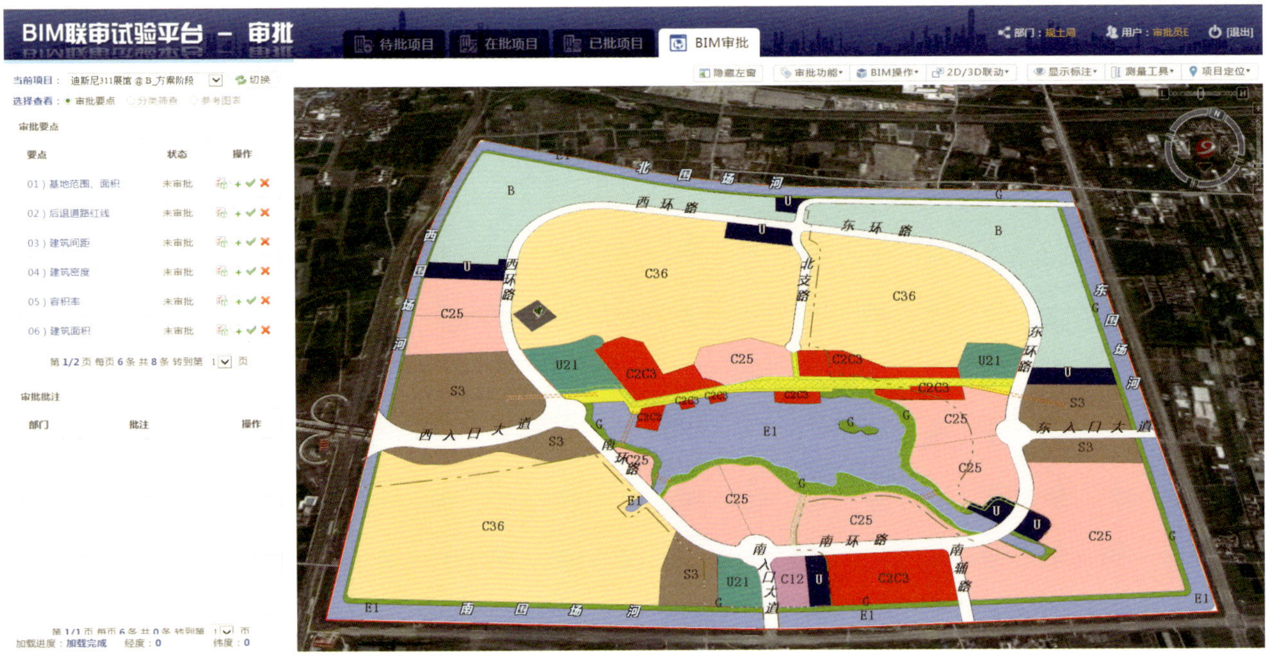

图 7-2-5　审批部门主界面概览

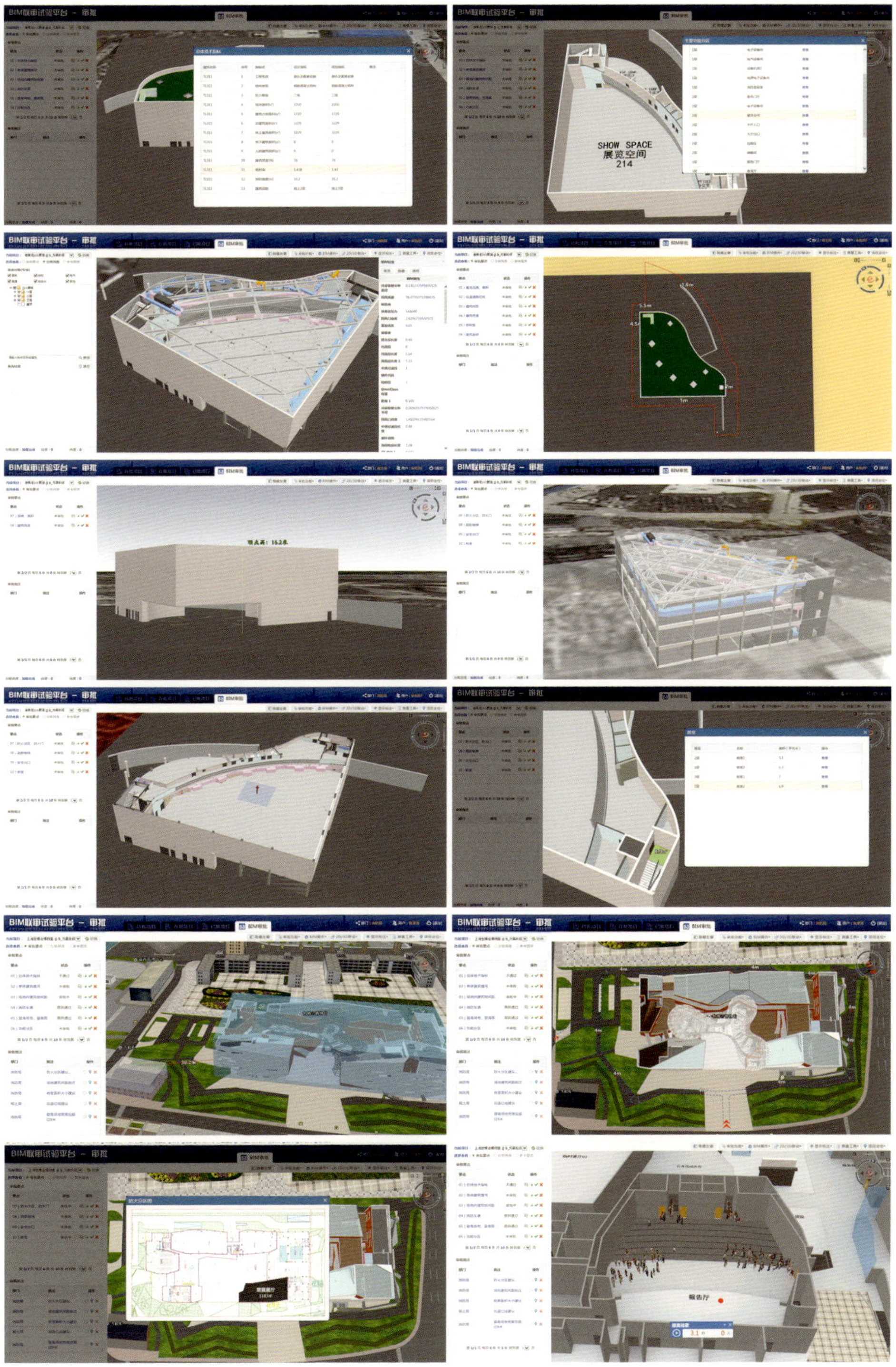

图 7-2-6 审批部门——详细功能

第三节　建设工程质量安全政府监管

上海迪士尼乐园项目建设规模大，涉及专业工种多，项目管理模式特殊，项目参建主体多，施工现场质量安全监管难度大。为利用有限的资源完成迪士尼乐园大规模、多专业工程的质量安全监管工作，特对上海迪士尼乐园项目的政府监管体系进行研究。引入“专家咨询组”等社会资源，实现“小政府，大社会”的管理模式，使有限的监管资源得到更高效配置，监管机构更高效运转。

一、政府监管难点

（一）项目自身的差异性

上海迪士尼乐园包括大量的娱乐设施、假山、舞台等项目，这些项目的结构、功能与普通的建筑有较大差别，监管的难点、重点也有所不同。在项目监管过程中，项目的差异性决定监管的差异性。

（二）迪士尼标准与国内标准的差异

乐园项目创意设计主要由美方完成，中方公司对其是否符合中国标准进行修正。设计上采用美方标准，当与中方标准出现矛盾时，修改具有一定难度。如消防设计上，美方强调通过消防性能化设计（PBD），与中方消防标准有差异。

（三）特殊项目管理模式与多参与方下的监管协调

上海迪士尼乐园项目业主为上海国际主题乐园有限公司（OC1）和上海国际主题乐园配套设施有限公司（OC2）。为方便建设管理，两家业主单位联合成立了上海迪士尼主题乐园管理公司（MC），同时聘请设计管理总顾问（ECI）、施工管理总顾问（ECM）等公司，作为MC团队的支撑，开展建设管理工作。

乐园6个片区通过招投标各自选择一家施工管理公司（CMC）进行施工管理。因迪士尼主题乐园业主方团队多，在质量安全监督管理中，业主沟通渠道难以确认。同时，为节约工期，平行发包模式给监督管理带来较大难度。

迪士尼管理组织机构如图7-3-1所示。

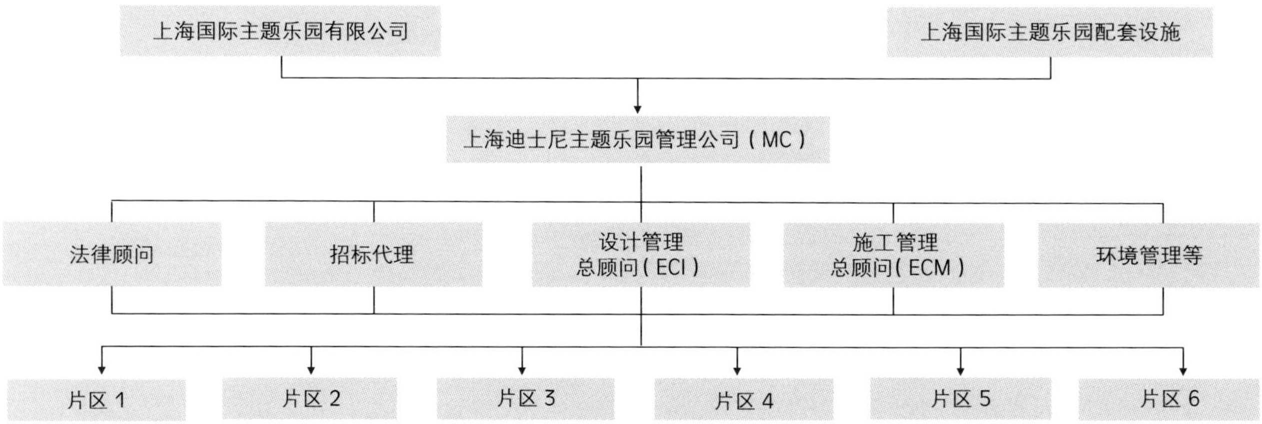

图7-3-1　迪士尼管理组织机构图

（四）监管资源制约

建设管理中心的监督资源远不能满足迪士尼质量安全监管需求。如何利用有限的资源完成迪士尼乐园大规模、多专业工程的安全质量监管工作，是迪士尼监管体系面临的难题。

二、政府监管模式

参考国内大型工程政府监管模式，引入专家咨询组等社会资源，实现“小政府，大社会”管理模式。建立“以项目为主线，建设管理中心统一受理，社会专家参与服务，规划建设处协调竣工联合审核”的政府监管模式。

（一）监管组织架构

发挥社会专家作用，聘请专业监管机构参加专业监督工作，配合建设管理中心完成项目的监督管理工作。

建设管理中心在监督实施过程中发现的问题，直接与建设方、施工方及监理方沟通以使问题得到解决，保证项目正常进行，其沟通渠道如图 7-3-2 所示。

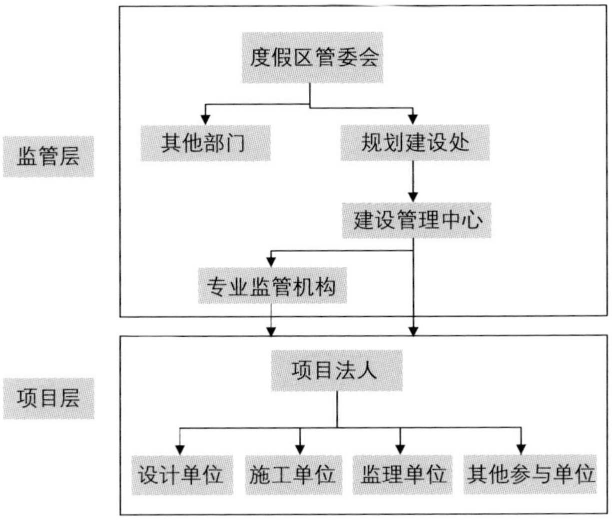

图 7-3-2　上海迪士尼乐园项目政府监管组织机构

（二）监管范围

度假区建设管理中心监督管理范围主要包括：

乐园内各项目的土建、钢结构、幕墙（包括桩基、基坑围护、地基基础、建筑结构、假山结构、外立面等）；

机电安装（包括强弱电、给排水、暖通、消防、弱电设备、变配电、发电机及其配套设施、水处理设备、表演灯光系统、表演机械系统、表演电气系统、厨房、电梯等）；

精装修工程（包括室内装修、布景设置等）；

室外工程（包含市政、绿化景观、道路和广场、临时设施、土方工程、主题乐园出入口、总体水、总体电、泛光照明、表演灯光系统、零星假山等）；

大型游乐设施、演出布景的预留预埋以及安装配合等。

（三）监管内容

1. 质量安全行为监督内容

根据国家法律、法规和建设强制性标准，对乐园工程建设、勘察、设计、施工、监理和检测单位等各责任主体的质量、安全责任和义务的情况进行监督。

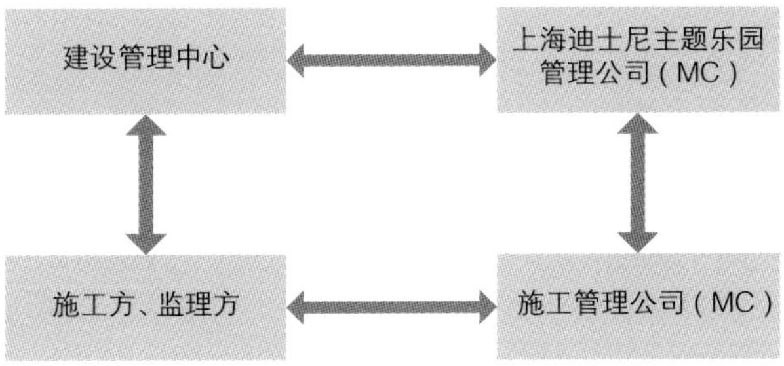

图 7-3-3　上海迪士尼乐园项目沟通模式图

2. 施工现场安全防护监督内容

施工现场监督管理的内容包括脚手架、基坑施工、模板支架、高处作业、施工用电、卸料平台、物料提升机、施工升降机、塔式起重机等。

3. 建设工程实体质量监督

根据国家工程建设强制性标准及有关规范，在迪士尼乐园项目的施工过程中，对工程的实体质量、安全状况进行监督检查。

4. 建设工程竣工备案

建设单位在建设工程竣工验收后，将建设工程竣工验收报告和规划、公安消防、环保等部门出具的认可文件或者准许使用文件报建设行政主管部门审核。

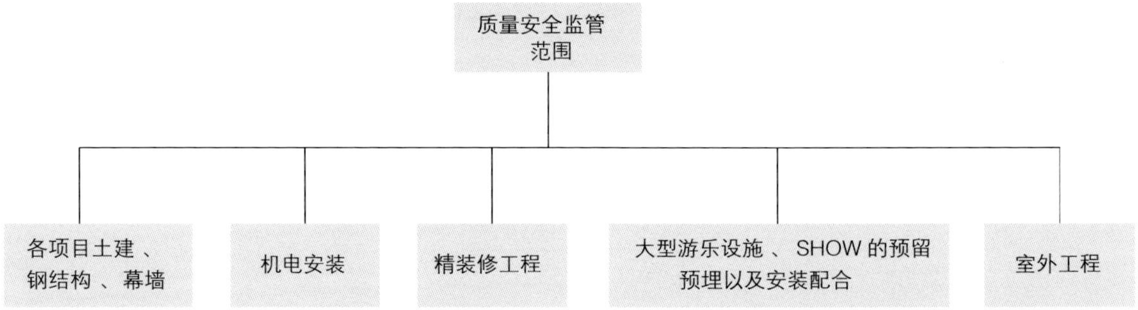

图 7-3-4 质量安全监管范围

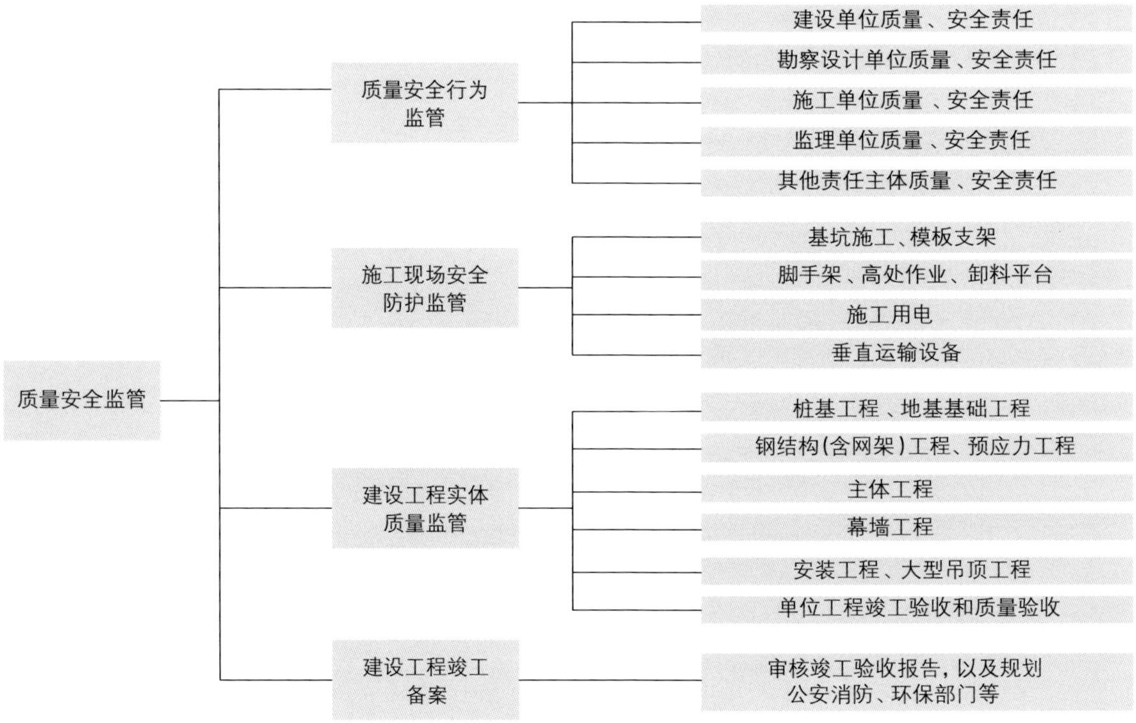

图 7-3-5 质量安全监管内容示意图

（四）监管流程

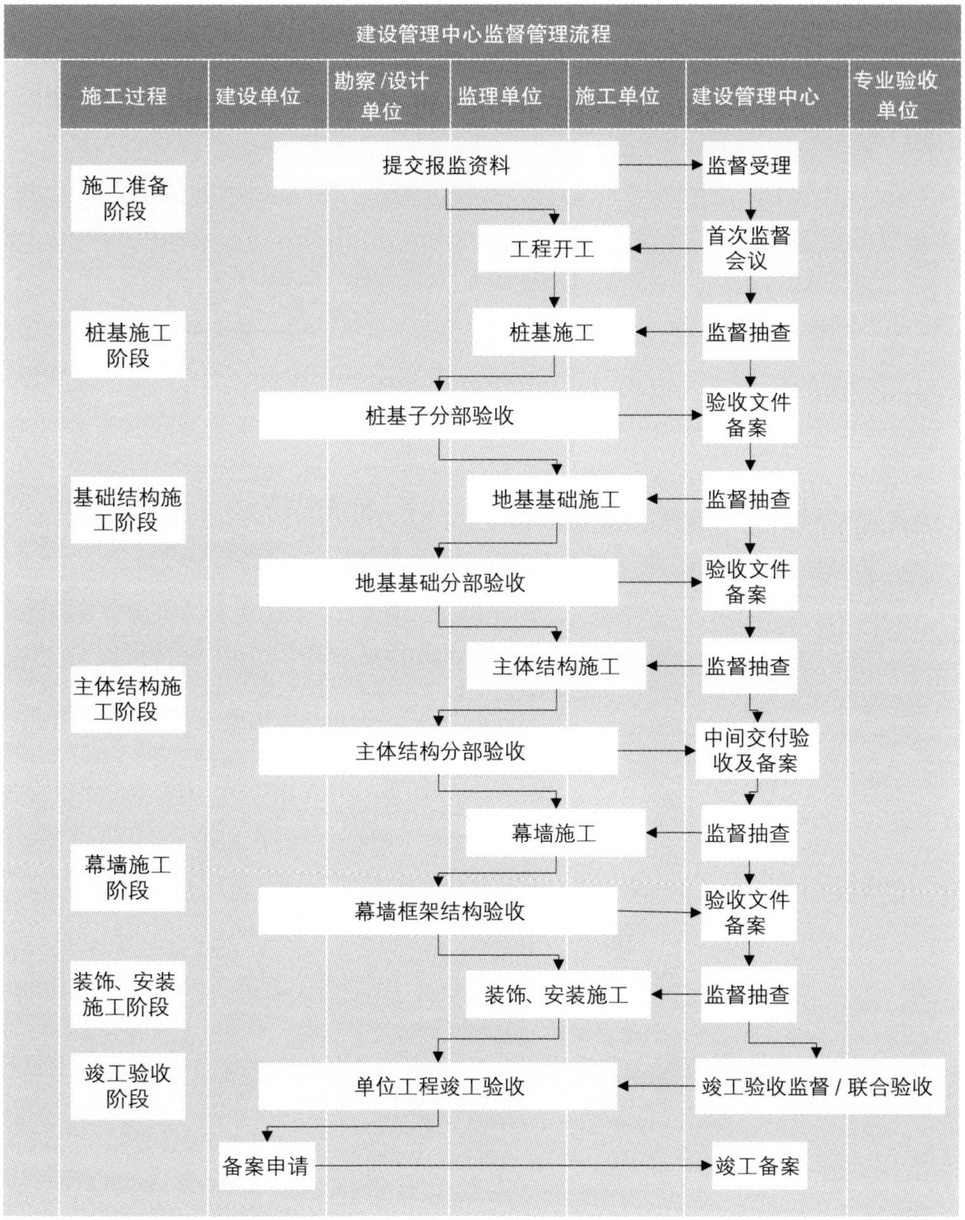

图 7-3-6　迪士尼项目政府监管流程图

三、监督管理制度

通过研究分析提出差别化监管制度；标准先行制度；中间交付验收监管制度；项目竣工政府联合审核制度，创优制度和培训教育制度。

重点介绍标准先行制度、中间交付验收监管制度、项目竣工政府联合审核制度。

（一）标准先行制度

1. 常规建设工程

建设单位应明确其执行的标准编号和名称，工程建设过程中应严格按照标准实施监督管理，特别是工程建设强制性标准。

2. 采用四新技术的工程

由建设单位组织设计单位、施工单位及监理单位编制适合本工程的施工控制及质量验收标准，如涉及结构安全和使用功能的，必须组织相关专家进行评审和论证，并办理相关备案手续。

3. 采用外方标准的工程

中方有此类标准，美方标准严于中方标准的，将美方标准视为企业或项目标准，可以采用美方标准施工及验收；美方标准和中方标准存在矛盾或宽于中方标准的，应严格执行中方标准。

中方无此类标准，采用美方标准应符合相关程序，即建设单位应组织设计、施工、监理单位对标准进行翻译，并根据工程需要编制为项目的检查和验收标准；涉及主体结构安全及使用功能的检查和验收标准必须经上海市相关部分评审和论证，并办理相关备案手续。

（二）中间交付验收监督制度

由于乐园项目土建装饰工程和游乐设施工程存在交叉施工的现象，为避免交叉施工导致质量问题及成品保护等方面的扯皮，制定中间交付验收监督制度，由建设管理中心对中间交付验收进行监督。

1. 中间交付验收须具备的条件

主体实物工程已经完成，技术资料齐全，质量符合设计、规范的要求；

现场已清理，符合下道工序施工要求；

如涉及安全方面要求，需要满足消防要求的，消防验收必须通过。

2. 中间交付监督程序

移交单位根据规定填报中间交付验收交接表；

移交单位所属项目监理部确认具备移交条件，并通知建设单位；

建设单位通知移交单位及其监理、接收单位及其监理以及相关设计人员进行中间交付验收，建设管理中心进行验收的到位监督；

参与验收的各方，对交付项目是否具备移交条件进行验证和确认，接收单位有特殊要求时，可以当场提出；

对联合查验过程中取得共识并提出具体整改意见的不合格项，由交付单位根据整改意见完善落实，交付单位所属项目监理进行监督，整改完成后按上述程序重新验收，直到验收合格；

建设管理中心对中间移交验收的组织及验收的内容、质量进行监督，并对中间交付验收进行备案。

（三）竣工联合验收制度

为提高建设工程竣工验收效率，更好服务项目法人，管委会牵头建立乐园项目竣工政府联合审核平台，统一受理申请、组织集中验收、协调矛盾和问题。

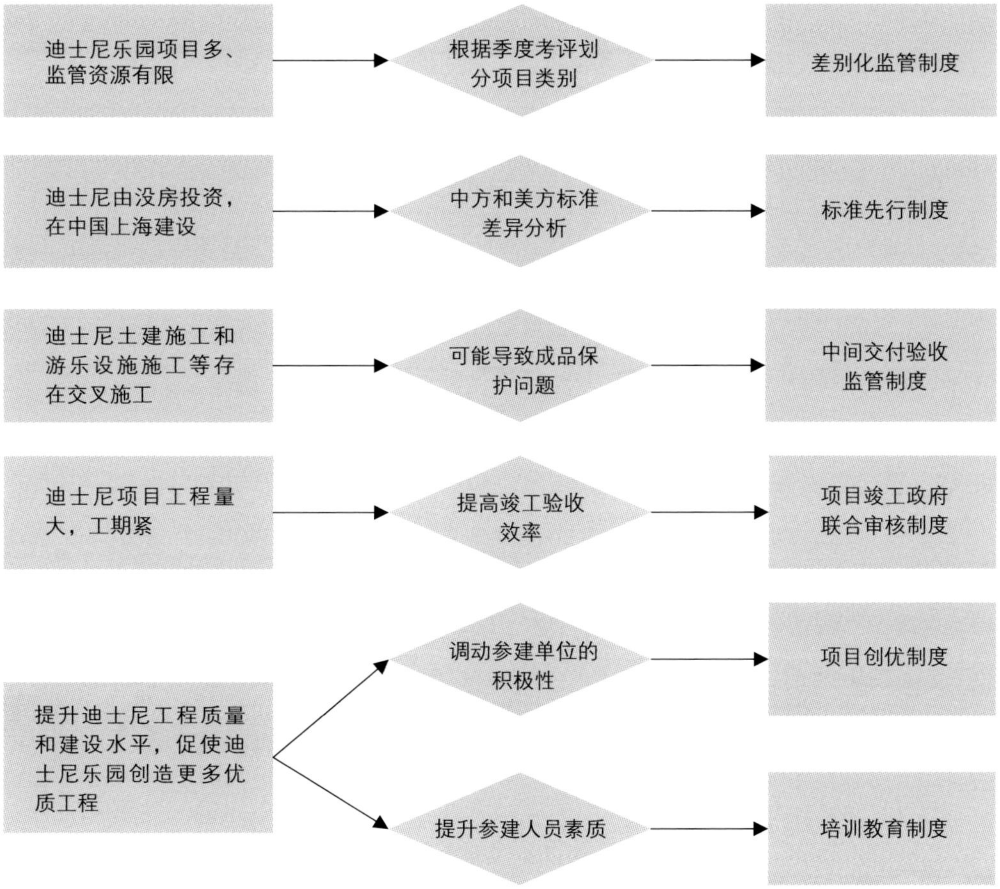

图 7-3-7 迪士尼项目监管需求与监管制度对应示意图

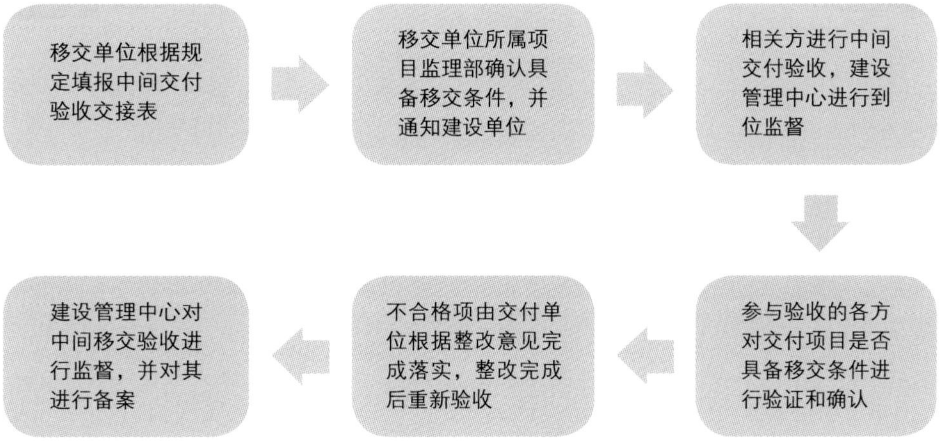

图 7-3-8 中间交付验收流程示意图

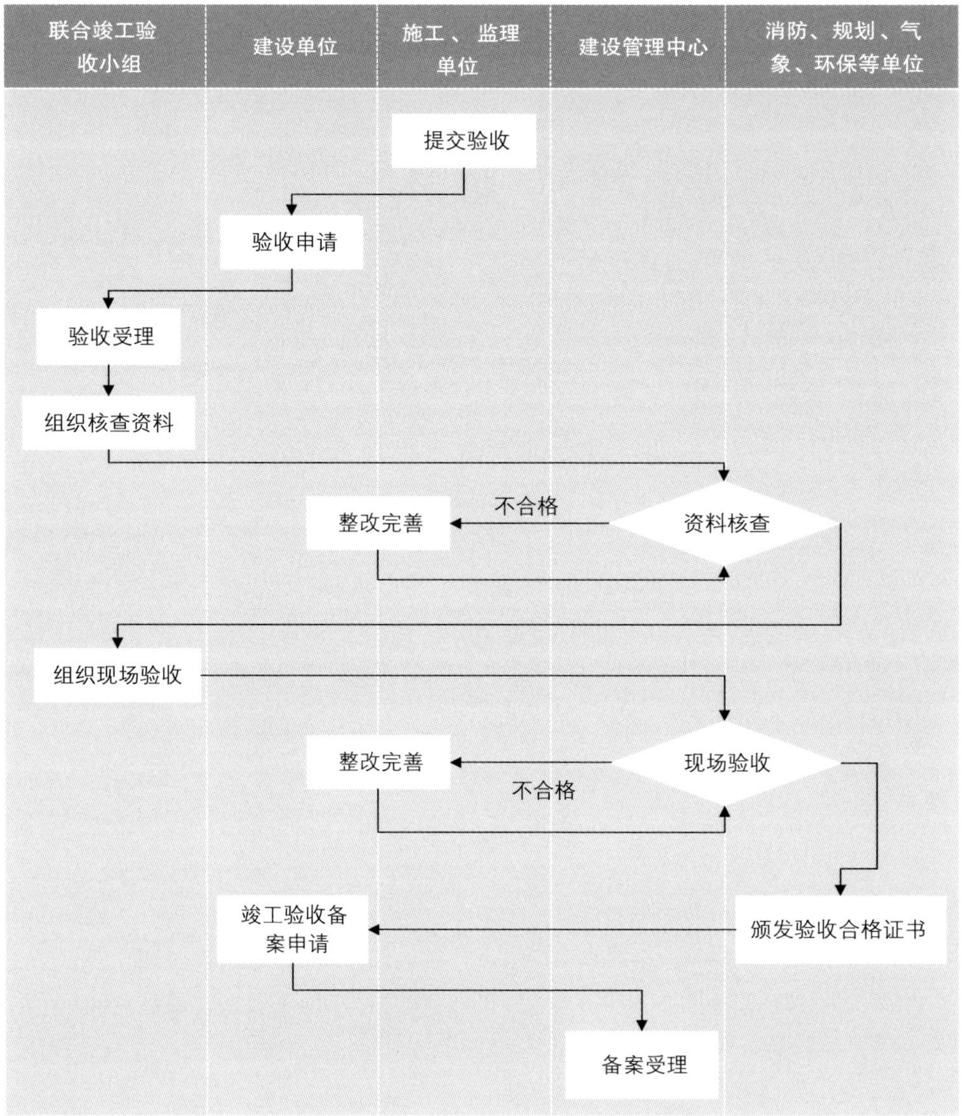

图 7-3-9　竣工联合验收示意图

第四节 施工期环境监理

环境监理作为第三方咨询服务活动，具有服务性、科学性、公正性、独立性等特性。环境监理借助其在环保专业及环境管理等业务领域的技术优势，引导和帮助建设单位有效落实环评文件和设计文件提出的各项要求，在建设单位授权范围内，协助建设单位强化对承包商的指导和监督，有效落实建设项目“三同时”（同时设计、同时施工、同时投产）制度。

一、主要做法

（一）有序推进环境监理

为落实国家环保部关于乐园项目施工期环境监理要求，在度假区管委会指导下，上海国际主题乐园有限公司编制乐园施工期环境监理工作方案。上海市环境科学研究院负责监督乐园项目及配套设施和公共事业施工期间的总体环境保护措施实施和合规情况。监理过程贯穿建设项目施工阶段。

（二）反复研讨实施细则

环境监理单位在总结国内外环境监理管理经验的基础上，根据环保部相关规定和建设单位内部环境管理要求，编制了环境监理实施细则。细则明确了环境监理的组织机构、工作程序、环境监理要点、工作内容、监测计划等内容，搭建了较为完善的技术体系。环保主管部门对实施细则进行指导，使实施细则不断完善、具有科学性和可操作性。

（三）优化环境监理组织机构

成立乐园项目环境监理机构，现场派驻监理人员，具体负责监理合同实施。

本项目环境监理机构由 5 人组成：环境监理总监 1 名，现场环境监理工程师 1 名，环境监理员 2 名，技术文件审核人 1 名。环境监理总监、现场环境监理工程师和技术文件审核人均具有环境保护部颁发的建设项目施工环境监理技术人员培训合格证书，环境监理员经过上岗培训。

（四）广泛开展环保宣传培训

环境监理单位制作迪士尼度假区项目施工期环境保护培训材料，对项目管理公司、总包单位、施工单位、工程监理单位进行了专业化的环境保护知识和技术方法培训，提升各方环保意识，取得了很好的效果。

培训分三个层级逐步进行。第一层级是环境监理协同迪士尼环境部门给迪士尼业主方其他管理人员、项目管理公司环境专员及承包商的环境专员提供环境培训；第二层级是由项目管理公司的环境专员给总承包商和分包单位的管理人员提供环境培训；第三层级是由总承包商单位的环境专员和总承包商或分包的管理人员给分包单位的其他技术人员和施工人员提供环境培训。

（五）认真实施驻场巡视

环境监理单位对项目监理范围内（包括施工区、生活区、办公区和环境影响区）的环境和环境保护工作进行定期和不定期的日常监督、检查。现场巡视检查的内容主要有：检查施工方落实项目有关环境保护措施的情况；对监理范围内的环境状况进行日常巡查，对存在重大环境问题的施工区、生活区、办公区和环境影响区的环境情况和环境保护措施的实施进行跟踪检查。

环境监理单位在迪士尼项目现场常设环境监理机构，每天安排 2~3 名环境监理工程师和环境监理员进行驻场巡视检查，发现问题，及时通知相关单位进行整改。一般性或操作性的问题，采取口头通知形式；口头通知无效或有污染隐患的，发出书面监理通知，要求施工单位整改，并跟踪检查整改结果；如遇较严重的环境问题或同一环境问题反复发生的，发出环境违规或环境监理停工通知单；突发环境事件，协助建设单位向度假区管委会汇报，并协助建设单位制定处理方案，妥善合理地解决问题。

（六）定期监测环境质量

环境监理单位充分利用环境监测数据，指导建设项目环境监理工作的开展。对施工区内环境影响较大的污染源，根据合同约定，进行监测，并提供监测数据。必要时，委托专业监测单位进行监测。依据监测结果，对建设项目存在的环境问题要求施工方及时进行整改。

根据项目施工特点以及区域环境特征，每季度对环境噪声、空气质量进行监测（降尘每月一次）。环境监理单位于施工开始前进行一次全面的废水、废气、噪声等本底值采样监测；施工阶段，每季度对本项目周边环境进行一次环境质量采样监测。随着项目大规模施工的进行，为了解施工对地表水环境的影响，每个月增加一次地表水环境质量监测。对存蓄河道、中心湖和围场河水质进行监测，每类地表水各设 4 个监测断面，每个监测断面每次取一个水样单独分析。

（七）有效落实报告制度

建设项目环境监理报告制度是环境监理体系的基本制度。环境监理报告是环境监理信息的汇总反映，可为建设单位更好地落实建设项目环境保护，环境管理部门更有效地实行建设项目环境管理，提供第一手项目资料。

环境监理实施过程中，环境监理单位建立周报、月报、季报制度，定期报送给建设单位。建设单位向环境主管部门定期报送建设项目环境监理季度报告、环境质量监测报告，并将在项目竣工验收时提供建设项目环境监理工作总结报告，为环保管理部门更有效地实行建设项目环境管理，提供技术依据。

（八）坚持环境监理会议制度

建设项目环境监理会议是传达建设项目环境监理工作意图，检查建设项目环保措施落实情况，沟通环境监理和项目参建单位之间工作关系的重要途径之一。环境监理应按规定组织召开各种形式的现场会议，其中包括：第一次环境监理现场会议、定期或临时环境监理现场会议。

建设项目环境监理会议可与工程监理会议合并召开，工程监理会议应包括建设项目环境保护和环境监理内容。如在出现重大环境问题或推广先进环境管理经验与环保措施时，也可单独召开环境监理会议。

二、工作创新

（一）工作内容创新——为建设单位提供全面的环境咨询服务

环境监理的工作内容，不仅限于行业规定中建设项目环境监理关注的内容，而且涵盖建设项目所有内部的环境管理要求，并协助建设单位不断完善其内部环境管理体系，为建设单位提供全面的环境保护技术咨询服务。

（二）实施规范创新——指导监理方案编制，协调监理方案实施

为了使监理实施细则更具有科学性、可操作性，在环保主管部门的指导下，环境监理单位多次会同建

设单位一起借鉴香港迪士尼施工期环境监理经验，对该项目的环境监理实施细则进行深入讨论，并提出指导性意见。同时，协调环保管理部门、技术部门给予必要的支持，使环境监理工作顺利实施。

（三）监督手段创新——建立环境监测预警制度

为最大限度减少施工对环境的影响，建设单位借鉴美方管理经验，建立了环境监测预警制度。首先根据环境本底监测值设置监测“预警值”，当环境监测结果达到“预警值”后，即寻找影响因素，并要求建设立即采取相应的整改措施，整改措施落实后，再对相应的环境因子进行监测，验证其整改效果。由于“预警值”标准高于国家和上海规定的“排放标准”，因此环境监测预警制度的执行能有效地确保现场污染因子的达标排放。

（四）监理模式创新——环境监理与工程监理密切配合

工程监理负责监管本标段内施工单位的环境保护措施的落实情况，特别是文明施工的执行情况。环境监理单位负责监督整个项目施工期间的总体环境保护措施实施和合规情况，同时关注项目实施对周边环境的影响。环境监理与工程监理保持密切联系与沟通，确保现场与周边环境不受污染。

（五）监管内容创新——为扬尘管理规范化研究提供依据

为贯彻《上海市扬尘防治管理办法》提出的“将扬尘污染防治纳入建设施工技术规范”的要求，将降尘污染监测部分纳入了度假区环境监理计划。监理单位于 2012 年 12 月起增加每月降尘监测，也为日后可能进行的建筑工地扬尘管理规范化研究提供依据。

三、相关成果

上海迪士尼度假区项目环境监理工作总服务周期近 4 年，期间共组织召开 180 次环境周例会及 47 次环境月例会，编制完成 808 篇《环境监理日志》与 180 篇《环境监理周报表》，编制完成并提交环境监理工作月报 47 份，季报 15 份。完成 1 次环境质量本底监测，14 次区域空气质量、场界噪声监测，完成 47 次地表水环境质量监测。施工期间未发生严重污染环境事件。

第五节　迪士尼乐园竣工验收政府监管

上海迪士尼项目建设过程中，多次出现国内标准与国际标准发生矛盾的现象，项目本身的特殊性、施工过程中标准的差异性以及进度要求的紧迫性，对项目阶段验收及竣工验收过程中的政府监管工作提出挑战。迪士尼乐园项目阶段验收及竣工验收政府监管办法研究，为竣工验收政府监管工作提供支持，实现监管程序合理、竣工验收难题解决、政府监管责任到位的要求。

一、阶段验收及竣工验收难点

（一）土建、游乐设施、布景混合，监管界面交叉

上海迪士尼乐园及配套项目结构功能复杂，不仅包括土建、钢结构、幕墙、装饰的施工，还包括大型游乐设施、布景的施工。布景、游乐设施的安装纳入施工总包管理范围内，与土建施工存在交叉施工的现象。

度假区管委会主要负责乐园内各项目的土建、钢结构、幕墙、室外工程、机电安装、装饰装修的监管工作，大型游乐设施等特种设备根据设施的级别分别由国家和地方质量技术监督部门监管，两者监管界面有所交叉。

（二）单体提前验收及备案需求

根据规划审批的原则，项目总体上以片区为基本单元，按片区进行设计和施工的审批。由于业主调试以及第三方入驻的需求，一张规划许可证上的部分单体需要早于整个片区进行验收备案。根据消防、环保、气象、档案和规划部门的验收要求，项目单体进行提前验收及备案时存在以下问题：

1. 消防验收：部分单体验收时无法完成消防设计文件要求，单体的备案时间与消防设施的完成时间存在时间差。

2. 规划验收：按照现有规定，一张规划许可证对应一次规划验收，需完成规划许可证范围内所有项目后才能进行规划验收。

3. 环保验收：按照环保验收文件的规定，环保验收针对的是整体验收，不做园区内的单体验收。

4. 档案验收：PMCS 系统中电子文件的有效性、施工单位出具的深化设计图纸有效性、仅有设计师签字的白图的有效性。

（三）中间交付验收问题

部分单体尚未竣工验收时，第三方租户装修团队即需要入场，部分业主自己进行的 CE（Creative Entertainment）工作与建设过程也存在重叠的可能性。此外，OC1 厨房设备及餐厅也因调试的需要，业主需提前进驻。

二、监管界面划分及中间交付验收政府监管

（一）监管界面划分

结合迪士尼项目特点及相关方监管职责，对监管界面划分如表 7-4 所示。

表 7-4　监管界面划分

上海国际旅游度假区管委会 —建设管理中心	土建、钢结构； 室外工程 装饰装修、幕墙； 机电安装 游乐设施、布景安装过程的施工作业安全
国家质量监督检验检疫总局 —中国特种设备检测研究院	10 项 A 类大型游乐设施
浦东市场监督管理局 —浦东特种设备监督检验所	除 A 类外其他游乐设施 电梯、压力管道、锅炉等特种设备
浦东市场监督管理局 —浦东特种设备监督检验所	以货物方式采购的布景、未纳入总包范围的创意娱乐（CE）； 迪士尼特有的，不影响建筑主体结构安全质量的装饰项目如主题抹灰、粉刷等

（二）中间交付验收政府监管

为保证工程质量，建设管理中心对中间交付验收进行监督。中间交付时，建设单位填写“中间交付验收申请表”并提交至建设管理中心。建设管理中心对中间交付验收进行监督，并在“中间交付验收交接表”上出具检查意见。

1. 对于拟中间交付验收的区域，必须具备的条件：

（1）拟交付区域主体结构施工满足要求；

（2）现场已清理，符合下道工序施工要求。

2. 建设管理中心进行中间交付验收监督的重点是：

（1）监督交付验收涉及的单位是否到场；

（2）交付验收程序是否符合要求；

（3）审核拟交付区域是否具备移交条件；

（4）审核遗留问题处理方案是否合理。

3. 消防中间交付应确认以下事宜：

（1）交付区域的消防设施已施工完成，并经调试合格；

（2）后续施工单位和原总包单位已办理场地移交手续；

（3）中间交付区域后续施工的消防安全保障措施已建立。

三、项目竣工验收政府监管办法

（一）竣工验收及备案流程

迪士尼竣工验收备案遵循单体验收备案、片区验收备案的流程，如图 7-5-1 所示。

（二）单体消防验收

1. 单体消防验收需满足以下条件：

（1）单体消防设施已施工完成，经调试和消防检测合格；

（2）单体中涉及的消防产品和具有防火性能要求的建筑构件、建筑材料、装饰材料的使用信息已经各方确认；需要消防复检的材料和产品已复检合格。

2. 对于消防水系统未能完成的单体，按照以下方式处理：

（1）由业主委托承包单位设置满足消防设计要求的临时水系统；

（2）临时水系统可考虑设置临时水箱或临时水泵，临时水系统设计应经设计单位确认符合设计要求，施工完成后经调试符合消防要求，使消防系统正常运转。

3. 每层楼安排专职消防值班员，增加消火栓灭火器的数量，从制度及管理方法上加强消防安全管理工作。

4. 针对提前入驻而政府配套消防站尚未建设完成的单体，采取以下措施保证消防安全：所有提前入驻的建筑单体内，配备正式的消防人员；组建企业消防队，对提前投入运营的建筑单体加强消防保卫；建立临时消防室。

（三）单体规划验收

乐园项目规划验收已授权度假区管委会，针对需提前验收的单体，检查合格后出具《度假区建设工程结构到顶监督检查意见书》代替规划验收文件。该意见书仅供单体竣工验收备案使用。

（四）单体环保验收

1. 单体环保验收的条件包括：

（1）环境保护设施及其他措施已按批准的环境影响评价文件的要求建成和落实，其防治污染能力满足主体工程的需要；

（2）环境保护设施安装质量符合国家和有关部门的专业工程验收规范、规程和检验评定标准；

（3）污染物排放符合环境影响评价文件中提出的

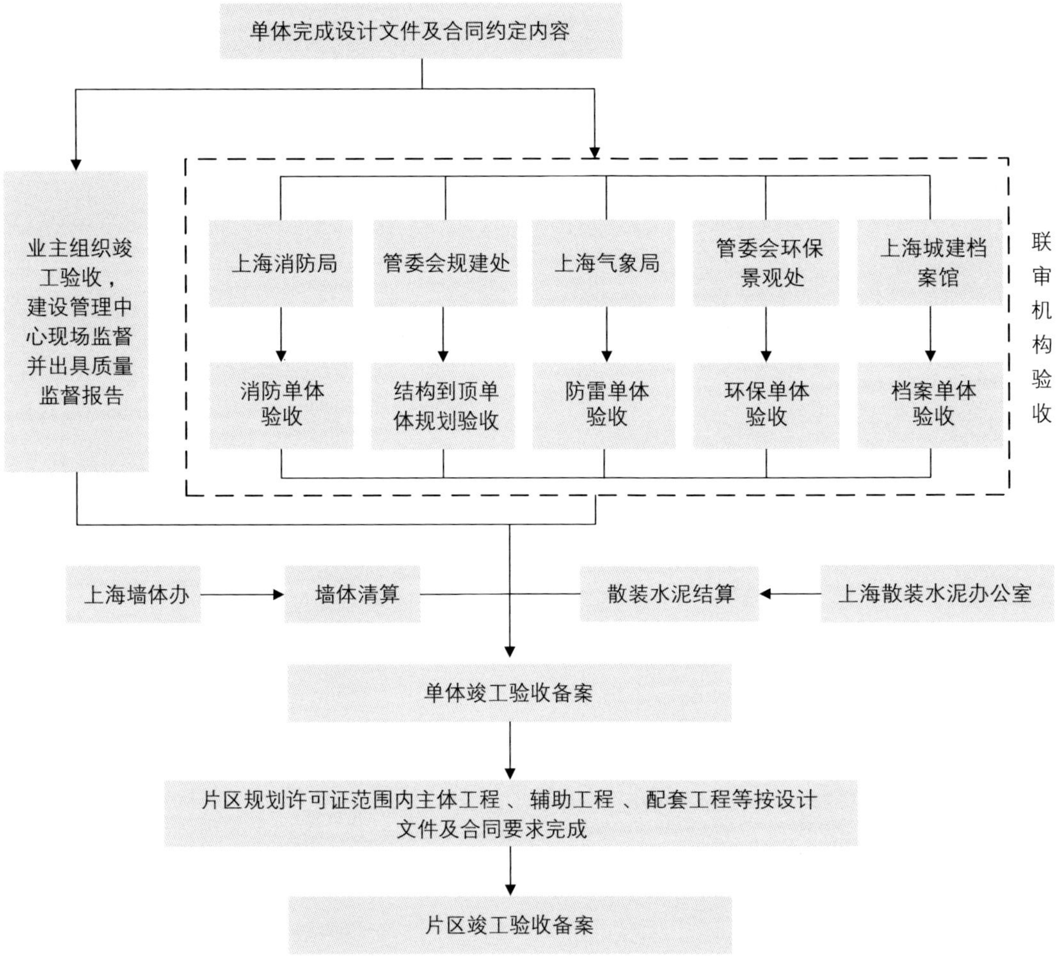

图 7-5-1　迪士尼验收及备案流程图

污染物排放标准要求。

2. 环保验收已授权度假区管委会，申请环保验收时，业主需提供：

（1）项目情况说明；

（2）环境监理出具环保设施、措施等的检测报告；

（3）业主承诺书。

由度假区管委会检查环保设施、措施后，出具《环保设施监督检查意见书》，仅供备案使用。

（五）单体防雷验收

单体防雷验收的主体是上海市气象局，单体防雷验收具体要求及流程依照上海市有关规定执行。

（六）单体档案验收

1. 单体档案验收要求

（1）档案验收单元

甲方文件以片区为单位，每个片区统一划分一个室外总体，档案验收的最小单元是单体。

（2）电子档案

电子档案（与纸质档案对应）单体验收时暂不提交，待片区验收时上交。

（3）竣工图

竣工图须满足建设管理中心竣工验收、城建档案馆档案验收要求；

作为竣工图归档的施工图按照规范，需经设计院（LDI）、审图公司认可；

竣工图图纸上有出图章、审图章、竣工图章；监理单位和施工单位在图纸上确认，竣工图与实物相符；变更情况需要在竣工图上反映；

对于涉及较大变更的图纸（有修改通知单 SK），必须重新审图；

关于归档图纸的范围问题，涉及结构、安全的信息必须无条件放进图纸中；其他有疑问的信息，由美方、设计、总包等单位协商，提出初步清单，报管委会及城建档案馆审批。

2. 单体档案验收过程

建设单位按照《上海市工程建设规范建设项目（工程）竣工档案编制技术规范》的要求完成档案资料组卷。

由城建档案馆对建设单位编制的档案进行审查，并出具《建设工程竣工档案检查结论单》。由业主附上承诺书，与检查结论单一起作为单体备案使用。

（七）片区验收及备案

片区竣工验收条件严格按照房屋建筑和市政基础设施工程竣工验收规定执行。片区消防、规划、环保、档案、气象等联审机构验收条件严格按照各联审部门的要求执行。

片区验收备案程序严格按照房屋建筑和市政基础设施工程竣工验收备案管理办法、上海市建设工程竣工验收备案办事指南及办理程序执行。

第八章 信息化管理
Chapter 8 Information Management

上海迪士尼项目的建设和运营管理广泛运用高科技成果，政府日常监管也在最大程度利用信息化、智能化手段实现信息共享互通并提升监管效能。目前，度假区运营管理信息和综合指挥平台，涵盖地下管线、地上建筑的地理信息管理平台，涵盖绿化、水务、环保、市容领域的环保景观信息系统等基本建成，并汇聚市区公安、应急、交通、旅游、市场监管等相关部门涉及度假区的安全管理和应急管理信息，运营主体的相关运营信息，不仅为各运营管理单位关于度假区客流预警、日常和应急管理、治安、交通、综合执法、网格化管理提供技术支撑和决策辅助，而且通过与政府行政管理信息化相关系统的对接，持续提高政府管理效能。

High-tech results have been extensively applied in the development and operation of Shanghai Disney Resort. Governmental day-to-day supervision has also been leveraging IT and smart methods to the full extent so as to realize the information sharing and connectedness and also to improve the efficiency of supervision. Currently, the Resorts Zone operation management system, integrated command platform, GIS which covers underground cables and structures above the ground, the environmental protection and landscape system have been basically set up. Other information pertaining to safety management and emergency management of Resorts Zone originating from such municipal and Pudong public security, emergency management, transportation, tourism, market supervision departments and operation information from operation entities has also been incorporated to provide technology support and decision-making reference for operation entities in terms of attendance precaution, daily and emergency management, public order, transportation, integrated law enforcement, grid management, and through the connection with governmental administration system, the governmental administration efficiency has been elevated.

第一节 度假区运营管理综合信息平台

上海国际旅游度假区综合信息平台着眼点在于面向管理资源整合运行的综合信息体系。通过综合管委会、公安、城市网格办运营管理业务，整合行政管理、公共服务、应急管理、市场监管、城市管理、公安业务等，建设统一指挥、统一处置、覆盖度假区区域的城市日常管理及应急联动体系，将服务、管理、执法有机结合，快速、有序、高效地开展城市综合管理和应急指挥，从而提升城市管理水平，也为建设平安园区、智慧园区提供技术的保障。

一、信息平台系统架构

（一）系统架构

度假区运营管理综合信息平台含有信息汇聚平台和视频汇聚平台 2 个二级子平台，前者主要汇聚交通委、旅游局等市区相关部门公共服务信息以及迪士尼管理公司、申迪集团等度假区内主要运营主体运营管理信息；后者主要汇聚浦东公安（交警支队）、管理公司、申迪集团及申通集团等视频监控信息。通过直接调用综合信息平台上的各类数据信息，并通过大屏等终端设备直观展示，为实现日常行政管理和应急指挥决策提供信息支撑。其中，信息汇聚平台涵盖客流分析预警系统、交通分析预警系统、游客服务移动应用系统、应急联动系统、应急管理、城市网格化管理系统、日常业务系统等 7 个子系统。视频集成平台建 110 接处警系统、无线指挥调度系统、勤务管理系统、公安交通指挥系统、警情统计分析系统、预警预案系统、TD-LTE 专网、运维保障系统等 8 个子系统。

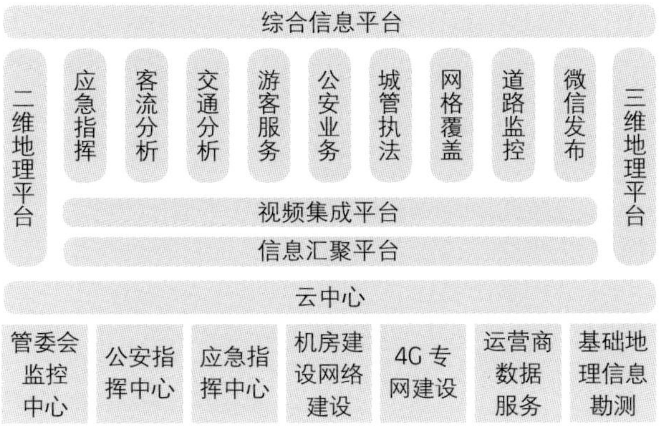

图 8-1-1 综合信息平台系统架构

（二）信息汇聚

运营管理综合信息平台汇聚交互了包括客流统计、视频监控及旅游资讯等方面基础信息。信息汇聚与共享内容主要包括市交通委、旅游局、应急办、测绘院及申通集团等市级部门或单位的公共服务信息；新区应急办、商务委（旅游局）、浦东公安分局、环保局（网格中心）、建交委（公共交通、民防）、卫计委、市场监管局、浦东消防支队、气象局等区级部门公共服务信息；申迪集团、管理公司、唯泰集团、上海移动、上海电信、上海联通及新能源公司等度假区内主要运营主体运营管理基础信息。

二、业务模块功能简介

（一）客流分析预警系统

客流管理系统是平台中重要的信息采集与监控系统，实现对度假区客流信息进行的采集、分析及预判。实现客流动态监视：实时汇集度假区各种交通方式的抵离客流，对重点区域实时监控客流密度，并通过视频分析、数学模型等辅助分析手段实现客流统计分析，预测客流趋势。

（二）游客服务系统

借助互联网技术，在度假区推广游客“自服务”等模式，实现智慧旅游。

（三）交通分析预警系统

为实时掌握园区内及周边的交通情况，做好相应各类交通应对工作。

（四）网格化管理系统

延用浦东新区现有网络化处置流程，叠加度假区本身的业务数据，实现度假区城市网格化管理系统。

（五）日常业务系统

为度假区管委会各类业务工作提供运行环境，例如：度假区门户网站、办公 OA 系统、行政审批等。

（六）110 接处警系统

延伸上海公安接处警系统，实时接收处置二级处警台下发的处警单处置、反馈并定位，与浦东分局处

图 8-1-2　客流分析预警系统界面

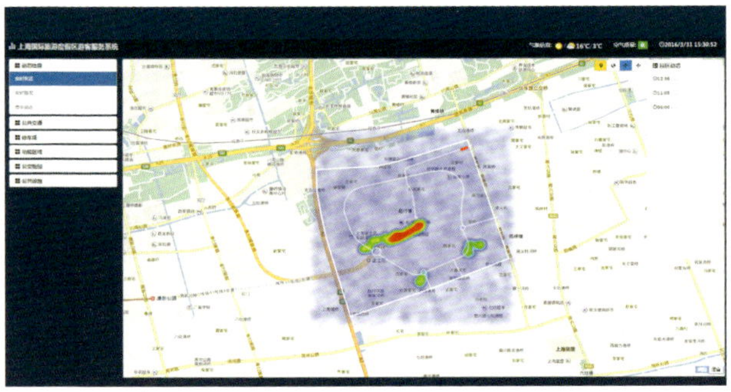

图 8-1-3　游客服务系统界面

图 8-1-4　交通分析预警系统界面

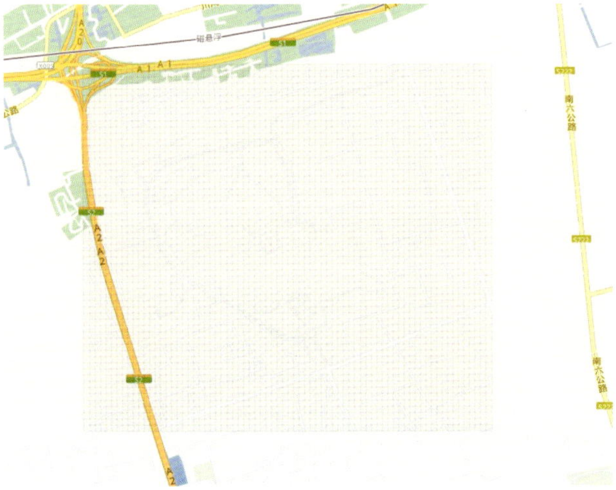

图 8-1-5　网格化管理系统

警系统无缝衔接。在此基础上，解决度假区内定位难而可能降低处警效率的问题。突发情况下，作为分局二级接处警系统备份。

（七）无线调度系统

无线调度功能是指挥中心最基本和最常用的业务，为充分保证无线调度系统的高可靠性和系统的先进性，采用数字调度和模拟调度相结合的模式互备工作，并打通与 TD-LTE 间互联互通，增强系统稳定性和可靠性。

（八）勤务管理系统

依托公安网、公安图像网、350M Tetra 无线数字集群专网，整合丰富的公安业务数据信息，结合 350M TETRA 数字集群系统和移动设备 GPS、短信、视频等多种应用模式，协助度假区公安处建立扁平化、反应迅速的勤务指挥体系。

（九）公安交通指挥系统

建设具备实时采集、信息传递、信息分析和处理、信息展示等功能的公安交通指挥系统，旨在针对变化的交通状态，提供实时、合理的交通管理与控制，包括疏通交通阻塞、预防交通事故、减轻交通事故危害。

（十）警情分析系统

对度假区内公安业务系统中各种信息资源汇集整合；依托大数据、云计算等技术，实现警情信息的共享、综合研判和实战服务的能力。

（十一）预警预案系统

预警预案系统提供一个预案的编制工具，可以方便地设计和部署预案流程，在系统提供预案流程管理的流程，即通过制定（修改）—审核—发布等过程，

图 8-1-9　公安交通指挥系统界面

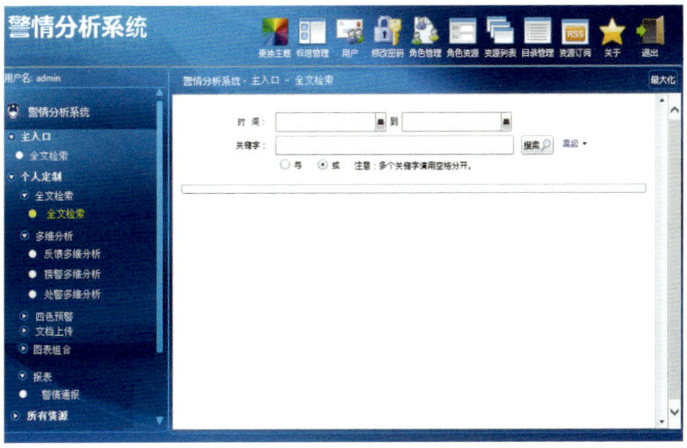

图 8-1-10　警情分析系统界面

图 8-1-11　预警预案系统界面

使得预案有一个自我完善的管理机制。

（十二）运维保障系统

运维保障系统是对整个项目从网络、计算机、交换机、服务器等设备，到数据的正常传输与否，进行集中、统一维护与管理的监控系统，是整个系统能否正常运行的“安全卫士”。

三、系统特点

度假区管理模式的特点是需要应对大客流常态化的挑战，属地政府部门需充分借助信息化加强管理。度假区运营管理综合信息平台的建立为园区内各管理部门及广大游客提供优质服务，树立世界各地迪士尼园区中当地政府高效管理水平的标杆，实现政府管理机制的创新，从而进一步提升上海地方政府管理先进性和高效性的品牌形象。

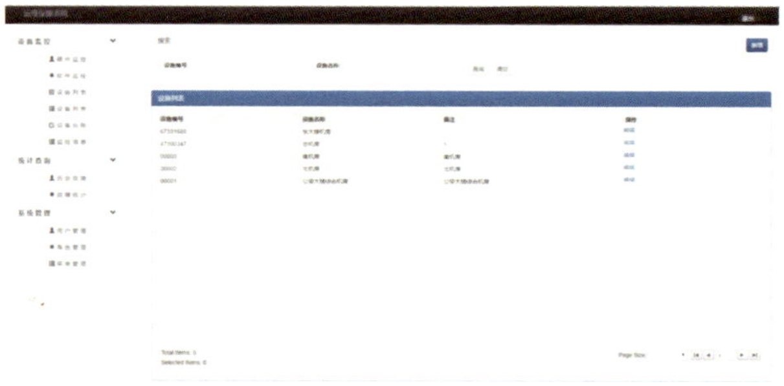

图 8-1-12　运营保障系统界面

第二节　度假区地理信息系统

上海国际旅游度假区三维空间基础信息平台利用空间数据三维可视化技术、数据库技术、网络技术，以全空间全生命周期的工程管理模式，建立了度假区核心区涉及地上、地下的全空间地理要素三维空间数据库，并贯穿规划、设计和竣工等主要项目过程。

平台由地上空间部分与地下空间部分两个子系统组成。前者在真实三维、立体、可视化、多角度、大环境中展现了度假区核心区地上三维场景，并进行规划、建筑设计方案的多方案比较推敲，实现局部的规划和建筑设计方案与区域景观综合分析与判断，辅助度假区建设规划审批。后者以度假区地下管线数据为基础，将地下管线信息通过各系统模块展现给用户，系统侧重三维地下管线信息的浏览、查询和统计，并通过分析功能辅助地下管线规划和掘路审批。

一、平台建设内容

（一）地上空间部分系统

1. 建筑三维模型建设：完成核心区所有重点建筑物的外部三维模型、地面场景和重要建筑室内三维模型建设。根据建设进度，对建设阶段、竣工阶段分别进行园区模型的建设，并最终实现园区建筑竣工模型的全覆盖，实现三维场景的真实展现。

2. 搭建地上三维地理信息基础平台：以实现三维数据的浏览、查询、量测、统计等基础应用功能为基础，结合度假区各部门业务职能，研发形成适合各类功能拓展的基础性平台，实现了度假区开园前汇报展示、虚拟游园等功能。

3. 建筑三维规划审批专业模块开发：结合度假区管委会规划审批业务职能，实现度假区建设规划审批项目在线办理辅助。在真实三维、立体、可视化、多角度、大环境中，进行规划、建筑设计方案的多方案比较推敲，实现局部的规划和建筑设计方案与区域景观综合分析与判断。

（二）地下空间部分系统

1. 标准规范建设：通过项目建设形成相关技术标准规范，包括度假区地下管线数据提交标准格式、度假区地下管线地下空间信息系统数据字典、度假区三维模型建设及入库设计书。

2. 数据体系建设：系统完成相关数据采集、整理、入库和表达，数据类别如图。涉及三类地下管线数据——规划管线、设计管线和跟测管线，覆盖管线建设阶段的全生命周期。同时，系统中管线数据覆盖了主题乐园区域、核心区和发展功能区，且类别全、数量多，是审批分析的基础。

3. 管线三维规划审批专业模块开发：以影像和高仿真的三维管线模型多视角地展示地下管线外观、空间位置、分布情况及周边自然环境情况。并基于精确的地下三维管线模型库和属性信息辅助对地下管线规划、审批的分析决策。

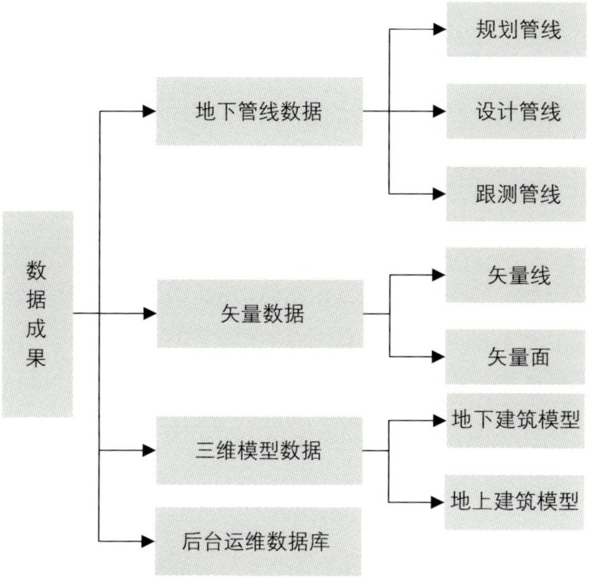

图 8-2-1 数据成果图

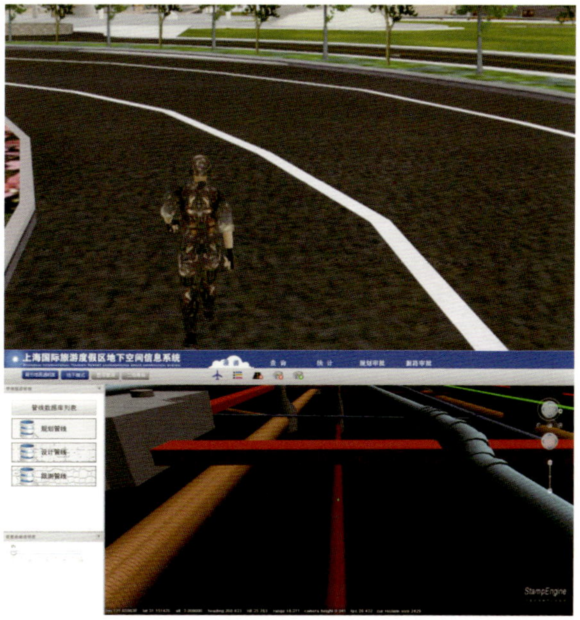

图 8-2-2 漫游

二、主要功能模块

（一）基础三维应用模块

1. 园区漫游

漫游模块的设置，主要为方便用户浏览。可进行任意路线飞行，也可自定义运动物体在园区内漫游。不仅可以在地面上飞行，也可以在地下管线间穿梭。

2. 空间量测

系统中的基础数据都是基于真实的三维空间地理位置，因此建筑物、管线、小品等任何场景中的可见物都具有可量测性的。系统提供了交互式工具来进行三维场景的空间量算，包括真实坐标、方位、高度、空间距离、面积等。

3. 属性查询

建筑属性查询：系统中每个建筑都是一个独立单体，以其为对象，除了提供基本数据的查看，还对建筑现有的电子图纸入库，提供查看、下载，实现以建筑单体为单位的全数字化成果图文档可视化管理，达到数据资源集中管理。

管线属性查询与统计：提供三维管线的图文互查及根据管线数据类型（规划、设计、跟测）、所在道路和管种等对管线进行空间查询。同时提供对管径、管块、长度、埋深、材质等多类型的在线统计。

图 8-2-3　空间量测

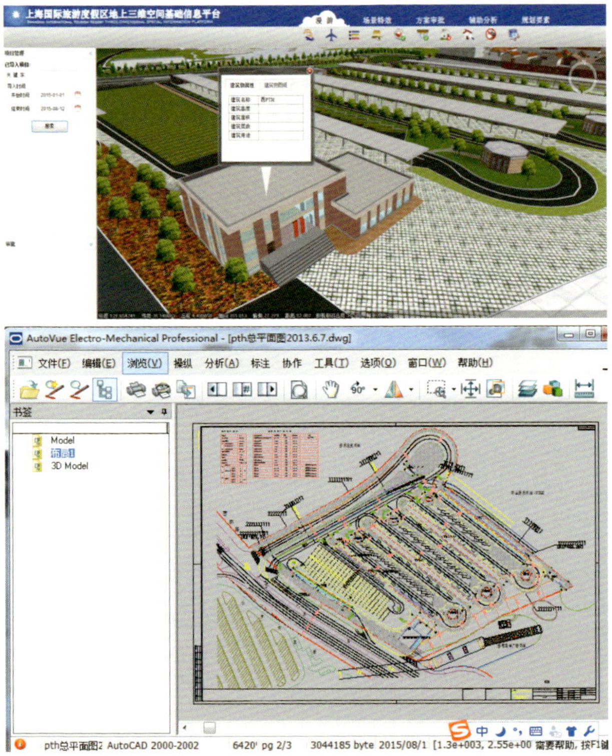

图 8-2-4　建筑属性查询

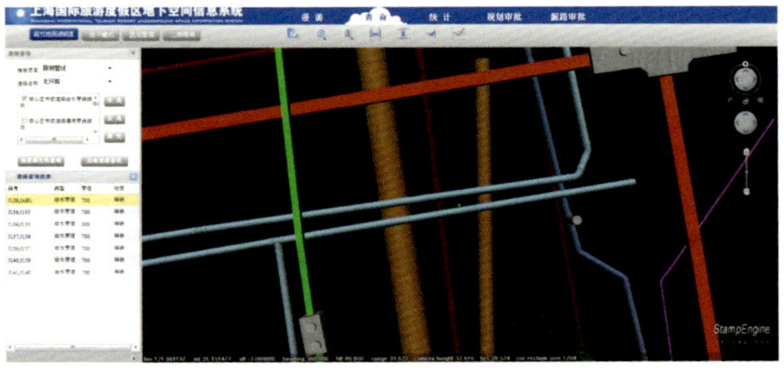

图 8-2-5　图线属性查询

（二）场景特效模块

为提升场景美观度、真实度，平台更加注重场景的表达效果，对模型进行细节优化、对平台进行更新，增加刚体动画、动态水面以及天气特效等特效。

通过刚体动画制作，实现园区内部分游乐设施的动态展示效果。

动态水面：对园区内所有水面数据进行了加工，实现了动态水纹倒影效果。

天气特效：为了使场景更加丰富多彩，引入了雨雪雾等天气特效。

图 8-2-7 动态水面

（三）建筑方案审批模块

1. 三维规划审批功能

（1）设计方案浏览

通过设计方案三维模型的加载，给建管、规划人员提供真实的设计规划方案三维场景效果，直观看到各种规划设计方案，使规划管理从抽象到直观，更加科学、方便地进行规划管理工作。同时，提供多个不同方案比选，通过双屏技术，将同一项目两个方案联动分析，从空间体态、数据指标上进行比选。

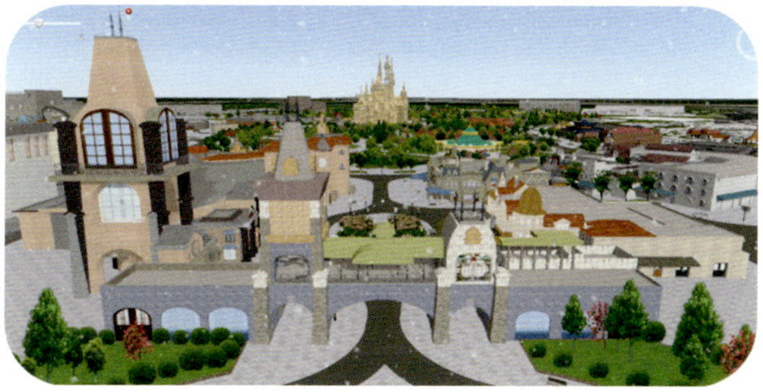

图 8-2-8 天气特效

图 8-2-6 刚体动画

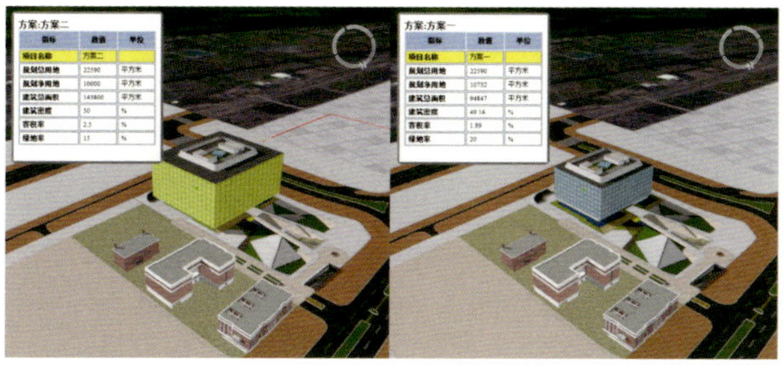

图 8-2-9 方案比选

（2）控规指标比对

控规指标包括用建筑高度、红线退界、用地性质、用地面积、绿化率、容积率等，通过统计规划设计方案中三维模型的各项属性值，与控规指标进行比对，即可获得该范围内的规划设计方案是否符合要求。

控高分析：将设计师设计的建筑模型置于三维场景中，根据地块边界、建筑限高自动生成半透明的三维控制盒，将方案中的建筑与规划值进行自动检核。

退界校核：退界距离，是针对建筑基地边界、道路红线、河道蓝线等建筑进行退让的距离。建筑按规定只能建造在规划的退让边界以外。根据建筑退让基准线与退让距离自动生成退让区域，自动判断设计建筑与该区域的空间关系。

指标查看及比对：系统提供了多类型的指标查看，有建筑单体属性、设计方案指标、规划指标等，以列表形式显示，并对超标数值以高亮警示；并将项目指标与规划指标之间进行一一比对。

附件查看：可查看项目、方案等附件，支持多种格式（*.doc，*.dwg，*.jpg，*.pdf 等），可放入项目总体规划、控详规划、设计方案总平图等相关附件。

2. 规划要素管理

（1）规划信息导览图

在三维场景中叠加规划信息导览图，以不同的标准底色标识不同该用地性质的地块，同时标识不同类型的控制线，如：道路红线、建筑控制线、捷运系统控制线等，以及各类市政设施，如：供电设施、邮政设施等。

（2）规划要素查询

所有规划地块、规划绿地以二维形式叠加于三维场景中，鼠标点击可获取相关信息，支持模糊查询的方式，并可绘制多边形，自动计算所绘区域的绿地总面积、绿化率等。

图 8-2-10　控高分析

图 8-2-11　退界校核

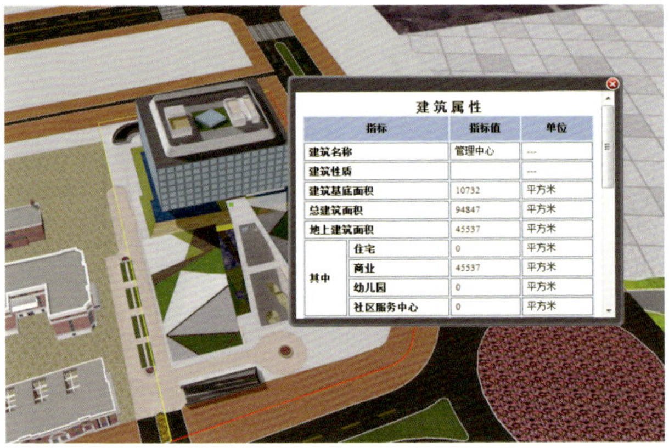

图 8-2-12　建筑指标查看

图 8-2-13　控高分析

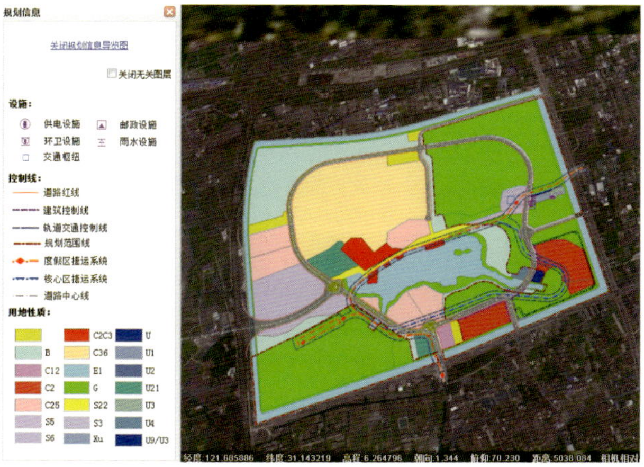

图 8-2-14　规划信息导览图

图 8-2-15　规划要素查询

3. 辅助分析模块

（1）视野分析

模拟人站在某一高度，向远处眺望的视野区域，并可左右移动鼠标，任意更改观测方向。此功能可模拟制高点观察。如图，模拟位于管理中心四层楼高度处，向中心湖方向眺望的视野情况。

（2）阴影分析

模拟某一日期、时间的阴影分布情况，在 3D 视窗可视化显示计算结果，地面和建筑物的黑色阴影表示日照阴影。用户可以调整日期和时间分析同一地点建筑物间在不同时刻的遮挡关系。

（3）视频监控

平台中以三维场景映射播放模式，将视频监控数据映射到三维场景中，从而获得更加真实的展示效果，该功能可应用于园区的应急管理。

（四）地下管线审批模块

该功能模块作为度假区地下管线“工程规划许可证”和“竣工验收合格证”审批的辅助功能，主要实现不同阶段管线的相互比对。

1. 三维规划审批功能

平面位置比对功能是比较同一管段不同数据类型间的平面位置差异，即同一管段的规划数据和设计数据的对比，以及同一管段设计数据和跟测数据的对比。比对结果除在三维场景中，通过双击定位的模式进行显示外，还可通过折线图表进行输出，提供给申请单位，做到审批的有理有据。

（1）撞管分析

撞管分析主要用于分析待审批管线与其他管种间是否存在撞管现象。

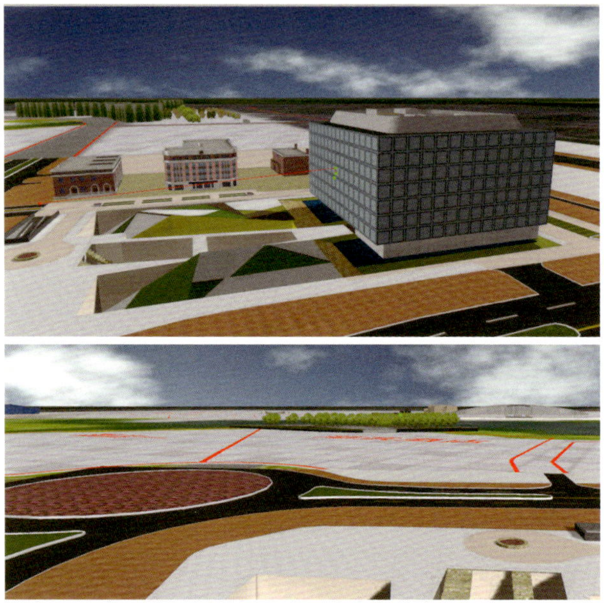

图 8-2-16 视野分析

图 8-2-17 阴影分析

图 8-2-18 视频监控分析

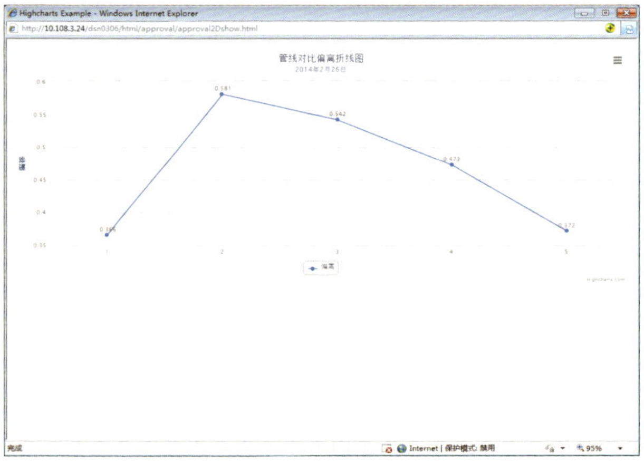

图 8-2-19 管线平面位置比对平面图

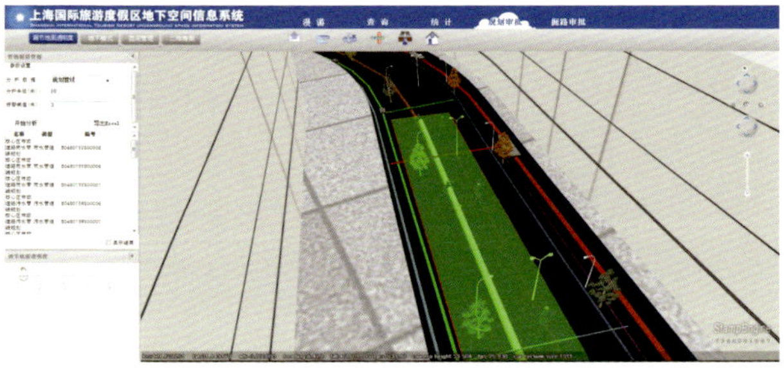

图 8-2-20 撞管分析结果

（2）避让检查

避让检查是针对燃气管线和电力管线设计的功能，出于安全考虑，燃气管线和电力管线间的距离往往有所要求，因此本功能主要实现对燃气和电力管线间安全距离的检查。

（3）井室位置比对

为比对同一井室不同阶段的重合度而设定，即对比规划—设计阶段和设计—跟测阶段的不同井室的重合度。

2. 掘路审批功能模块

在建设后期和运营阶段，管委会会收到沿路开挖的申请。大部分情况是因为新增过路管的铺设，需在已竣工路面进行开挖。由于地下管线的错综复杂和施工人员对地下管线埋设情况的不确定，路面开挖往往存在开挖事故的隐患。本功能模块即是为配合“掘路许可证”发放而设计。

（1）道路开挖和自由开挖

根据申请者所提供开挖位置的详略，共提供了两种开挖模式。用户通过提供开挖位置及开挖深度等信息，即可在三维场景中预演开挖后的情况。

（2）输出列表

除了三维场景中直观的展示开挖结果，系统将整理出被挖到的管线属性，并以列表的形式显示出来，以便提供给申请者。

（3）导入过路管

模拟路面开挖后，还可在开挖地形上导入过路导管设计方案，在三维场景中对过路导管的方案进行检查。

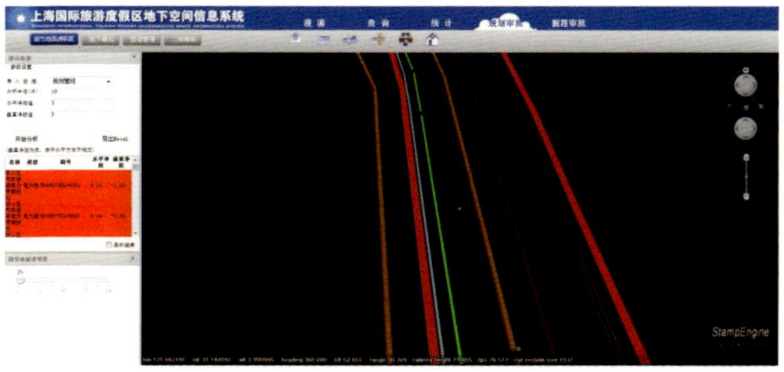

图 8-2-21 避让检查

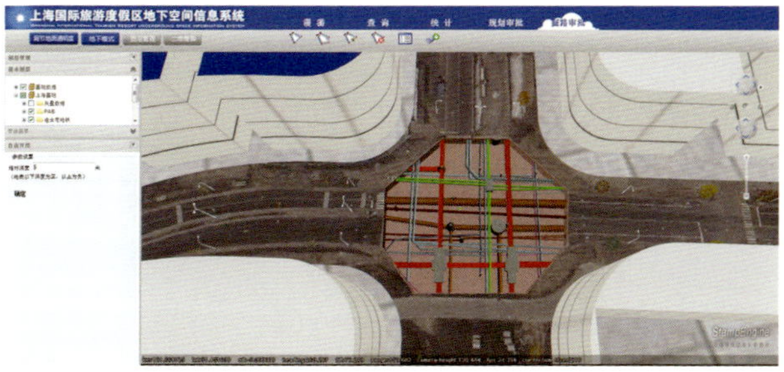

图 8-2-22 自由开挖

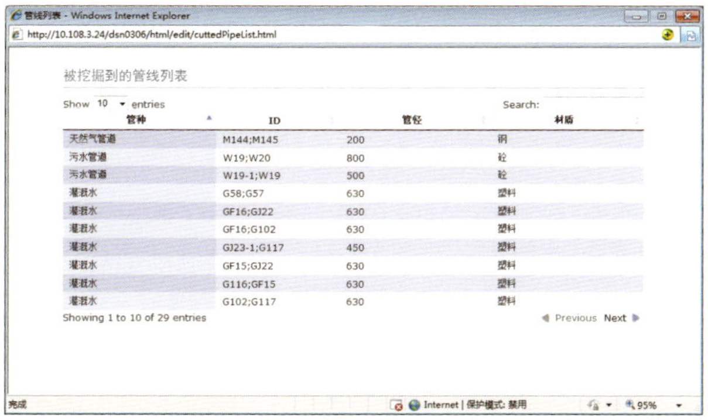

图 8-2-23 输出列表

三、系统特点

度假区三维空间基础信息平台基于庞大的空间数据基础及真三维场景展示，提供了全空间全生命周期的工程管理模式，在空间维度上涉及地上、地下的全空间地理要素，并贯穿规划、设计和竣工三大工程建设过程。在三维地理信息系统中，立足于规划审批职能，研发建设地下管线、地上建筑方案的规划审批项目在线办理辅助功能，通过规划设计数据空间量化进行三维可视化表达，严格控制设计方案的成果质量，并在建筑、管线竣工阶段进行三维整体复核，实现三维 GIS 对项目整个生命周期的质量把控，有助于特大型园区建设中各环节的严格质量控制，同时实现度假区建设期的汇报展示、虚拟游园等功能，为后续开发建设的三维规划审批提供便利。

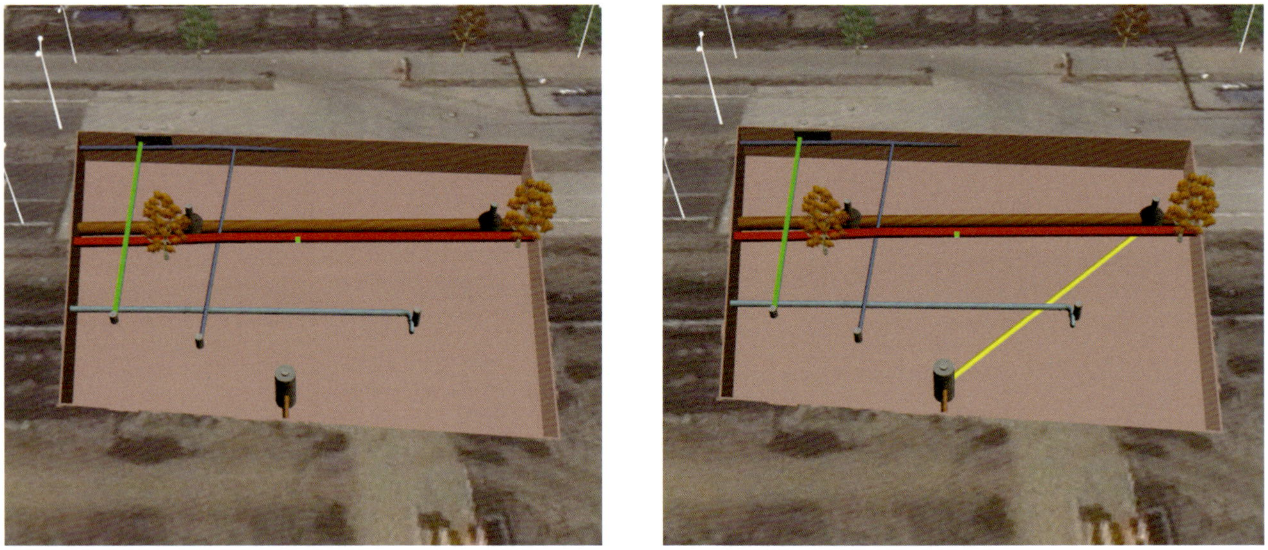

图 8-2-24　导入过路管

第三节 度假区环保景观信息系统

根据度假区精细化管理的要求，需对绿化、水务、环保、市容景观等业务进行统筹规划、协调发展，协同与相关部门及开发主体的工作关系。限于传统的工作模式难以满足度假区管理需要，需通过信息化提高工作效率，全面推进精细化、数字化和系统化管理模式，建立度假区环保景观信息管理系统，实现区域内信息监测与业务信息管理，为区域绿化管理、水务管理、环保管理、市容景观管理、专业规划与综合执法管理等提供现代化管理手段，为度假区防汛指挥、水资源调度、设施运维管理和环境综合管理、突发污染事件应急指挥提供决策支持，更好地服务度假区综合管理需要和经济社会可持续发展。

一、建设原则

（一）需求主导、重点突出

满足管理需求，建立度假区内绿化、水务、环保、市容景观数据接入、接收、处理、存储和管理的合理机制，实现绿化、水务、环保数据、市容景观资源的整合，并建立数据查询、检索、统计系统，便于进行实时监测和应用分析。

（二）统一规划、分步实施

度假区建设周期长，信息化建设需根据建设进度逐步推进。信息化建设需要进行统一规划，设计较为完善合理的信息化建设框架，后续的建设内容可遵循统一的建设框架，逐步进行扩展、升级和完善，避免重复投资。

（三）实用先进、安全可靠

从度假区信息管理应用出发，采用先进技术，利用关系型数据库技术、GIS 技术、RS 技术、统计分析技术、中间件技术等，保证系统先进性，具有较强的实用性、安全性、可靠性、可扩展性和较长的生命周期。

（四）操作简便、标准规范

充分考虑系统操作方便、易学、直观，适合不同岗位工作人员的应用要求。同时要求系统的建设与开发遵循数据库建设、应用开发、软硬件环境配置等有关标准、规范和指南，采用标准的易操作的图形界面，以利于系统的有效运用。

（五）综合比选、合理设计原则

综合考虑信息采集、传输、处理等各个环节应用的实际需要，在多方案论证、综合比选的基础上做出设计方案选择，正确处理发展与安全关系，综合平衡成本和效益，以保证方案的合理性和科学性。

二、系统框架

（一）数据采集层

主要包括实时在线采集的水位、雨量、流量、水质和水闸泵站工情、水压的数据，通过共享接入的大气噪声污染、绿化、市容景观等数据，通过输入方式获取的审批数据、执法数据、环境监理数据、规划数据、基础数据和遥感数据等。通过多种方式采集到的数据通过通讯传输网络传输到度假区综合数据库。

（二）数据存储层

数据存储层主要包括信息化框架基础平台和综合数据库。信息化框架基础平台模块对内是专业核心数

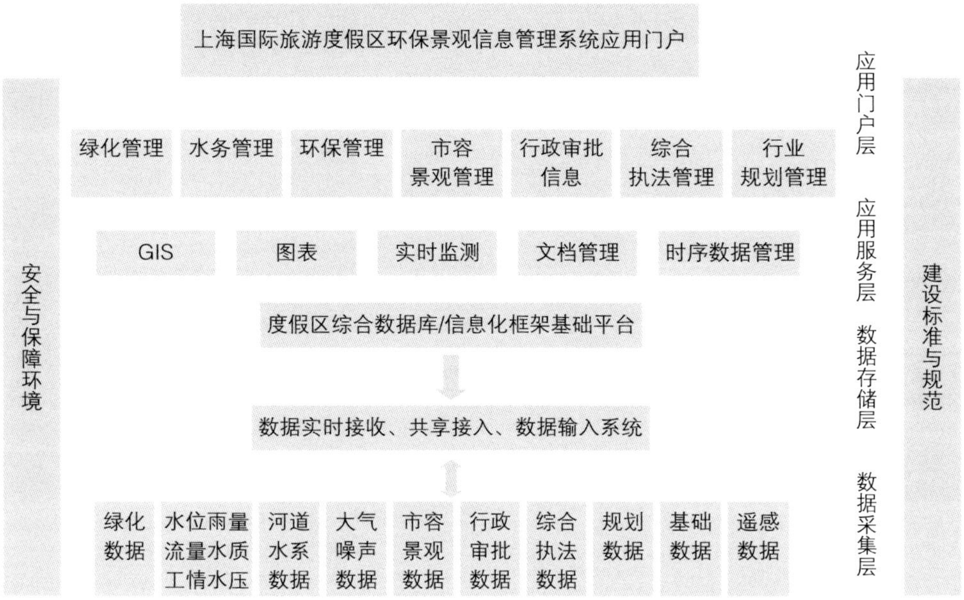

图 8-3-1　系统框架

据库同高级应用系统间数据交互的平台，对外是其他用户单位完成数据双向通讯的界面，实现不同层面数据和应用的相对隔离，规范了数据共享交换，有效保障了数据安全；度假区综合数据库主要用于存储管理获取的各类数据资源，进行安全备份等。

（三）应用服务层

应用服务包括应用功能开发需要的多种应用服务软件和组件，如 GIS、图表、实时监测、文档管理、时间序列数据管理等，主要为应用功能提供 GIS 分析、数据查询统计、信息监测、文档上传与发布等服务。

（四）应用门户层

主要围绕管理应用需求，开发绿化管理、水务信息管理、环保信息管理、市容景观管理等业务模块，提供信息查询、统计、河道变化分析、绿化遥感分析、规划与现状分析、行政审批信息管理等应用功能。同时提供应用门户访问的统一入口，用户通过门户可以访问系统提供的数据服务和应用服务。

三、系统特色

充分应用浦东水文署信息化框架结构设计思想，借用其信息采集平台、数据处理系统（WISKI）及信息化框架基础平台，接入上海市测绘院地理信息资源，融合上海市绿化信息管理平台，建立度假区环保景观信息系统。

信息系统基于上海市地理信息公共服务平台，开发 GIS 应用系统，加载河道水系、绿化的规划数据和遥感数据，接入周边大气及水文水质实时监测数据，能够实现以下功能：

（一）图形展示直观化

展示度假区（包括浦东新区）基础地图及遥感影像地图，显示度假区范围解译后的历年绿化及河道水系图层，实现属性信息查询及进行叠加、分栏对比分析功能，可全面掌握度假区绿化及水系变化情况；载入相关专项规划图层，并具备与现状图层比对功能，为科学制定工程计划及规划实施奠定基础。

（二）数据显示实时化

实时显示度假区区域空气和周边水环境质量状况数据，动态显示外围河道水位、流量、雨量等信息；预留度假区内大气、水及噪声在线监测数据接入功能，为度假区防汛及水环境保障打下坚实基础。

（三）条线信息整合化

横向整合环保、水务、绿化及市容条线现有信息系统的数据库，汇总共享行政审批、相关法规标准以及建设工地施工期环境监理报告等电子文档，提供“一站式”资料查阅、下载功能，有利于处室工作岗位 A、B 角互补互促。

（四）统计分析智能化

对采集接入信息系统的数据进行统计分析，以图表方式展示区域水文水质及绿地相关指标的阶段性变化情况，进一步加强“批后监管”，提高效率。建立基于模型的度假区水安全决策支持系统，通过制定防洪、水环境保护、水资源调度等多目标结合的闸门综合运行规则，为度假区的防汛安全、突发性水污染事故应急处理，为引清调水提供模拟方案，为决策者提供科学依据。

（五）移动办公网络化

信息系统架设在政务外网上，凭用户名和密码即可登录信息系统，极大拓展移动办公的灵活性。通过系统建设，实现行业规划、环境保护、水务管理、市容景观、绿化管理、行政审批、综合执法、绿色低碳、资料管理等应用功能，实现区域内信息监测与业务信息管理，达到了建设的总体目标，为项目后续进一步功能扩展奠定了较好的基础。

第四节 度假区道路基础设施全寿命周期监控信息系统

道路、桥梁方面的健康监控和安全预警系统日益受到国内外广泛关注，通过数据挖掘、信息处理、知识管理等环节，对道路基础设施等进行全寿命周期监控和管理，可以为设备设施的健康监控及维修提供决策支持。上海迪士尼园区道路健康监控系统的建设是数字化乐园的重要组成部分，同时，建立道路网络健康监控信息平台和决策系统，使其具有数据采集、现场监控、分析决策、设施维护等功能，也是对乐园道路设施的迫切要求，因此有必要将基于传感器的道路基础设施监控系统用于该园区道路工程中。

一、系统简介

本系统立足于实现道路基础设施的全信息化安全监控和运营管理，以迪士尼园区道路工程为依托，通过分析影响道路寿命的路基、路面、动态车流（重载车比例）、暴雨自然灾害等因素，研究多传感器（红外、线圈、视频、RFID、GPS、湿度仪、雨量计等）布设条件和采集参数，完成设计、施工中道路线形、位置、道路等级、施工质量等数据的汇集及道路健康管理系统的构建。根据道路特征采用相应的健康运营寿命模型来预估动态车流、自然损伤等对道路寿命的影响，为道路全寿命健康监控及维修养护成本提供最优决策。

二、系统创新

1. 传感器用于道路基础设施结构性监控，实现了对道路设施的无损化检测、交通的无干扰检测以及道路性状的实时化检测。

2. 道路健康监控系统合理融入园区应急预警系统，实现了跨平台、跨专业的技术突破，对园区的整体管理具有重要意义。

3. 预警系统参考值的设定采用了测试值与有限元计算值相结合的方法，并通过试验进行验证，在计算方法上具有一定的创新性。

本系统是传感器技术、数据处理技术、知识库管理在道路基础设施全寿命健康监控和运营上的交叉融合应用，通过在道路基础设施结构内部设置传感器，将道路设施在运营过程中的各项状态传到管理系统数据库中，并由计算机对其进行判定，数据采集具有实时性，且对交通无干扰，还能获取道路设施结构内部的状态信息，通过以上创新可实现对道路设施整体健康状况的全方位监控，为上海迪士尼乐园道路系统的全面健康监控提供了重要的技术支持。

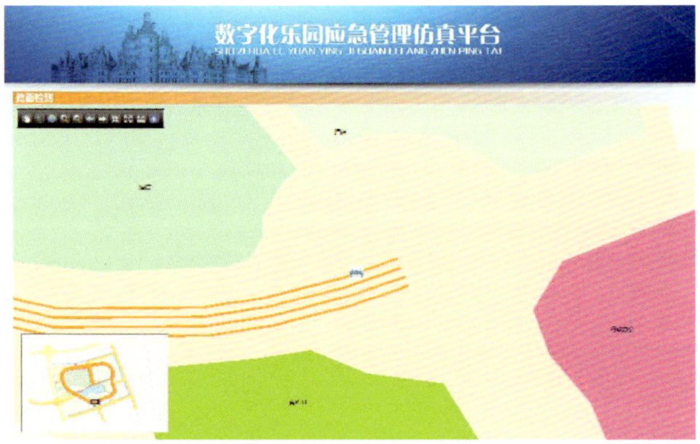

图 8-4-1　道路检测位置指示界面

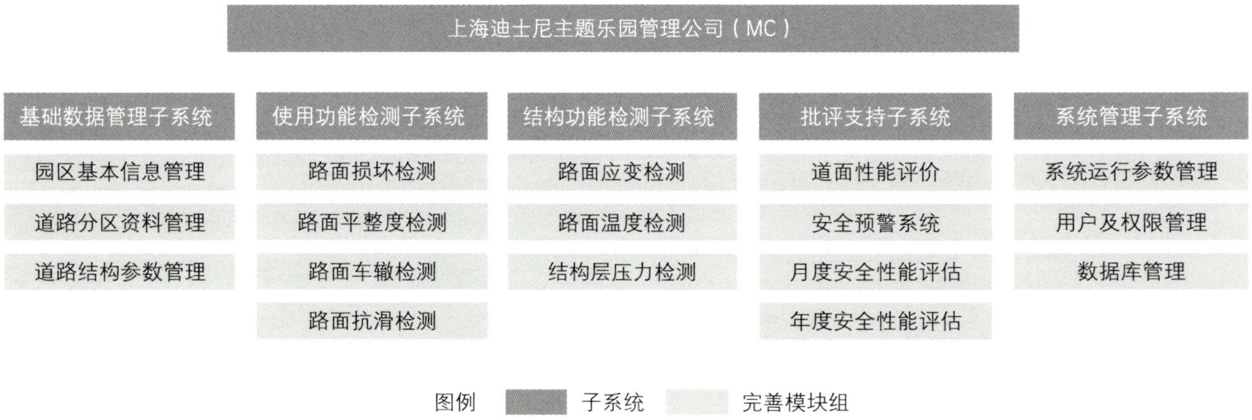

图 8-4-2　道路健康监控系统模块划分图

图 8-4-3 道路检测位置实时画面

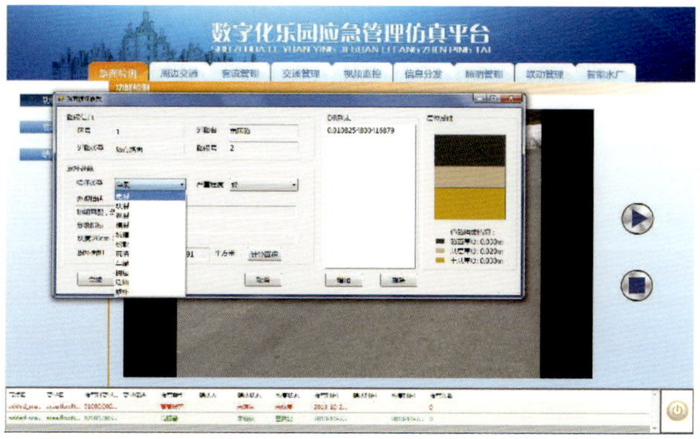

图 8-4-4 道路使用功能信息录入

图 8-4-5 道路设施使用性能分析计算

图 8-4-6 道路结构性监测预警

第九章　规范化管理
Chapter 9 Standardization Management

上海迪士尼项目建设遵循“国际高标准与本地最佳实践”相结合的原则，无先例可循，需探索制度化、规范化的管理之路。例如在游客服务与公共信息导向系统方面，开展度假区公共信息导向系统标准化试点建设，为国内大型旅游度假项目的公共信息图形标志和导向系统标准体系建设提供指导，建立与度假区游客特征和需求相适应，与国际一流水平接轨的度假区旅游公共服务体系。针对旅游景区常见的“四黑三乱”等顽疾，以区域安全有序运营和游客愉悦体验为总体目标，创新监管模式，整合执法资源，施行“前台共管、后台分流”处置模式，形成公共秩序良好、环境整洁有序、人人守法有礼的社会氛围。

Shanghai Disney Resort Project, in line with the principle of marrying “international high standards and local best practice”, with no precedents to follow, needs to blaze a new trail in standardization management. For instance, in terms of guests services, public signage and way-finding system, a pilot program of Resorts Zone Public Signage and Way-finding System Standardization has been set up, which has provided guidance on public signage and way-finding standardization system for large-scale tourism and vacation projects in China, and has created a tourism public services system which meets the features and requirements of guests and also matches the world-class level of Resorts Zone. Targeting the commonly seen ailments of “illicit taxis, guides, photographers, advertisements, and disorderly vender’s stands, parking, peddling” in scenic spots, a supervision mode has been innovated and the law enforcement resources have been integrated, which adopts such handling mode of “unified administration on the front stage, while channeling on the backstage”, aiming at safeguarding the safe and orderly operation of this area and the pleasant experiences of guests, so as to create such a social atmosphere which boasts agreeable public order, clean and orderly environment, law-abiding and civil citizens.

第一节 度假区公共信息导向系统标准化

随着城市规模和结构的变化，大型城市综合体、功能区日益增多，城市空间越来越复合化，公众对于空间定位和环境信息的获取难度逐步加大，导致公众对于复杂公共环境的认知需求不断提升，城市内以及各综合体公共信息导向系统的建设工作变得越发重要。上海国际旅游度假区的标准体系建设具有实施范围广、游客群体复杂、参照标准多、参与主体多、设计衔接复杂等特点，若度假区公共信息导向系统也按照传统项目实施方式，按照建设主体分工各自操作，将会出现各个建设部分之间衔接困难的情况。

为了更好地推动公共信息导向系统的建设，度假区管委会在国家标准化管理委员会支持、上海市质量技术监督局指导下，开展公共信息导向系统标准化试点建设。以科学发展观为指导，在按照国际惯例，体现迪士尼特色，满足中国标准的需要的前提下，为游客营造一个清晰准确的指示系统，提升度假区旅游服务质量，并为以后大型旅游度假项目的公共信息图形标志和导向系统标准体系建设提供指导。

一、架构设计

（一）定义体系框架

本试点有别于传统标准化试点，并不是以追求单一组织内优化为目的，而是以地域为边界，涉及度假区范围内与公共信息导向系统有关的全部管理、设计、建设、运营单位，通过试点寻求组织之间能够共同遵守、共同执行的准则。

在市质监局及浦东新区市场监管局的指导下，对GB/T 24421推荐的标准体系进行改写，并结合实际将原有的服务提供标准体系改为管理标准体系，以此形成了由通用基础、保障和管理三个子体系，由15个标准系列构成的标准体系。

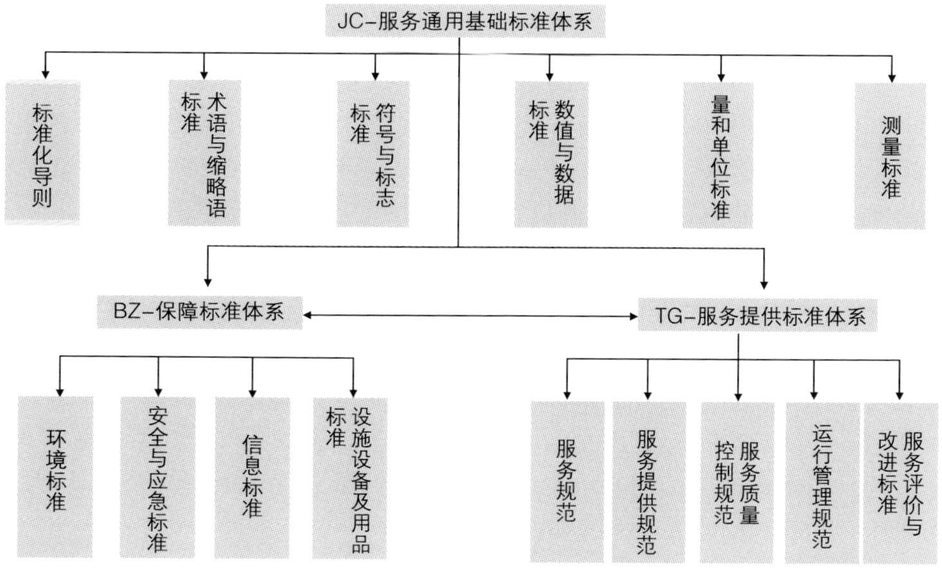

图 9-1-1 标准化体系图

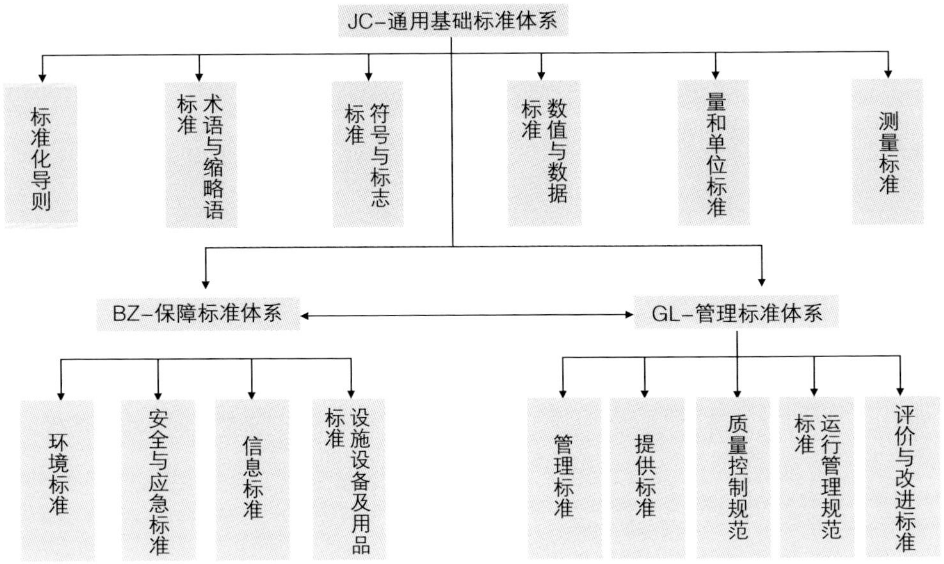

图 9-1-2　标准体系

在标准体系编制过程中，基于各项法律法规以及上位标准的要求，结合国际惯例，对公共信息导向系统的相关标准进行梳理、汇总，形成标准体系的基础框架。再根据度假区实际，编制了一定数量的企业标准，组成了整个标准体系。目前度假区公共信息导向系统标准体系共计 119 项标准，其中国家标准 83 个、行业标准 5 个、地方标准 10 个、企业标准 21 个（21 部标准中，有 11 部是属于内控标准，仅在管委会内部实施；10 部标准是属于度假区范围内各组织共同执行的标准）。

标准体系自 2015 年 2 月开始实施，并不断优化。其中涉及各组织共同执行的标准，在标准评审后开始标准试行，与各相关单位不断研究标准的优化，确保各单位能够自发主动的认可和采纳，这些标准在 2015 年 12 月各相关单位协调一致后进行发布。整个体系中的相关标准在度假区范围内公共信息导向系统项目中统一实施。

（二）引导标准实施

度假区管委会充分考虑到本次试点的特殊性，采取了创新的模式引导标准的编写、实施工作。

首先在标准的编写过程中，对于需要在度假区范围内各组织共同执行的标准，充分争取各相关单位意见。这些标准的评审也邀请市质监局、浦东新区市场监管局、申迪公司、管理公司等多个相关的管理、建设单位人员作为专家，对度假区管委会编制的标准进行评审，确保发布的标准能够基本平衡各个单位的需求。

在标准的实施上，由政府部门牵头，各相关单位通过自我声明的方式，承诺按照度假区发布的团体标准分别组织公共信息导向系统的设计、建设、运维工作。这种创新的模式以非行政式的方式，打破了组织之间的边界，在充分听取各组织意见的基础上，形成了组织间自发遵守的相关标准，保障了标准体系在度假区各组织间的顺利执行。

服务标准体系标准明细表

层次号	标准编号	标准名称	标准级别				实施日期	采用或对应的	备注
			国标	行标	地标	企标		国外、国际标准	
一、通用基础标准体系（JC1-JC6）（标准数合计：23个，其中：国标20个；企标3个）									
JC1 标准化导则 （标准数合计：10个，其中：国标7个；企标3个）									
JC1	Q/DJGW JC101-2015	标准化管理手册 总则				1			试行
JC1	Q/DJGW JC102-2015	标准化管理手册 标准化活动				1			试行
JC1	Q/DJGW JC103-2015	标准化管理手册 标准体系及编制说明				1			试行
JC1	GB/T 24421.1-2009	服务业组织标准化工作指南 第1部分：基本要求	1						
JC1	GB/T 24421.2-2009	服务业组织标准化工作指南 第2部分：标准体系	1						
JC1	GB/T 24421.3-2009	服务业组织标准化工作指南 第3部分：标准编写	1						
JC1	GB/T 1.1-2009	标准化工作导则 第一部分：标准的结构和编写规则	1						
JC1	GB/T 28222-2011	服务标准编写通则	1						
JC1	GB/T 24620-2009	服务标准制定导则 考虑消费者需求	1						

图 9-1-3 公共信息导向系统标准体系标准明细表

二、工作特点

（一）建立高效的工作协调机制

领导小组办公室建立了工作协调机制，在工作协调机制的指导下，开展周及月度例会，并通过项目状态周报表、月报表，及时控制试点进度。通过专题研讨会，解决工作中发现的问题，确保试点工作按计划推进。

（二）开展公共图形符号合规性评估

对管理公司设计的迪士尼乐园区域标志，从图形符号的使用、设计原则、与国家强制性标准以及推荐性标准的差异程度、国人使用习惯等多角度进行评估，引导其设计符合标准体系的要求。对于设计中的共性问题，组织专家团队进行集中指导，协助管理公司按照国家标准以及国人的使用习惯进行设计。对管理公司设计的独创符号，邀请上海市标准化研究院对这些符号按照国家标准的要求进行设计规范性、理解度和感知度等相关测试，以确保管理公司独创的图形符号，在国内能够为多数受众所识别并正确理解其含义，目前迪士尼使用的独创符号已全部通过测试。

对于公共区域的标志系统，每月定期了解各设计单位进展情况，根据设计单位提供的资料，从标志的公共图形的设计、组合、使用、分布等多个角度进行综合性评估，并对设计方案给予相关指导和修改意见，评估对象基本覆盖整个度假区核心区范围的公共信息导向系统。

（三）建立公共图形矢量化与建立标准图形符号库

为了让度假区内公共图形使用保持一致性，度假区对常用公共图形标准中的图形进行矢量化，主要完成了 GB/T 10001（所有部分）标准中公共信息图形符号的矢量化工作，共计 521 个图形符号。在此基础上，基于 B/S 架构开发了标准图形符号库，用户可以通过网页的方式登录查询、下载对应的矢量图形文件，同时逐步将经测试合格的迪士尼独创符号纳入符号库，以保障度假区内标志的图形基本一致。

图 9-1-4 标准图形符号库

（四）研究导向系统的客观评价体系

为了加强对导向系统设计、实施的效果及服务水平的管理，在充分查阅国内外文献的基础上，建立公共信息导向系统的客观评价体系，可以对区域导向系统的服务水平进行单项和综合的量化评价，对专家经验法进行有效的补充，避免评估过程中主观因素过强或缺乏整体客观评价带来的不足。通过这个评价体系对多个导向系统设计方案提出针对性的改进建议，以此提升度假区内导向系统的系统性、连续性，让游客体验更佳。

（五）全面培训，明确标准各项要求

项目启动之初，重点宣传本试点工作的主要意义和目的。在标准化试点开展的过程中，多次组织面向于业主单位、管理公司以及各相关设计单位的培训，主要让各单位了解工作过程中出现的共性问题、上位标准中容易被错误理解的内容以及度假区范围内设计需要遵循的个性要求等相关内容，其中对于管理公司，通过培训解决其引用错误或过期的标准 7 部，对理解有误的标准详细解读共 20 余处。通过培训，让各地块导向系统的设计、实施基本处于同一水平。目前标准培训基本覆盖全部有关业主单位及设计单位。

度假区公共信息导向系统标准化试点是一次以地域为边界，在组织间共同开展公共信息导向系统标准化建设的探索，是实现在度假区范围内，以团体标准方式，对导向系统的设计、实施、运维进行全面指导的新模式。通过试点，使度假区内公共信息导向系统标准化、规范化、国际化和特色化，形成一整套科学高效的公共信息导向系统标准体系，打造出一个具有度假区特色、符合我国标准和规范、中外习惯融合、体系健全的度假区公共信息导向系统，营造便捷、美观、舒适的旅游和生活环境，进一步提升度假区的整体形象和文明程度，并形成一套可复制可推广的模式，力争为上海乃至全国旅游度假区的建设与管理提供经验借鉴，发挥示范标杆作用。

第二节　度假区旅游公共服务

在分析游客特征和需求基础上，充分吸收国内外，特别是迪士尼主题乐园和知名景区旅游公共服务体系建设经验和供给模式，建立与上海旅游公共服务体系相衔接，与上海国际旅游度假区游客特征和需求相适应，符合时代特征和发展趋势，与国际一流水平接轨的度假区旅游公共服务体系。

一、基本原则

1. 舒适安全，体验满意。借鉴大客流应对经验，依托最新的技术手段，不断提升游客舒适度和体验满意度。

2. 创新引领、国际规范。充分吸收国际迪士尼乐园高标准、高质量的服务经验，不断推进管理和制度创新。

3. 智慧支撑、低碳示范。在“互联网 +”旅游的发展背景下，智慧旅游发展将迎来新的契机。

4. 政府主导、多方参与。政府是旅游公共服务体系的供给主体，而第三方在一定程度上可补充政府供给的不足，弥补旅游公共服务市场供给面的缺陷。

二、框架体系

（一）旅游信息服务体系

包括建立涵盖旅游服务质量警示、旅游企业诚信、旅游企业资质、旅游目的地安全风险提示信息、旅游市场信息、游览资讯、行程规划等内容，与国际规范标准、上海标准相衔接的旅游公共信息服务标准体系，为游客提供全方位、立体式、多语种、线上与线下相结合的旅游信息咨询服务体系。

1. 建设旅游信息咨询中心、信息岗（亭）、触摸屏等旅游信息咨询设施。在主要交通节点建设游客信息咨询中心；在各景点入口、停车场等游客集中区加强信息岗（亭）的布局。其中，触摸屏是信息咨询中心和信息港（亭）的主要硬件设施，提供中英文介绍景点服务。度假区信息咨询中心的服务人员能提供中英文咨询服务，提供游程线路图、景区活动节目预告等信息。同时提供涵盖中英语言的宣传资料，向游客提供度假区交通、休闲、演出、赛事、餐饮、购物、住宿等相关信息。形成由信息咨询中心作为主中心、信息岗（亭）作为分中心、游客咨询中心统领信息岗（亭），触摸屏、宣传册、工作人员多种渠道相结合的多层次多节点的旅游咨询网络。

2. 打造大数据支撑，集网站、微信公众号、官方微博、智能导游导览等多应用渠道为一体的旅游信息咨询综合服务平台。在度假区官网融合信息提供、信息交互、在线交易和关系管理等方面的功能，形成高效、便捷的旅游综合服务官方信息网站；在上海旅游官网设置上海国际旅游度假区链接版块，提供全方位、多语种、个性化的旅游资讯服务。运用微信公众号、官方微博等新媒体做好度假区各类信息发布。综合利用新媒体平台，进一步拓展景区活动推介、信息咨询等发布平台，充实新媒体发布的新闻内容，提升信息的感染力，增强景区的影响力。推进度假区智能导游导览应用，为游客提供预约入园时间、排队等待时间和行程规划服务，解决大客流给游客带来的等待时间过长、旅游舒适度不高的问题。

3. 结合上海旅游热线覆盖度假区的旅游咨询服务功能。综合考虑游客对迪士尼乐园的游玩需求，以及更好地宣传度假区的品牌效应，提供乐园具体开园时间、门票票价和购买渠道、乐园地址和出行线路等相关信息，并随着乐园的开园不断完善相关信息。

（二）旅游安全保障服务体系

1. 完善的度假区安全保障体系。形成度假区应急管理体系，建立统一的应急指挥平台和应急联动中心。汇聚整合交通、公安、旅游、综合执法相关信息，与区域内主体实现信息互联互通。

2. 强化度假区旅游安全环境建设。系统、定期地开展风险点排查，形成各项综合性整改措施。加强对度假区建筑物、游乐设施的审批和定期检查维护和日常监测；加强对购物、餐饮娱乐等场所的安全检查；加强度假区消防安全检查；加强对进入度假区人流、车流的安检和布控工作。

3. 加强度假区游客安全宣传。通过宣传手册、宣传栏、信息推送等形式开展风险提示，从多渠道公开救援电话，增强游客的安全意识。

4. 完善旅游保险产品体系。引导市场保险产品向旅游救护、治疗、赔偿和后续安抚等业务拓展，针对紧急救援保障、医疗先行垫付等服务开展专门针对度假区的旅游保险产品。

（三）旅游交通便捷服务系统

1. 对接外部综合高效交通网络体系。充分发挥公共交通的公益性和便利性，统筹考虑轨交 11 号线、未来的 2 号线接驳线，浦东机场至虹桥机场快速路在度假区及周边的站点设置；开通市区通往度假区的“专线巴士”；在度假区与长三角各城市的交通连接系统基础上，拟利用上海东站（规划中）和 S32、G15 等高速路网，开通度假区与主要客源地的旅游专列、商旅快线。

2. 构建人性舒适便利的度假区内部交通系统。度假区内建设有 3 个公共交通枢纽，7 个停车场。地面交通同 11 号线迪士尼站接驳，停车场到迪士尼乐园、生态园、购物村设有短驳交通；同时度假区使用新能源汽车、观光电瓶车串联度假区内主题乐园、购物村、生态园、主题酒店等核心区域。度假区建设了具有线路引导、安全防护、自然与文化审美功能的度假区游步道建设，满足游客的休闲与审美需求。

3. 完善旅游交通引导系统。度假区周边设有通往度假区及各类旅游服务设施的旅游交通引导标识，重要交通节点、换乘点等设有旅游交通导览图，打造规范、简洁、实用、国际通行的旅游交通引导标识系统。

（四）旅游便民惠民服务体系

建立旅游相关的医疗卫生、邮政通信、母婴服务、无障碍设施设备、公厕、垃圾站（箱）等，以及慢行道、观光亭、休憩长椅等游憩服务设施。

（五）旅游行政指导服务体系

1. 建立度假区综合执法工作机制。以消费维权、旅游投诉、区域街面社会秩序管理问题综合治理为目标，整合公安、城管、市场监督、运管、文化、食药监等相关职能部门执法执勤力量，构建符合度假区特点的紧密型联勤执法工作机制。

2. 旅游公共服务行业指导类服务。严格实施旅游政策与法规，推进旅游公益福利服务，加强旅游从业人员的教育培训、旅游社会功能、旅游消费促进，旅游生态建设与保护、旅游公共资源开发建设与管理及旅游交流、合作与宣传。

3. 引导游客文明、理性、绿色出游。引导游客文明出行，使公众在旅游活动中增长知识、开阔视野、陶冶情操，做传播中华文明、展现城市形象的使者。

三、核心区旅游公共服务体系规划

（一）旅游公共信息服务体系规划

1. 规划框架

根据项目性质可分为实体空间类和非实体空间类。规划体系与框架见表 9-1。

表 9-1 旅游公共信息服务体系主要项目

序号	类别	项目	特征描述	相关标准	空间布局	规划建设阶段	备注
1	实体空间	游客中心(a1)	是度假区形象窗口，集景区介绍、信息咨询的解说引导功能；游客投诉接待、购物、休息的服务功能；连接交通站点的集散功能；失物招领、医疗急救、邮政服务、实物寄存等综合功能	《旅游景区质量等级的划分与评定》(修订)(GB/T17775 – 2003)《旅游景区游客中心设置与服务规范》(LB/T 011-2011)	A1 B1 B2 B3	近期	—
2		旅游信息服务亭(a2)	具备信息咨询、景区导引等功能	《游乐园(场)安全和服务质量》(GB/16767-2010)《旅游信息咨询中心设置与服务规范》(GB/T26354—2010)	C5 D3 D4 D5 D6 D7	近期	
3	媒介	信息触摸屏(a3)	展示景区全方位信息、供游客自助查询各类游览信息	—	A1 B1 B2 B3 D1 D2	近期	由上海市旅游局统一配置提供
4		宣传资料册/架(a4)	介绍景区概况、提供基础导览信息	《旅游景区质量等级的划分与评定》(修订)(GB/T17775 – 2003)	A1 B1 B2 B3 C1 C2 C3 C4 C5 C6 D1 D2 D3 D4 D5 D6 D7	近期	由上海市旅游局统一配置提供
5		售取票处(a5)	售票窗口、自助取票机、自助购票机	《旅游景区服务指南》(GB/T 26355-2010)	D1 D2	近期	—
6	非实体空	APP	上海国际旅游度假区官方设计APP，集信息咨询、预订、景区导览、评论互动为一体	—	—	中期	
7		热线电话	集旅游信息咨询、预订、投诉、救助为一体	《城市旅游公共服务基本要求》(LB/T 022-2013)	—	近期	与上海市旅游热线电话统一
8		新媒体平台	微信公众号、微博官方账号，提供旅游咨询、旅游宣传、旅游评论互动	—		中期	—
9		二维码	通过扫二维码获得该点的旅游咨询，包括景点讲解、旅游活动推介等。扫描二维码获得微信号、APP 等信息			中期	
10		旅游中心数据库	通过多种手段采集旅游信息，包括来自交通部门、气象部门、景区监控系统等部门，不断丰富和充实旅游数据库，提高旅游信息及时性和准确性			中期	

2. 重点项目设施布局

（1）游客中心

游客中心是度假区形象窗口，集景区介绍、信息咨询的解说引导功能，游客投诉接待、购物、休息的服务功能，连接交通站点的集散功能，失物招领、医疗急救、邮政服务、实物寄存等综合功能。依托已有结构规划及核心区控制性详细规划等已有规划，在现有用地基础上增加游客中心建筑单体，成为度假区综合性的旅游公共服务载体及标志性建筑，承担包括度假区旅游信息咨询等服务功能，实现与上海市旅游公共服务系统的衔接，与管理公司规划的游客中心在功能上实现互补互通。

设施布局：迷你公交枢纽、西公交枢纽、南公交枢纽等。

（2）旅游信息服务亭

旅游信息服务亭具备信息咨询、景区导引等功能，不硬性规定配置工作人员，通常布局于人流密集区域。主要单体形式包括：露天时，墙体外围面集景区游览信息展板、游玩须知展板、景区导览图、景区二维码印刷体等为一体的建筑单体；室内时，简易问询台，提供景区游览宣传资料、简单旅游咨询等服务。

设施布局：奕欧来购物村、西游客停车场、P1-P4停车场。

（3）售取票处

度假区核心区规划设置多个景区片区，包括生态园、星愿湖、香草园等，并将通过增设售卖度假区联票及自助取票区域，提升国际旅游度假票务信息服务，促进游客分流。

设施布局：迪士尼乐园酒店、玩具总动员酒店。

（二）旅游安全保障服务体系规划

1. 规划框架

根据项目性质可分为实体空间类和非实体空间类。规划体系与框架见表 9-2。

2. 重点项目设施布局

（1）医疗服务

医疗服务点有医务人员值班，为游客进行一般性突发病痛的诊治和救护。医务室备有常用救护器材，能应付突发事故中伤病员的急救工作。由于度假区建设范围内建设一家综合性的医院，故简化医疗急救点的服务功能，简单配置医疗急救箱及一名急救医护救助工作人员，做好急救及急救联络救护工作，其他人流集聚地可酌情增设医疗急救箱。

设施布局：地铁迪士尼站广场（迷你公交枢纽）、东公交枢纽、西公交枢纽、南公交枢纽、迪士尼乐园酒店、玩具总动员酒店。

（2）驻警点

驻警点有专职治安人员轮流值班，有相应的应急预案和工作制度，能处理突发性治安事件，与辖区公安机关之间的报警系统快捷有效，工作人员承担紧急联络、协调纠纷、报案咨询等服务。

设施布局：迷你公交枢纽。

（3）完善旅游安全预警系统

建立景区旅游容量预警机制，避免景区旅游容量不足而导致各种踩踏、挤压事故。建立旅游安全预警系统，由旅游、公安、消防、交通、卫生等多个相关职能部门联合行动，采取应对措施，及时发布安全预警内容。同时制定旅游突发事件应急预案体系，明确组织机构职责，成立预警响应机制，排除旅游安全隐患，处置旅游突发事故。

（4）提高旅游安全救援能力

建立旅游安全应急救援系统，构筑旅游安全的救助保障。组织开展预案演练，整合各方面的应急救援资源，提高重特大事故的应急处理能力。在开展人流比较集中的节庆等特殊旅游项目时，实现制定周密的安全保护计划和急救措施。

表 9-2 旅游安全保障体系主要项目

序号	类别	安全保障配套布局	释义	相关标准	空间布局	规划建设阶段	备注
1	实体空间	监控设施（b1）	用于监测记录相关区域的游客活动	《旅游景区服务指南》GB/T 26355—2010	对接已有规划	近期	对接已有规划
2		医疗服务（b2）	承担紧急医疗救护，配置急救箱	《旅游景区质量等级的划分与评定》（修订）（GB/T17775—2003）	A1 B1 B2 B3 D1 D2	近期	已配备心脏除颤器为主
3		驻警点（b3）	设专人值班，及时接受景区紧急事件调度、及时处理突发事件，接受游客咨询	《游乐园（场）安全和服务质量》（GB/16767—2010）	A1	近期、中期	附属于主游客中心内
4		行李安检处（b4）	在车站出入口，及大型的行李寄存处配置，用于确保游客行李物品安全、无危害性	—	A1	近期	—
5		应急避难空间（b5）	发生突发安全事件时，提供给游客的一个安全疏散场所		A1 C3	近期	
6	非实体空	旅游安全保障制度	应急预案和突发事件处置等制度、旅游安全管理制度	《游乐园（场）安全和服务质量》（GB/16767—2010）《旅游景区服务指南》GB/T 26355-2010《旅游景区质量等级的划分与评定》（修订）（GB/T17775—2003）等	—	近期、中期、远期	
7		旅游安全保障系统	安全预警系统、应急救援系统、景区实时监测系统、景区信息发布系统、景区、景点分级预警系统、旅游安全保险系统		—	近期、中期、远期	

（三）旅游交通便捷服务体系规划

1. 规划框架

根据项目规划内容分为交通工具及线路通道设计、交通引导项目两类。规划体系与框架见表 9-3。

2. 重点项目设施与布局

（1）景区内旅游观光电瓶车

使用清洁能源的景区内观光电瓶车，为游客提供景点与景点之间的接驳服务。合理规划电瓶车的数量及车行路线，利于有效疏散大客流，便民惠民。

设施布局：生态园、香草园、星愿公园等。

（2）游步道

游步道沿途重要路口各种指示标志清楚，并显示所在位置，距离较远的，宜有至目的地的里程数提示。沿途设置观景、休息设施和避雨等场所（如椅、凳、亭、台、廊、阁等）。

设施布局：园区内所有道路。

（3）旅游交通相关服务

在交通站点、人流密集处要安排专人或者志愿者

表 9-3　旅游交通便捷体系主要项目

序号	类别	项目	释义	相关标准	交通配套设施要求	空间布局	规划建设阶段	备注
1	交通工具及线路通道设计	捷运(c1)	沟通景区与城市交通体系的区域内捷运路线	《城市旅游公共服务基本要求》(LB/T 022—2013)	风格与度假区匹配	对接已有规划	中期	对接已有规划
2		景区内旅游观光电瓶车及线路(c2)	在度假区内运营，运营路线串联起主要景点	《旅游景区质量等级的划分与评定》(修订)(GB/T17775—2003)	配备多语种随车讲解语音系统、站点设置合理	串联度假区外围、以及园区内各景点	远期	—
3		自行车道(c3)	供自行车观光游憩的景观道	《自行车骑行游服务规范》(LBT 036—2014)	强调道路景观效果、配备自行车休息站、观景台、配备多规格自行车	生态园、星愿公园	中期	
4		游步道(c4)	供游客步行游览的景观道	《旅游景区服务指南》(GB/T 26355—2010)	道旁多设休憩座椅、小卖铺、信息咨询亭；木栈道、石子路、水泥路、柏油路、黄泥路设计因地制宜	园区内所有道路	近期	
5	交通引导项目	接驳巴士及线路(c5)	供游客在低空乘坐的轨道缆车	—	低速行驶、趣味性与景观观赏性结合、设计长线与短线、大环线与小环线	奇妙路 - 西PTC- 申迪西路北段 - 申迪北路西段	中期	
6		道路引导牌(c6)	为游客明确景区导览路线的告示牌	《游乐园(场)安全和服务质量》(GB/16767—2010)	多种语言指示、与智能手机开发智慧景区导引系统	对接已有规划	近期	对接已有规划
7		景区导览图(c7)	展示园区整体地图，明确游客目前所在方位	—	—	A1 B1 B2 B3 D3 D4 D5 D6 D7	近期	—
8		电子信息屏(c8)	实时更新交通路况、更新景区的人流量、门票价格、天气、活动预告、安全预警等信息			A1 B1 B2 B3 C2 C5 D3 D4 D5 D6 D7	近期	

进行指引服务，在停车场、游步道、自行车道布置相应的休憩设施、引导服务人员。同时，在游客经常下榻的酒店设置停靠站，并在沿途主要节点上设置旅游咨询中心，回答游客提问并免费发放导览图。

（四）旅游便民惠民服务体系规划

1. 规划框架

根据项目性质可分为实体空间类和非实体空间类。规划体系与框架见表 9-4。

表 9-4 旅游便民惠民体系主要项目

序号	类别	项目	相关标准	具体设施	空间布局	规划建设阶段	备注
1	实体空间	医疗环卫	《旅游景区质量等级的划分与评定》（修订）（GB/T17775—2003）《游乐园（场）安全和服务质量》（GB/16767—2010）	垃圾箱（d1）	对接已有规划 建议 30 米步行路程以内 / 一个	近期	对接已有规划
2				医院（d2）	东 PTC 附近	远期	对接已有规划
3				医疗服务（b2）	A1 B1 B2 B3 D1 D2	近期	—
4		邮政通信	《旅游景区质量等级的划分与评定》（修订）（GB/T17775—2003）《游乐园（场）安全和服务质量》（GB/16767—2010）	WIFI(d3)	全区域免费覆盖	中期	对接已有规划
5				邮局（d4）	A1 东入口北侧	中期	预计中期建设，对接已有规划
6				寄件处 (d5)	A1 C5	近期	—
7				公共电话亭（d6）	A1 B1 B2 B3 D1 D2	近期	
8				行李寄存处 (d7)	A1 C5 D1 D2	近期	
9		金融服务	参照金融相关行业服务要求	自助取款机 (d8)	A1 B2 C2 C5 D1 D2	近期	
				外币兑换处 (d9)	A1 B2 B3 D1 D2	中期	
10		游憩服务设施	《旅游景区质量等级的划分与评定》（修订）（GB/T17775—2003）《游乐园（场）安全和服务质量》（GB/16767—2010）《旅游厕所质量等级的划分与评定》GB/T 18973—2003	自动售货机 (d10)	A1 B1 B2 B3 C2 C5	近期	
11				公共厕所 (d11)	对接已有规划	近期	对接已有规划
12				便利店 (d12)	A1 C1 C2 C3 C4 C5 C6	中期	
13				旅游座椅 (d13)	对接已有规划	近期	对接已有规划
14				直饮水站（d14）	A1 C1 C2 C3 C4 C5 C6(和部分厕所外墙结合）	中期	—
15				轮椅、婴儿车租借处（d15）	A1	近期	
16	非实体空间	旅游一卡通	—	度假区内所有景点及周边景区开展合作营销推出的门票优惠卡		远期	中期、远期
17		优惠门票		学生、残障人士、老年人等有优惠		近期	近期

2. 重点项目设施与布局

（1）垃圾回收站

根据国家和行业有关标准，优化垃圾箱布局，分类设置垃圾箱，美化垃圾箱造型，使得与环境相协调。提升环卫工作，垃圾清扫及时，日产日清。

（2）旅游座椅

优化旅游座椅的设计，使得特色突出，有艺术感和文化气息，同时注重座椅和遮阳篷的色调、色彩、重量、造型与度假区整体环境相协调。

（3）公共厕所

度假区对旅游厕所等公共设施作出规划部署，做到标识醒目美观，建筑造型景观化，室内整洁，有文化气息。

（4）行李寄存处

规划设计行李保管处与游客中心单体建筑相结合，方便游客寄存行李等物品。酌情配备保险箱（柜），设置贵重物品保管。行李保管处向游客公布保管须知。

旅游公共服务体系是旅游业发展的重要支撑和国家公共服务体系的重要组成部分，其完善程度直接体现一个国家与地区旅游业的发展水平和对外服务能力。度假区游客服务体系借鉴国内外旅游公共服务先进经验，全面提升度假区旅游公共服务水平，形成了独具特色的度假区旅游公共服务体系，其对提升度假区游客体验满意度，塑造度假区世界级旅游目的地形象具有重要的支撑作用，也将对全面提升上海旅游公共服务水平，推进世界著名旅游城市建设发挥示范和推动作用。

第三节 度假区综合执法

中央全面推进依法治国，深化行政执法体制改革，把推进综合执法，大幅减少市县两级政府执法队伍种类作为重要抓手。上海迪士尼项目是中外合作的首个大型主题乐园类旅游项目，是改革开放以来国内引进的最大的现代服务业项目，代表着我国对外开放的新高度。2016 年 6 月开园后，每年将带来千万级客流。同时，作为本市重要旅游功能区，奕欧来购物村、生态园、香草园等其他功能性项目进一步增大区域管理和执法难度。因此，对标国际国内领先的同类型区域综合管理和执法模式，在浦东新区行政监管和综合执法体制改革基础上推进度假区综合执法改革创新、优化服务、提高效能是大势所趋、项目所需。

一、需求分析

度假区运营存在大客流常态化、运营周期长、管理主体多元、执法要求高等特点，对区域的治安、交通、市容秩序、市场文化等管理和执法带来很大挑战。

1. 治安乱象有可能增加。扒窃拎包、“黄牛”倒票、黑车宰客、兜售假冒伪劣商品等可能多发，特别是考虑到高峰日限售限流等措施，会加剧乐园门票的稀缺性，预计滋生黄牛逐利市场的风险度很高，街面治安秩序管控难度增大。

2. 交通秩序管理难度大。乐园游客以家庭为主，私家车入园占比较高，加上工作人员通勤车、公共交通车辆以及旅游巴士等叠加因素，交通秩序管理成为难点。特别是车流集中抵离，形成核心区各地面出入道口因瞬时高峰，引发堵塞交通、乱停车等问题，将加大交通疏导和交通违法执法的难度。

3. 城市综合管理面临挑战。由于利益驱使，预计度假区无证经营小商小贩将是一大顽疾，各种售卖迪士尼商品、旅游纪念品和流动食品的摊贩将严重扰乱社会秩序和市场秩序，将是核心区的执法重点。同时，核心区将对周边区域形成“挤出”效应，周边地块违章搭建、无证经营餐饮住宿、无证停车场、群租、制假贩假窝点等违法现象有可能突显，对度假区和周边四镇联动做好城市综合管理提出很大挑战。

4. 市场文化领域不容乐观。迪士尼商品涉及知识产权保护，预计侵犯知识产权的市场行为将会增多；度假区每年千万级游客的食品安全保障不容忽视；旅游景区常见的黑摄影、黑导游等也有多发的可能。客观上对知识产权保护、食品安全监管、文化执法提出了更高要求。

5. 对热情服务要求较高。迪士尼公司高度重视游客服务，旨在营造欢乐祥和氛围，把一流的迪士尼服务享受带给广大游客，这给综合执法工作提出更高要求，在执法理念上，在严格执法的同时注重热情服务。针对度假区特色，通过服务化解矛盾，展示良好形象，提升执法效果。

二、总体思路

针对迪士尼高度注重游客体验、旨在营造欢乐氛围的特点，坚持“前伸管理、严格执法、热情服务”的综合执法理念，在新区综合执法体系整体框架下领先一步、拓开一步，通过整合各支执法队伍“联勤联动”巡查执法和施行“前台共管、后台分流”处置模式，建立与区域特点需求相适应、管委会综合统筹、执法队伍整合规范、执法方式刚柔相济的度假区综合执法体制。

三、主要目标

坚持以区域安全有序运营和游客愉悦体验为核心，建立一个协同高效、反应迅速、严谨规范的综合执法体系；形成一种街面秩序良好、环境整洁有序、人人守法有礼的社会氛围；打造一支执法水平高、综合能力强，执法严格、服务热情、纪律严明的综合执法队伍；总结一套可复制、可推广的度假区综合执法经验，努力发挥示范效应。

四、重点任务

（一）搭建综合执法组织架构

自上而下搭建度假区综合执法联席会议、度假区综合执法办公室、度假区综合执法大队、度假区综合执法联勤分队的组织架构，赋予各层级相应机制和职能。联席会议主要履行“四个统筹”职能；综合执法办公室主要履行统筹协调、检查指导、服务保障等职能；综合执法大队主要履行执法队伍建设管理、日常执法管理组织实施、绩效考核评估等职能；联勤分队主要履行四个巡区执勤巡逻，按照“管理前伸、执法规范、服务热情”理念，发现、解决、反馈管理执法问题等职能；联动单位按各自业务条线要求履行发现或受理、解决、反馈等职能。

（二）构建综合执法指挥体系

设立综合执法指挥中心，搭建综合执法指挥平台，具备联勤指挥、联动协调、网格管理、应急管理支持、汇总研判等五个功能。形成综合执法指挥中心“对上以平台对平台接受应急联动中心指挥、对下以平台对巡区指挥联勤单位、对外以平台对平台或平台对联络员协调联动单位”的指挥体系流程，实施应急响应和联勤联动。

（三）统一综合执法勤务模式

科学划分巡区、合理配置力量，按照作息班次安排、巡查监管模式等确定联勤联动工作模式，形成“前台共管、后台分流”的综合执法处置机制。

（四）开展城市管理和综合执法

通过突出重点开展综合执法、建章立制抓好门责管理、整合资源加强网格管理、稳步开展社会综合治理等，规范街面治安秩序、市容环境秩序和交通运行秩序。

（五）开展迎开园度假区周边环境综合整治

依托新区层面的度假区周边环境整治工作机制，在迪士尼开园前，集中力量对度假区周边开展“地毯式”执法整治，打击各类城市管理违法行为，有效解决市容环境问题，把度假区打造成为“八无”示范区；以南六公路、周祝公路、申江路、S1 公路合围区域以及地铁 11 号线沿线、度假区高架路两侧“可视可达”范围为重点整治区域，重点开展 “五违”（违法用地、

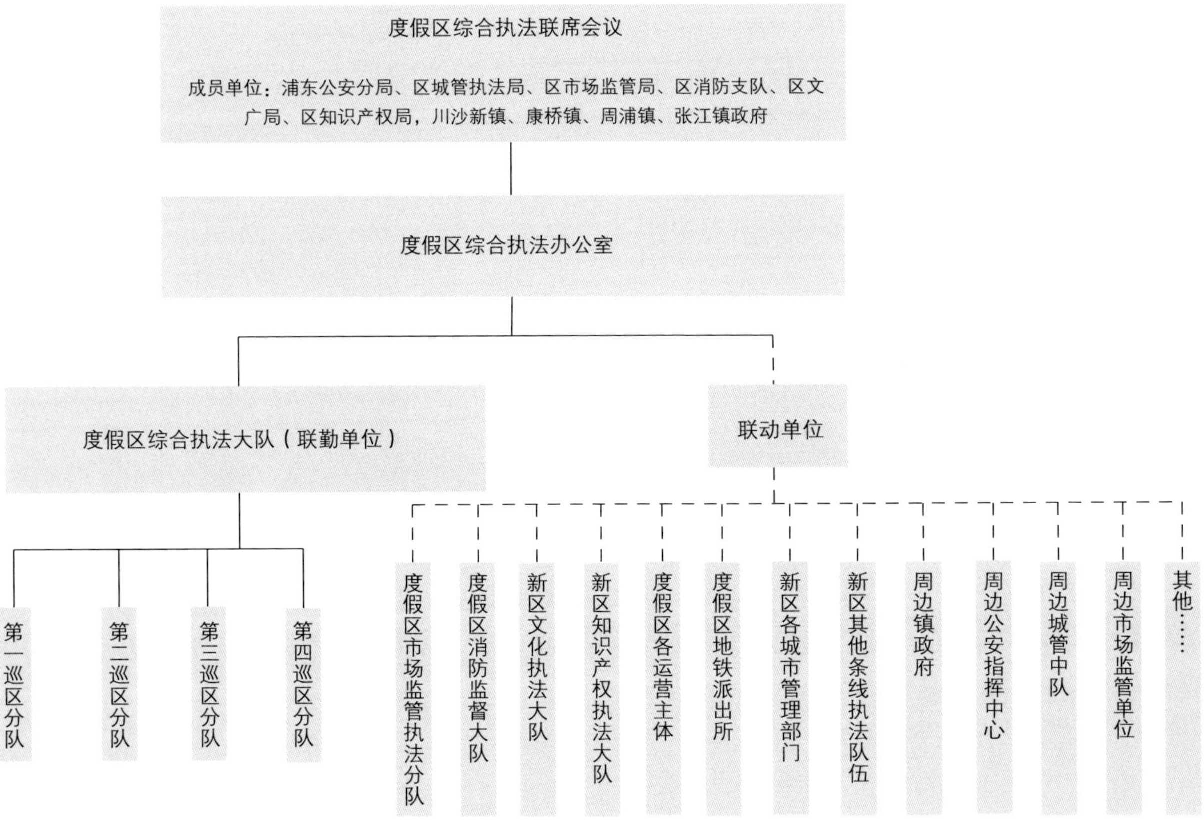

图 9-3-1　度假区综合执法组织架构图

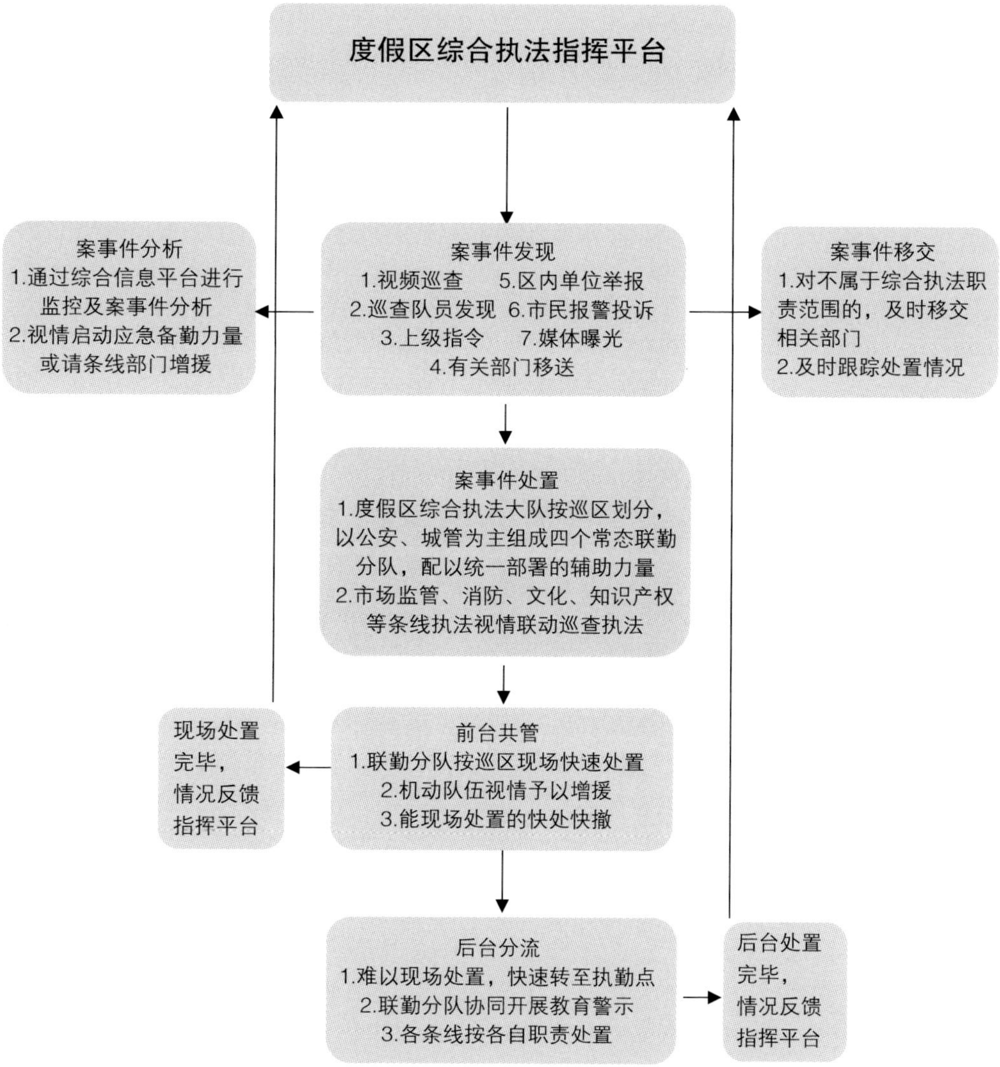

图 9-3-2 度假区综合执法案事件发现和处置流程图

违法建筑、违法经营、违法排污、违法居住等）、产业结构调整、各类设施完善、环境脏乱差等四类整治。

五、保障措施

重点建立四个机制：

（一）综合执法与专业执法支持配合

度假区综合执法队伍主要负责城市综合管理和街面治安秩序管控，公安其他执法事权专业性强，仍由公安专业执法力量实施。市场监管、消防、知识产权、文化等执法事权也仍由各专业队伍实施。综合执法队伍在日常管理执法中涉及其他条线执法事权时，应进行现场先期处置避免影响社会秩序，然后再依职权进行分流移交。在专业执法需综合执法保障时做好支撑。综合执法与专业执法建立相互支持、紧密配合的工作机制。

（二）综合执法与应急管理转换支持

度假区综合执法力量是度假区应急管理的常态力量，当度假区出现应急状态和实施大事件现场管理时，部分综合执法力量迅速转换成应急管理力量，按照不同的响应级别和预案，听从应急联动中心统筹指挥，密切协同开展公共安全、秩序维护等工作。

（三）周边区域与度假区综合执法协同

由度假区综合执法办牵头，与度假区相邻区域的川沙、周浦、康桥、张江四镇公安、城管、市场监管等条线执法队伍建立紧密的执法工作协同机制，加强周边镇与度假区毗连区域的日常执法工作力度，在管辖边界区域建立衔接机制甚至“双重管辖”机制，避免执法盲点和此消彼长现象。根据度假区综合执法联席会议决策，度假区综合执法队伍与周边区域执法队伍联合开展集中和专项整治行动。

（四）条线部门对度假区综合执法支撑

在度假区综合执法联席会议机制下，充分发挥公安、城管、市场监管、消防、文化、知识产权等条线部门对度假区执法工作的重要支撑作用，实现区域管理与行业管理有机结合。各条线部门加强对度假区执法队伍的业务指导、培训和监督，在重要节点、重大活动、事件、超大客流及专项整治行动时给予力量增援。各条线部门仍是度假区综合执法的法律主体，度假区综合执法办积极协助、密切配合条线部门做好相关法律保障工作。

度假区坚持“前伸管理、严格执法、热情服务”的综合执法理念，在新区综合执法体系整体框架下领先一步、拓开一步，以区域安全有序和游客愉悦体验为总体目标，创新监管模式，整合执法资源，建立统筹协调、扁平高效、规范统一的综合执法体系。形成可复制、可推广的综合执法经验，为类似功能区域提供示范借鉴。

后 记
POSTSCRIPT

历时五年多的建设，上海迪士尼乐园和度假区于2016年6月16日盛大开幕，并赢得世人的瞩目和欢迎。回首过去的1 800多个日夜，一个个火热的日子，一幕幕动人的场景，让无数度假区开发建设的亲历者难以忘怀。为此，在上海国际旅游度假区管委会和上海申迪（集团）有限公司的共同倡导下，来自建设、运营和管理等不同团队的工作人员组建了《旅游梦之城：上海国际旅游度假区创新实践》的编撰团队，全面梳理和系统总结上海国际旅游度假区规划、建设及管理的经验。经过团队成员的共同努力，终于正式出版呈现给广大读者，这是各方精诚合作形成的又一项丰硕成果。

无论我们来自何方，去往何处，在度假区开发建设的日子里，所有参与者都被一种使命感牢牢牵绊。正是这份使命感，让大家始终激情澎湃，为度假区认真谋划美好的未来，为度假区精心打磨一砖一瓦、悉心栽种一草一木，为度假区安全高效运营和可持续发展尽心尽力，并且负责任地把这一切记录下来，给历史一个交代。我们坚信广大读者在感受迪士尼乐园魅力的同时，可以通过此书深刻地领悟“坚持经典迪士尼风格和鲜明中国元素相结合，坚持国际高标准和本地最佳实践相结合”背后蕴含的更深层次的意义。

以史为鉴，可以知兴替。编撰团队要做的，是以一种尊重历史的态度，留下真实的印记。整个编撰工作历时近半年，期间全体工作人员在承担繁重的迪士尼开园冲刺任务之外，利用空余时间查阅了自项目谈判起累积的数以万计的档案资料。在丰富的档案资料的基础上反复甄别核对、精心研究编辑，从实践者的角度，对度假区开发建设的全过程进行深入的总结和提炼，力求客观全面地反映度假区规划、建设、管理等各方面的创新实践成果。本书第一篇、第三篇由度假区管委会组织编撰，第二篇由申迪集团组织编撰。

本书编撰工作得到了上海市领导的重视和关心，中共上海市委常委、浦东新区区委书记沈晓明欣然为本书作序。同时得到迪士尼公司方面的鼎力支持和同济大学出版社的高度重视。在此，谨向所有为本书提供支持帮助的单位和个人表示衷心的感谢。

尽管我们已经做出最大努力，但由于经验不足、水平受限，加之时间紧迫、工作量大，又限于篇幅要求，部分度假区的开发建设成果未能全部呈现，书中不足和错讹之处在所难免。诚请领导、专家和读者包涵、指正。

编委会
2016年6月

上海国际旅游度假区管理委员会合影

上海申迪（集团）有限公司合影

图书在版编目（CIP）数据

旅游梦之城：上海国际旅游度假区创新实践 / 上海国际旅游度假区管委会，上海申迪（集团）有限公司编著. -- 上海：同济大学出版社，2016.12

ISBN 978-7-5608-6678-9

Ⅰ. ①旅… Ⅱ. ①上… ②上… Ⅲ. ①旅游区 – 旅游资源开发 – 研究 – 上海 Ⅳ. ① F592.751

中国版本图书馆 CIP 数据核字（2016）第 304379 号

旅游梦之城：上海国际旅游度假区创新实践

Dream Town of Tourism:Innovation Initiatives of Shanghai International Tourism and Resorts Zone

上海国际旅游度假区管理委员会
上海申迪（集团）有限公司 编著

出 品 人 华春荣
策划编辑 江 岱
责任编辑 袁佳麟 责任校对 徐春莲 装帧设计 张 微

出版发行 同济大学出版社 www.tongjipress.com.cn
（地址：上海四平路 1239 号 邮编：200092 电话：021-65985622）
经 销 全国各地新华书店
印 刷 上海雅昌艺术印刷有限公司
开 本 889mm×1194mm 1/12
印 张 19
字 数 479 000
版 次 2017 年 1 月第 1 版 2017 年 1 月第 1 次印刷
书 号 ISBN 978-7-5608-6678-9
定 价 280.00 元